React.js

Dans la même collection

R. Goetter. – **CSS 3 Grid Layout.**
N°67683, 2019, 131 pages.

C. Blaess. – **Solutions temps réel sous Linux.**
N°67711, 3e édition, 2019, 318 pages.

T. Parisot. – **Node.js.**
N°13993, 2018, 472 pages.

C. Pierre de geyer, J. Pauli, P. Martin, E. Daspet. – **PHP 7 avancé.**
N°67720, 2e édition, 2018, 736 pages.

H. Wickham, G. Grolemund. – **R pour les data sciences.**
N°67571, 2018, 496 pages.

F. Provost, T. Fawcett. – **Data science pour l'entreprise.**
N°67570, 2018, 370 pages.

J. Chokogoue. – **Maîtrisez l'utilisation des technologies Hadoop.**
N°67478, 2018, 432 pages.

H. Ben Rebah, B. Mariat. – **API HTML 5 : maîtrisez le Web moderne !**
N°67554, 2018, 294 pages.

W. McKinney. – **Analyse de données en Python.**
N°14109, 2015, 488 pages.

E. Biernat, M. Lutz. – **Data science : fondamentaux et études de cas.**
N°14243, 2015, 312 pages.

Éric Sarrion

React.js

ÉDITIONS EYROLLES
61, bd Saint-Germain
75240 Paris Cedex 05
www.editions-eyrolles.com

Table des matières

CHAPITRE 2
Hello React ... 49

CHAPITRE 3
React et JSX ... 71

CHAPITRE 4
Objet state ... 99

CHAPITRE 5

Interactions dans les composants React

CHAPITRE 6

Cas pratique : gérer les éléments d'une liste

CHAPITRE 7

Gérer les formulaires avec React

Avant-propos

Pourquoi un livre sur React.js ?

En tant que développeur, qui n'a pas encore entendu parler de React.js (ou React de façon raccourcie) ? Cette bibliothèque JavaScript, initialement écrite pour Facebook (en 2013), s'utilise maintenant couramment dans le monde de l'entreprise. Elle permet de structurer efficacement une application web, mais peut également s'utiliser dans une version dite native, pour écrire des applications mobiles à destination des iPhone ou Android (seule la version web est ici explorée).

Guide de lecture

Le livre est écrit de façon progressive pour le lecteur. Chaque chapitre propose des connaissances qui seront utilisées dans les chapitres suivants. Il est donc déconseillé de sauter un chapitre.

Le but final est de comprendre, pas à pas, comment fonctionne React afin de l'utiliser de façon professionnelle. Pour cela, le livre est organisé en 12 chapitres :

- Chapitre 1 - JavaScript ES6. Découvrir la nouvelle syntaxe de JavaScript utilisée par React.
- Chapitre 2 - Hello React. Introduction à React pour écrire le premier programme.
- Chapitre 3 - React et JSX. Écrire plus facilement le code React à l'aide de la syntaxe JSX.
- Chapitre 4 - Objet state. Comprendre le fonctionnement des états dans les composants React.
- Chapitre 5 - Interactions dans les composants React. Gérer les événements extérieurs, comme par exemple les clics sur les boutons.
- Chapitre 6 - Cas pratique : gérer les éléments d'une liste. Exemple complet pour interagir sur les éléments d'une liste (ajout, modification et suppression).
- Chapitre 7 - Gérer les formulaires avec React. Utiliser chaque élément de formulaire pour les utilisations les plus courantes avec React.

- Chapitre 8 - Utiliser create-react-app pour créer une application React. Utiliser un logiciel spécifique qui crée l'architecture de l'application React.
- Chapitre 9 - Redux. Utiliser la bibliothèque Redux pour gérer les états de l'application.
- Chapitre 10 - React et Redux. Apprendre à associer React et Redux.
- Chapitre 11 - Utiliser le module react-redux. Utiliser ce module pour faciliter son association avec React.
- Chapitre 12 - React Router : utiliser un gestionnaire de routes dans React.

Public concerné

Développeurs, étudiants, et chefs de projets seront intéressés par la lecture de cet ouvrage.

Remerciements

Nous remercions vivement l'équipe des éditions Eyrolles, ainsi que Gabriel Bieules, Eliza Gapenne et Jean François Bichet pour leur relecture attentive.

Et merci à vous, cher lecteur, de lire ce livre ! Si celui-ci vous apporte une meilleure compréhension du sujet, je vous serai reconnaissant de vos remarques positives que vous pourrez déposer sur les réseaux sociaux et sites d'achat en ligne !

1

JavaScript ES6

JavaScript, langage permettant des interactions faciles entre une page web et l'utilisateur, a connu diverses évolutions ces dernières années, dont la plus significative est celle de la version ES6 (abréviation de « ECMAScript 6 »). Cette nouvelle version concerne particulièrement :

- les variables : déclaration, portée et mise en forme dans les chaînes de caractères ;
- les fonctions : paramètres par défaut, nouvelle forme de déclaration des fonctions ;
- les objets et les tableaux : déstructuration et opérateur ... ;
- les classes d'objets : création et dérivation ;
- les promesses : utilisation du processus asynchrone ;
- les modules : pour mieux structurer le code JavaScript.

React utilise de façon intensive ces nouveaux éléments. Ils seront détaillés dans les paragraphes suivants afin d'écrire et comprendre plus facilement le code React qui sera utilisé dans ce livre.

Quel éditeur de code utiliser ?

Vous pouvez utiliser n'importe quel éditeur de code, et si vous n'avez pas encore fait votre choix, nous vous conseillons d'utiliser Visual Studio Code (gratuit et maintenu par Microsoft).

Dans la suite du chapitre, nous utiliserons un fichier `index.html` qui contiendra le code JavaScript utilisé (au moyen de balises `<script>`). La structure de ce fichier est la suivante.

Fichier index.html

```
<html>

<head>
</head>

<body>
</body>

<script>

// Ici, le code JavaScript
// ...

</script>

</html>
```

Pour exécuter ce fichier HTML, vous disposez de deux méthodes :

- le sélectionner dans le gestionnaire de fichiers et le faire glisser dans la fenêtre d'un navigateur ;
- saisir l'URL http://localhost/react dans la barre d'adresses du navigateur, en supposant que vous avez au préalable lancé un serveur (PHP, Node.js, J2EE, etc.) et déposé le fichier `index.html` dans le répertoire `react` du serveur.

Dans ce chapitre, nous utilisons la première méthode.

Bien sûr, ce fichier ne contenant aucune ligne de code pour l'instant, son exécution produit une page blanche à l'écran.

Les variables

Divers mots-clés ont été ajoutés au langage JavaScript afin de modifier la portée des variables. Par ailleurs, le mot-clé `var` permettant de définir une variable locale est toujours actif, mais ses effets de bord ont été corrigés.

Utilisation de const

Le mot-clé `const` permet de définir une constante qui, par définition, ne pourra plus être modifiée. En cas de modification par le programme, une erreur JavaScript est provoquée.

Écrivons le code suivant dans le fichier `index.html`, dans la partie réservée (balise `<script>`).

Utilisation de const

```
const nom = "Sarrion";
console.log(nom);
nom = "Martin";    // Erreur
```

La modification de la constante `nom` provoque une erreur que l'on peut voir dans un navigateur, par exemple Chrome (figure 1-1), en utilisant ses outils de développement (touche *F12* puis onglet *Console*).

Figure 1–1

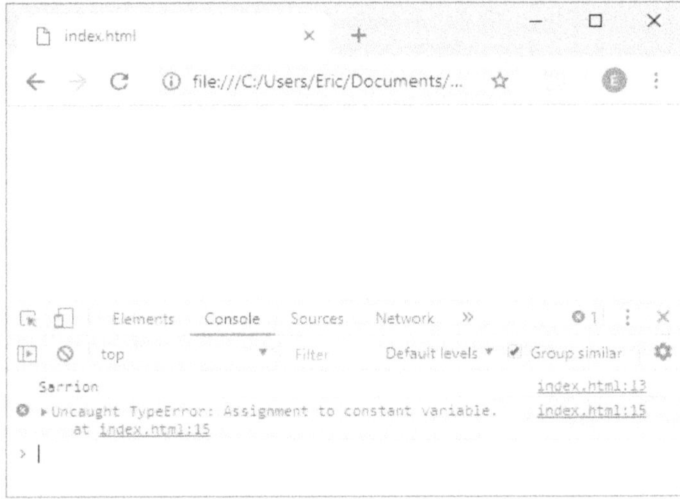

Une constante (définie par `const`) ne peut plus être affectée une seconde fois. Seule la première affectation est autorisée, tandis que les suivantes produisent une erreur nous permettant de corriger le bug.

Utilisation de let

Le mot-clé `let` permet de définir de vraies variables locales, qui disparaissent lorsque le bloc de code dans lequel elles sont définies n'est plus exécuté. De plus, si une variable du même nom est définie à un niveau supérieur dans le code, cette nouvelle variable définie avec `let` n'écrase pas la valeur de la variable de niveau supérieur. Le comportement de `let` est bien différent de celui de `var`.

Voyons sur un exemple la différence entre l'utilisation de `var` et celle de `let`. La différence se voit lorsque le mot-clé `var` ou `let` est utilisé dans un bloc de code (entouré par des accolades).

Avec utilisation de var dans un bloc

```
var nom = "Sarrion";

console.log("avant le bloc : " + nom);     // "Sarrion"

if (true) {
  var nom = "Martin";
  console.log("dans le bloc : " + nom);    // "Martin"
}

console.log("apres le bloc : " + nom);     // "Martin"
```

La variable `nom` est définie en premier hors du bloc (à la valeur `"Sarrion"`). Une variable du même nom est créée dans le bloc, affectée avec une nouvelle valeur (`"Martin"`). Cette variable, déclarée à l'aide de `var`, vient écraser la variable du même nom définie avant le bloc. Cette variable modifiée est ensuite affichée après le bloc avec la nouvelle valeur.

Figure 1–2

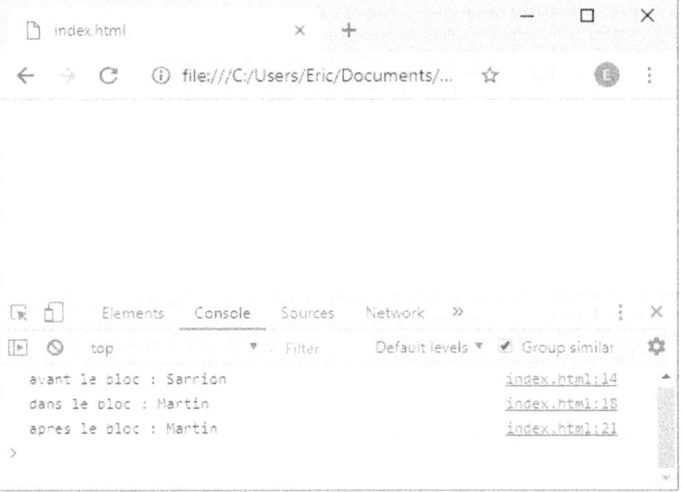

La variable `nom` définie dans le bloc vient écraser la même variable (du même nom) définie avant le bloc, car la variable définie dans le bloc n'est pas vue comme étant locale au bloc. En fait, on n'a pas deux variables, mais une seule en mémoire.

L'effet d'écrasement (de la variable) observé vient du fait que la variable `nom` définie dans le bloc à l'aide de `var` n'est pas locale à ce bloc, mais vient prendre la même place qu'une éventuelle variable du même nom définie précédemment.

L'utilisation du mot-clé `let` va permettre de créer réellement des variables locales dans un bloc, sans interférer avec d'autres variables du même nom définies ailleurs.

Avec utilisation de let dans un bloc

```
var nom = "Sarrion";

console.log("avant le bloc : " + nom);     // "Sarrion"

if (true) {
  let nom = "Martin";
  console.log("dans le bloc : " + nom);    // "Martin"
}

console.log("apres le bloc : " + nom);     // "Sarrion"
```

On utilise maintenant le mot clé `let` pour définir la variable dans le bloc. Le résultat va être très différent du précédent exemple…

Figure 1–3

La variable `nom` a maintenant une valeur différente dans le bloc et en dehors de celui-ci. C'est l'utilisation de `let` (dans le bloc) qui le permet.

On peut également observer la différence entre `var` et `let` sur un second exemple. Dans une boucle `for()`, une variable déclarée par `var` ou par `let` a une incidence sur le comportement du code JavaScript.

Modifions le fichier `index.html` pour créer cinq éléments `<div>` sur lesquels on intercepte le clic sur chacun d'eux. On utilise tout d'abord le mot-clé `var` pour définir l'indice `i` dans la boucle.

Clic sur les éléments <div> créés avec un indice de boucle défini par var dans une boucle for()

```
for (var i=0; i<5; i++) {   // Utilisation de var pour définir l'indice i dans le bloc
  var div = document.createElement("div");
  var text = document.createTextNode("Element " + i);
  div.appendChild(text);
  document.getElementsByTagName("body")[0].appendChild(div);

  div.onclick = function() {
    console.log("Clic sur Element " + i);
  }
}
```

Ce programme effectue simplement une boucle de 0 à 4 inclus, afin de créer des éléments `<div>` sur lesquels on positionne un gestionnaire d'événement `onclick`. Chaque clic sur un élément `<div>` affiche `"Clic sur Element "` suivi de l'index de l'élément `<div>` sur lequel on a cliqué.

L'intérêt de ce petit programme ne réside pas dans le code JavaScript permettant de créer les éléments `<div>` dans la boucle, mais plutôt dans l'observation de la valeur affichée dans la console lors des clics sur les différents éléments `<div>` de la page. Chaque clic sur un élément produit l'affichage de « Clic sur Element 5 », sachant que cet élément 5 n'est même pas présent dans la page (figure 1-4) !

Figure 1–4

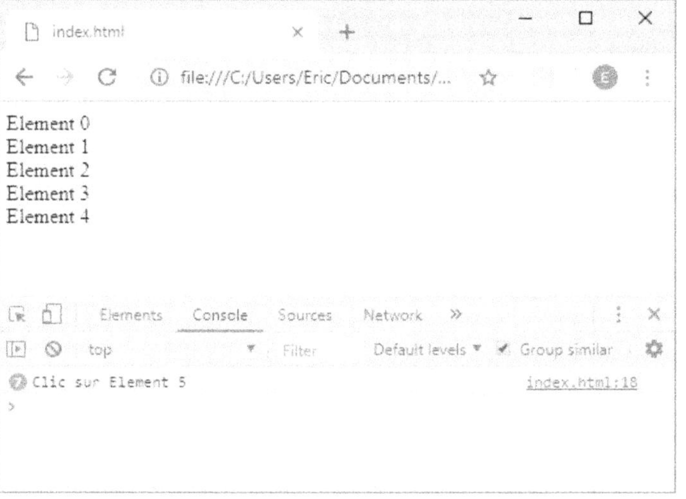

En effet, la variable `i` définie par `var` n'est pas locale au bloc dans lequel elle est définie, et vient donc écraser son ancienne valeur. A la fin de la boucle, elle finit par atteindre la valeur 5, ce qui provoque la fin de la boucle. Par la suite, le clic sur n'importe quel élément `<div>` récupère la valeur finale de cette variable, ici la valeur 5.

Un comportement bien différent est visible si l'on utilise le mot-clé `let` au lieu de `var` pour définir la variable `i` dans la boucle `for()`.

Clic sur les éléments <div> créés avec un indice de boucle défini par let dans une boucle for()

```
for (let i=0; i<5; i++) {   // Utilisation de let pour définir i dans le bloc
  var div = document.createElement("div");
  var text = document.createTextNode("Element " + i);
  div.appendChild(text);
  document.getElementsByTagName("body")[0].appendChild(div);

  div.onclick = function() {
    console.log("Clic sur Element " + i);
  }
}
```

Le programme est identique au précédent, sauf que `let` a remplacé `var` pour définir la variable de boucle `i`.

Figure 1–5

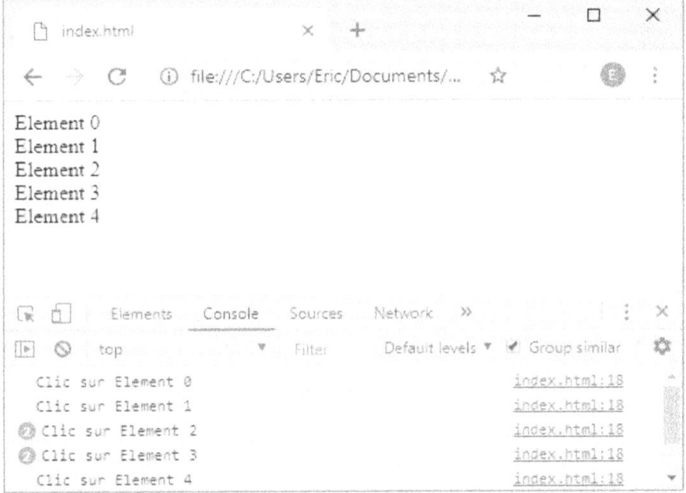

On voit clairement que la variable `i` définie par `let` est maintenant locale à la boucle `for()`. Et chaque clic indique bien l'élément sur lequel on a cliqué.

Mise en forme des chaînes de caractères

L'utilisation de variables dans une chaîne JavaScript est un peu fastidieuse car il faut fermer chaque chaîne de caractères avant d'utiliser la variable à concaténer à cette chaîne. On écrit souvent des lignes de code telles que celles-ci :

Concaténation de variables dans les chaînes de caractères

```
var nom = "Sarrion";
var prenom = "Eric";

var txt = "Le nom est " + nom + ", le prenom est " + prenom;
console.log(txt);
```

On voit que la ligne permettant de définir la variable `txt` oblige de fermer chaque chaîne de caractères avant d'utiliser une variable lors de la concaténation. Le résultat est celui attendu.

Figure 1–6

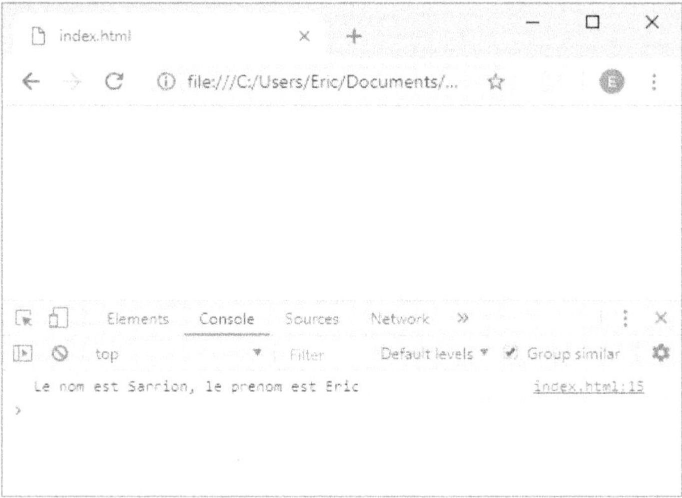

Une façon plus claire d'écrire peut être utilisée en ES6, sans fermer la chaîne de caractères lors de la concaténation des variables. On utilise pour cela le guillemet simple inversé (`) pour définir la chaîne de caractères (au lieu du simple (') ou double (") guillemet traditionnel). Le programme peut alors s'écrire :

Concaténation de variables dans les chaînes de caractères avec ES6

```
var nom = "Sarrion";
var prenom = "Eric";

var txt = `Le nom est ${nom}, le prenom est ${prenom}`;
console.log(txt);
```

Chaque variable est utilisée dans la chaîne au moyen de `${variable}`, sachant que la chaîne est entourée des guillemets simples inversés. Le résultat est identique au précédent, mais l'écriture est plus simple.

Le résultat est identique au précédent, et la forme d'écriture est plus concise.

Les fonctions en ES6

La déclaration des fonctions a été améliorée en ES6, pour la rendre plus performante et plus concise à écrire.

Utilisation de paramètres par défaut

On va maintenant pouvoir passer des valeurs par défaut à des paramètres de fonction, comme cela se fait dans d'autres langages de programmation. Pour cela, il suffit de définir les paramètres de la fonction en indiquant les valeurs par défaut qu'ils doivent avoir (pour ceux qui en ont), avec le signe =.

La règle est de définir les paramètres par défaut en fin de déclaration des paramètres, dans la fonction. Dès qu'une valeur par défaut est indiquée pour un paramètre, tous les autres paramètres qui suivent doivent également avoir une valeur par défaut définie (sinon une ambiguïté se crée lors de l'appel de la fonction, et il faut dans ce cas indiquer la valeur undefined pour cet argument lors de l'appel). C'est pourquoi ces paramètres sont indiqués par défaut à la fin de la déclaration de la fonction.

Utilisation des valeurs par défaut dans les fonctions

```
function log(nom="Sarrion", prenom="Eric") {
  console.log(`${nom} ${prenom}`);
}

log("Martin", "Gerard");      // "Martin Gerard"
log();                        // "Sarrion Eric"
log("Martin");                // "Martin Eric"
log(undefined, "Gerard");     // "Sarrion Gerard"
log(null, "Gerard");          // "null Gerard"
log("", "Gerard");            // "Gerard"
```

La fonction log() possède deux paramètres ayant des valeurs par défaut, et nous utilisons la fonction avec 0, 1 ou 2 arguments afin de voir son comportement (figure 1-7, page suivante).

On voit que lorsqu'un argument n'est pas utilisé, il est remplacé par sa valeur par défaut. Toutefois, comme tous les arguments sont ici facultatifs, il faut utiliser la valeur undefined lors de l'appel de la fonction si l'argument n'est pas le dernier (les valeurs null ou "" ne sont pas remplacées par les valeurs par défaut).

Voici une variante de ce programme en mettant par défaut uniquement le premier paramètre (ce qui n'est pas conseillé car cela produit des ambiguïtés). Le comportement du programme est tout autre.

Figure 1–7

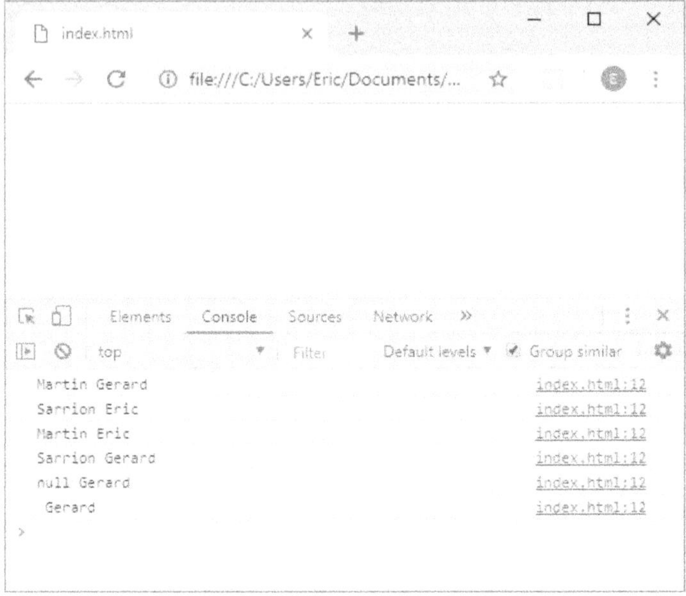

Utilisation d'une valeur par défaut dans le premier paramètre de la fonction

```
function log(nom="Sarrion", prenom) {
  console.log(`${nom} ${prenom}`);
}

log("Martin", "Gerard");    // "Martin Gerard"
log();                      // "Sarrion undefined"
log("Martin");              // "Martin undefined"
log(undefined, "Gerard");   // "Sarrion Gerard"
log(null, "Gerard");        // "null Gerard"
log("", "Gerard");          // "Gerard"
```

L'ambiguïté porte ici sur l'appel à `log("Martin")`, pour lequel l'argument `"Martin"` est considéré comme le premier paramètre de la fonction. Pour lever l'ambiguïté, on est obligé de mentionner `undefined` en premier argument lors de l'appel à `log(undefined, "Gerard")`, ce qui permet de remplacer l'argument `undefined` par sa valeur par défaut.

On retiendra donc que les paramètres par défaut s'ajoutent en priorité à la fin de la liste des paramètres lors de la définition des fonctions.

Figure 1–8

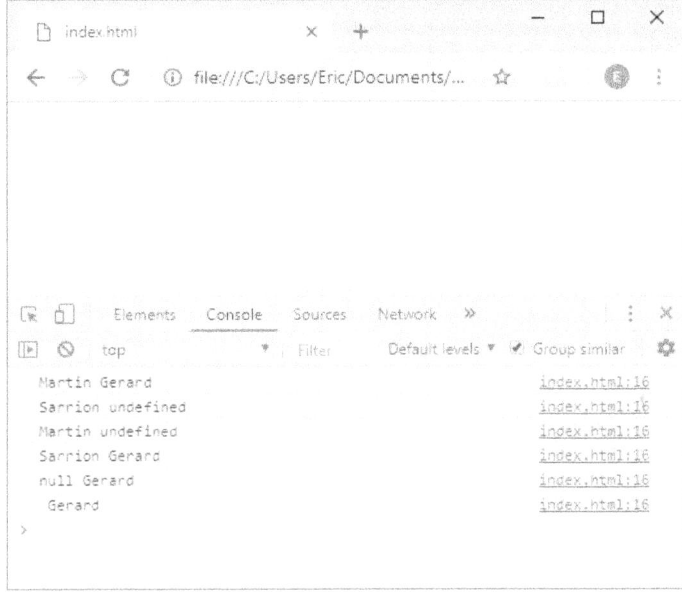

Nouvelle forme de déclaration des fonctions en ES6

Prenons la fonction `log(nom, prenom)` écrite précédemment. On peut également l'écrire sous la forme suivante :

Fonction log() écrite en ES6

```
var log = (nom="Sarrion", prenom="Eric") => {
  console.log(`${nom} ${prenom}`);
};
```

Le mot-clé `function` a disparu, remplacé par le signe `=>`. Les paramètres de la fonction s'écrivent toujours entre parenthèses, tandis que le corps de la fonction est toujours entouré des accolades de début et de fin.

Si la fonction n'a pas de paramètres, on l'écrit de la façon suivante.

Fonction log() écrite en ES6

```
var log = () => {
  console.log("Bonjour");
};
```

L'appel de la fonction s'effectue toujours de la même manière qu'auparavant (seule la définition peut s'effectuer de façon différente).

Appel à la fonction log()

```
log();              // Sans paramètres
log("Sarrion");     // Avec paramètres
```

Objet this dans les fonctions

Cette façon de définir les fonctions en ES6 peut avoir des incidences sur la valeur de l'objet `this`, qui représente l'objet en cours d'utilisation.

Considérons par exemple l'objet suivant, dans lequel est défini une liste de noms à afficher au moyen de la fonction `log()` définie également dans l'objet. On utilise l'ancienne forme de déclaration des fonctions (avec le mot-clé `function` au lieu de `=>`).

Objet avec fonction log() incorporée (non ES6)

```
var obj = {
  noms : ["Sarrion","Martin","Duval"],
  log: function() {
    console.log(this.noms);
  }
}

obj.log();    // ["Sarrion","Martin","Duval"]
```

L'objet `this` représente ici l'objet en cours d'utilisation de la fonction `log()`, donc l'objet `obj`.

Figure 1–9

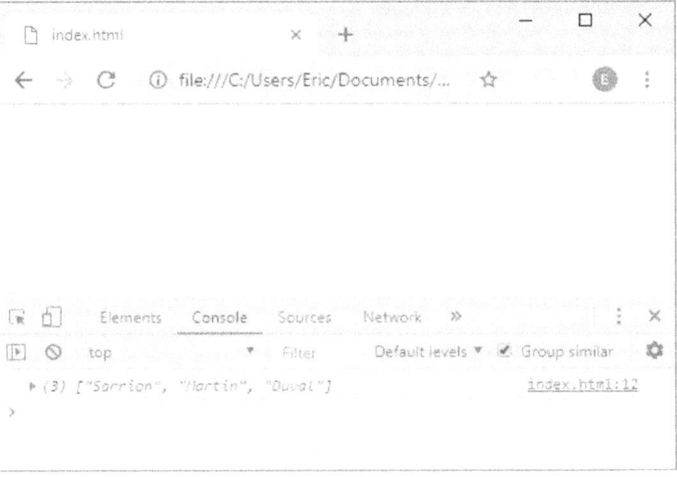

L'objet `this` permet d'accéder aux noms, qui sont ainsi affichés dans la fonction `log()`.

À présent, écrivons la fonction en tenant compte de la notation ES6.

Objet avec fonction log() incorporée (en ES6)

```
var obj = {
  noms : ["Sarrion","Martin","Duval"],
  log: () => {
    console.log(this.noms);
  }
}

obj.log();
```

Il s'agit du même programme écrit en notation ES6. Le résultat devrait être identique... Pourtant, lors de l'exécution de ce programme, on observe que le résultat est différent du précédent (figure 1-10) !

Figure 1–10

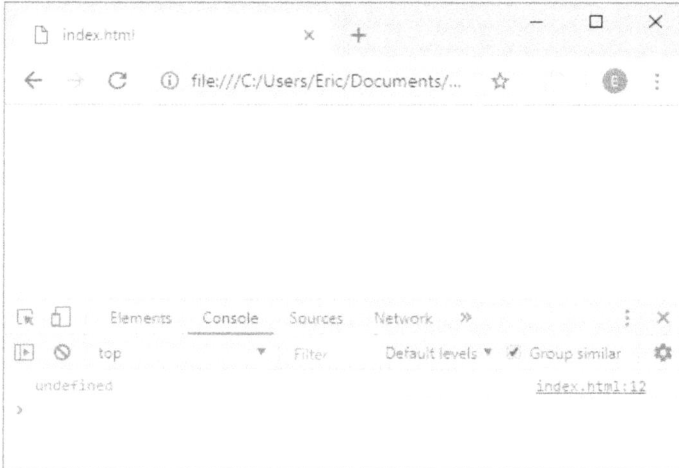

La propriété `noms` de l'objet n'est plus accessible (et vaut donc `undefined`) car `this` représente maintenant l'objet JavaScript `window`, et non plus l'objet `obj`. Pour s'en assurer, il suffit d'afficher la valeur de `this` dans la console.

Affichage de this dans la console

```
var obj = {
  noms : ["Sarrion","Martin","Duval"],
  log: () => {
    console.log(this);    // window
  }
}

obj.log();
```

Figure 1–11

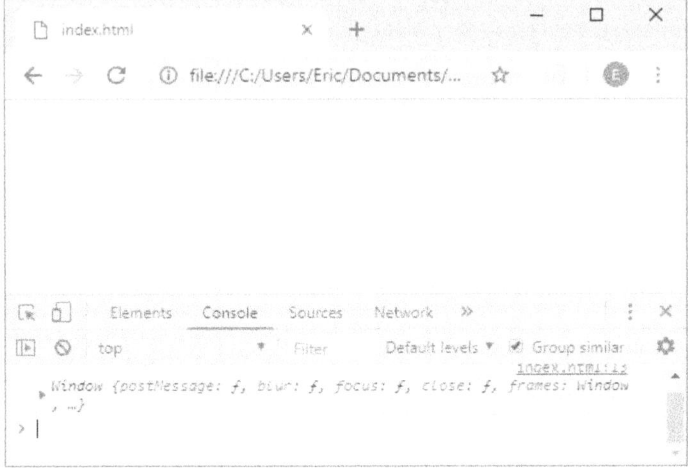

C'est bien l'objet `window` qui est référencé par `this`.

Cette observation peut avoir un intérêt lors de l'utilisation de fonctions asynchrones, très utilisées avec JavaScript.

Considérons que l'on affiche les noms inscrits dans l'objet `obj` précédent, au bout de quelques millisecondes, en utilisant un timer JavaScript. Ce timer s'écrit au moyen d'une fonction asynchrone définie par `setTimeout()`.

Afficher les noms au bout de 10 ms

```
var obj = {
  noms : ["Sarrion","Martin","Duval"],
  log : function() {
    setTimeout(function() {
      console.log(this.noms);    // undefined
    }, 10);  // Exécution du timer au bout de 10 ms
  }
}

obj.log();
```

L'objet `this` est maintenant utilisé dans la fonction `setTimeout()`, elle-même définie sur l'objet `window` de la page HTML.

L'objet `this` représente donc l'objet `window` (c'est-à-dire l'objet qui utilise la fonction `setTimeout()`, comme si nous avions écrit dans le code `window.setTimeout()`).

L'utilisation d'une fonction asynchrone modifie complètement le comportement de notre programme. La notation ES6 permet de remédier à ce problème.

Figure 1–12

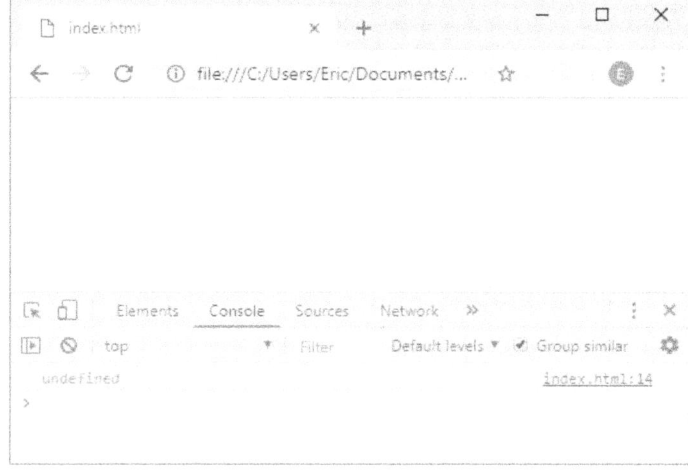

Utiliser la notation ES6 pour définir une fonction asynchrone

```
var obj = {
  noms : ["Sarrion","Martin","Duval"],
  log : function() {
    setTimeout(() => {          // Notation ES6
      console.log(this.noms);
    }, 10);
  }
}

obj.log();
```

Figure 1–13

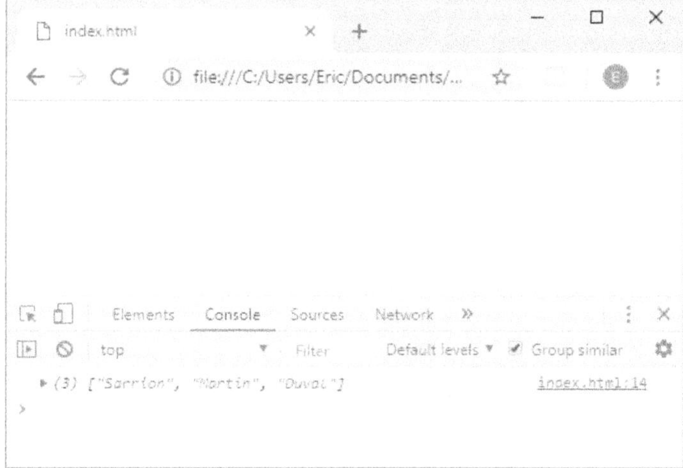

Le résultat est maintenant conforme à nos attentes. La valeur `this` de l'objet est bien conservée et transmise dans la fonction asynchrone.

Les objets

Afin de manipuler plus aisément les objets, ES6 permet de les structurer/déstructurer, notions qui sont détaillées dans les paragraphes qui suivent.

Déstructurer un objet

Commençons par expliquer la déstructuration d'un objet. Elle permet d'accéder aisément aux propriétés d'un objet qui nous intéressent, sans nous préoccuper de celles qui ne nous intéressent pas dans l'immédiat.

Prenons l'exemple de l'objet `personne`, composé des attributs `nom`, `prenom` et `ville` affectés à cette personne.

Objet personne

```
var personne = {
  nom : "Sarrion",
  prenom : "Eric",
  ville : "Paris"
}
```

Afin d'accéder au `nom` et `prenom` de la personne, par exemple, on peut écrire en ES6 le code suivant.

Accès au nom et prenom de la personne

```
var { nom, prenom } = personne;
```

Cela crée deux variables `nom` et `prenom`, possédant respectivement la valeur de `personne.nom` et `personne.prenom`. On appelle cela la déstructuration d'un objet, car on accède uniquement aux propriétés intéressantes (dans cet endroit du programme).

Si seul le `nom` nous intéresse, on écrira la ligne suivante.

Accès uniquement au nom de la personne

```
var { nom } = personne;
```

Attention

Même si la notation permettant la déstructuration s'écrit avec des accolades, elle ne crée pas un nouvel objet, mais uniquement des variables qui correspondent aux valeurs des propriétés de l'objet auxquelles on accède. Ici on crée donc la variable `nom` dont la valeur est `personne.nom`.

Cette notation sera particulièrement utile pour transmettre un objet en paramètre, en montrant clairement quelles sont les propriétés de l'objet qui sont finalement utilisées dans la fonction. Utilisons-la, par exemple, pour transmettre l'objet `personne` dans la fonction `log(personne)`, sachant que la fonction `log()` n'utilise que le `nom` et le `prenom` de la personne (on suppose ici que la propriété `ville` définie pour l'objet `personne` n'est pas utilisée dans la fonction `log()`).

Fonction `log()` définie en indiquant les propriétés réellement utilisées dans l'objet transmis en paramètres

```
var personne = {
  nom : "Sarrion",
  prenom : "Eric",
  ville : "Paris"
}

var log = ({nom, prenom}) => {     // Seules les propriétés nom et prenom seront
                                   // utilisées dans la fonction
  console.log(`${nom} ${prenom}`);
}
log(personne);  // La fonction est appelée avec l'objet en argument
```

On transmet un objet `personne` lors de l'appel de la fonction `log()`, mais seuls le `nom` et `prenom` sont utilisés dans celle-ci. Plutôt que d'indiquer un objet `personne` en paramètre de la fonction, on indique les réelles propriétés qui nous intéressent dans la fonction en les écrivant sous forme déstructurée `{ nom, prenom }` dans la liste des paramètres.

Figure 1–14

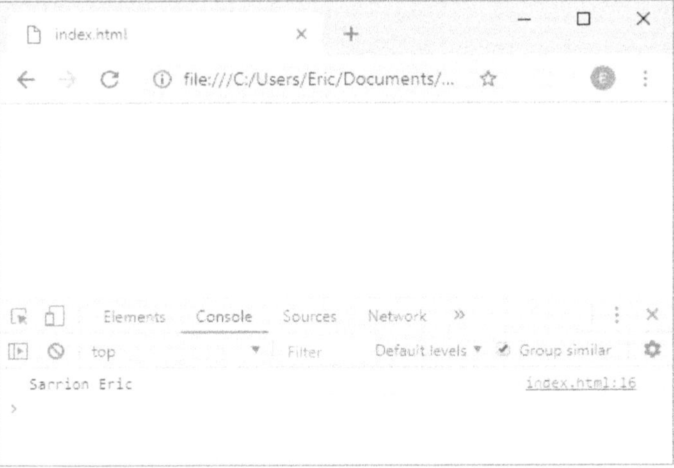

Le même programme, écrit de manière traditionnelle et donc sans utiliser la déstructuration des objets, peut s'écrire de la façon suivante.

Fonction log() écrite sans utiliser la déstructuration des objets

```
var personne = {
  nom : "Sarrion",
  prenom : "Eric",
  ville : "Paris"
}

var log = (p) => {
  console.log(`${p.nom} ${p.prenom}`);
}
log(personne);
```

La fonction `log()` utilise ici le paramètre `p` correspondant à une personne. Rien n'indique, dans la liste des paramètres, que ce qui nous intéresse réellement dans le corps de la fonction est le `nom` et le `prenom`. Alors que l'utilisation de la forme déstructurée permet de bien voir les propriétés réellement utilisées dans l'objet passé en paramètres.

Si la fonction `log()` possède d'autres paramètres, il suffit de les indiquer dans la liste lors de sa définition. Supposons que l'on veuille indiquer en paramètre un texte qui sera affiché devant le `nom` et le `prenom`. On écrira alors le code qui suit.

Fonction log() avec plusieurs paramètres

```
var personne = {
  nom : "Sarrion",
  prenom : "Eric",
  ville : "Paris"
}

var log = ({nom, prenom}, texte) => {
  console.log(`${texte} ${nom} ${prenom}`);
}
log(personne, "Voici le nom et prénom : ");
```

Figure 1–15

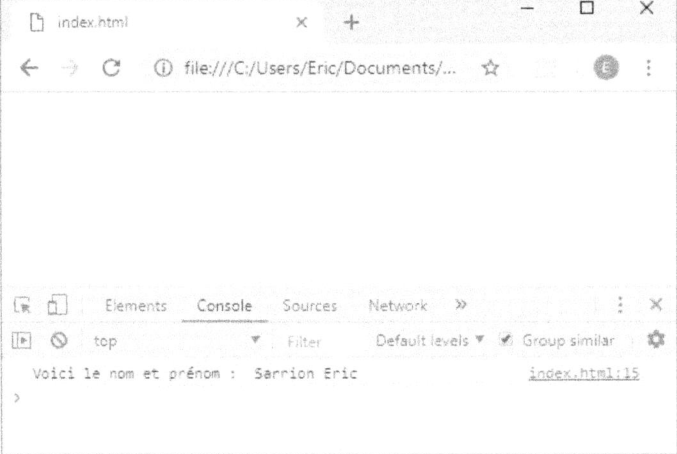

On peut également utiliser des valeurs par défaut pour les paramètres de la fonction. Par exemple, indiquons que le texte affiché a une valeur par défaut (utilisée si le texte n'est pas indiqué lors de l'appel de la fonction), et que le nom par défaut est "Sarrion" s'il n'est pas indiqué dans les propriétés de l'objet personne transmis lors de l'appel.

Utilisation de valeurs par défaut dans les paramètres de la fonction log()

```
var personne = {     // Objet personne défini sans le nom
  prenom : "Eric",
  ville : "Paris"
}

var log = ({nom="Sarrion", prenom}, texte="Voici le nom et prénom : ") => {
  console.log(`${texte} ${nom} ${prenom}`);
}
log(personne);      // Un seul argument lors de l'appel
```

L'objet personne est défini sans la propriété nom, qui aura une valeur par défaut lors de la définition de la fonction log().

Figure 1–16

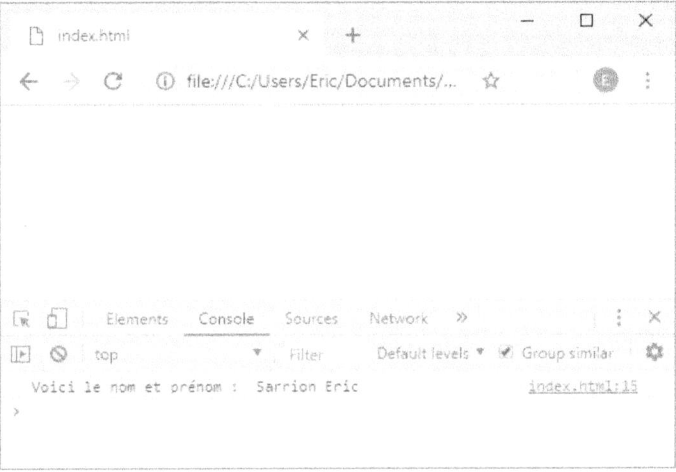

Structurer un objet

La structuration d'un objet est le processus inverse de la déstructuration vue précédemment. Elle permet de créer un objet JavaScript à partir de variables définies dans le code JavaScript.

Cela était déjà possible avec les versions antérieures de JavaScript, mais nécessitait une syntaxe plus verbeuse. Pour créer un objet personne à partir des variables nom, prenom et ville définies dans le programme, on écrivait par exemple ce qui suit.

Définir un objet personne à partir des variables nom, prenom et ville

```
var nom = "Sarrion";
var prenom = "Eric";
var ville = "Paris";

var personne = { nom : nom, prenom : prenom, ville : ville };
console.log(personne);
```

L'objet `personne` possède les propriétés `nom`, `prenom` et `ville` qui correspondent aux mêmes noms que les variables définies dans le programme, d'où la redondance entre le nom de la propriété (à gauche du caractère `:`) et sa valeur (à droite du caractère `:`).

Figure 1–17

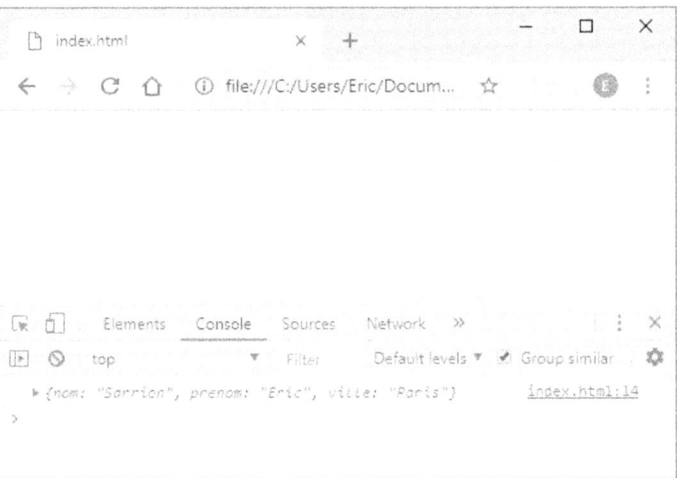

Plutôt que d'écrire l'objet `personne` sous la forme `propriété : valeur`, ES6 permet d'écrire uniquement le nom de la propriété, sans la valeur, car celle-ci correspondra à la valeur de la variable ayant le même nom que la propriété. On écrira donc, en utilisant la structuration des objets ES6, le code suivant.

Définir un objet personne en ES6 à partir des variables nom, prenom et ville

```
var nom = "Sarrion";
var prenom = "Eric";
var ville = "Paris";

var personne = { nom, prenom, ville };   // Structuration de l'objet personne
console.log(personne);
```

Les propriétés `nom`, `prenom` et `ville` de l'objet `personne` doivent correspondre à des variables définies au préalable dans le code JavaScript. Ces variables sont ici définies par le mot-clé `var`, mais elles pourraient aussi être définies par les mots-clés `let` ou `const` vus précédemment.

On peut mixer l'ancienne notation (avec le caractère :) et la nouvelle. Par exemple, en définissant la propriété ville directement dans l'objet personne sans passer par une variable ville.

Utilisation des deux notations JavaScript

```
var nom = "Sarrion";
var prenom = "Eric";

var personne = { nom, prenom, ville : "Paris" };
console.log(personne);
```

Le nom et le prenom sont récupérés directement depuis les variables de même nom, tandis que la propriété ville est directement affectée dans l'objet personne.

Figure 1–18

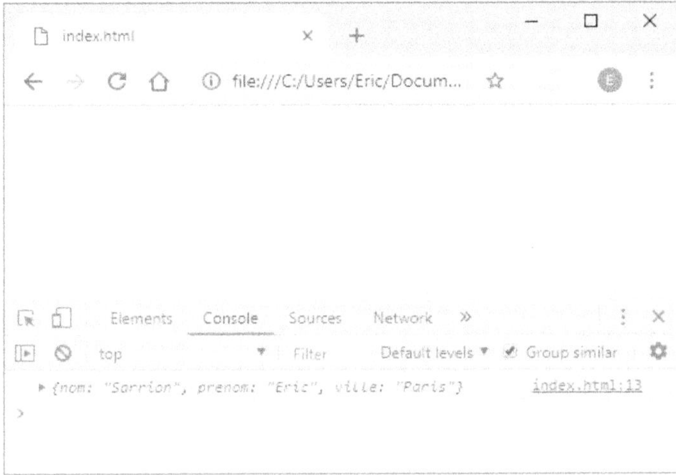

Si une fonction est définie dans les propriétés de l'objet personne, on peut l'écrire de la façon suivante.

Définition de la fonction log() dans l'objet personne

```
var nom = "Sarrion";
var prenom = "Eric";
var log = function() {
  console.log(`${this.nom} ${this.prenom}`);
}

var personne = { nom, prenom, log };
personne.log();
```

La fonction log() est définie sur les propriétés de l'objet personne de la même façon que les autres propriétés de l'objet. Une variable log est recherchée et si elle est trouvée (ce qui est le cas ici) sa valeur est attachée à cette propriété de l'objet.

Figure 1–19

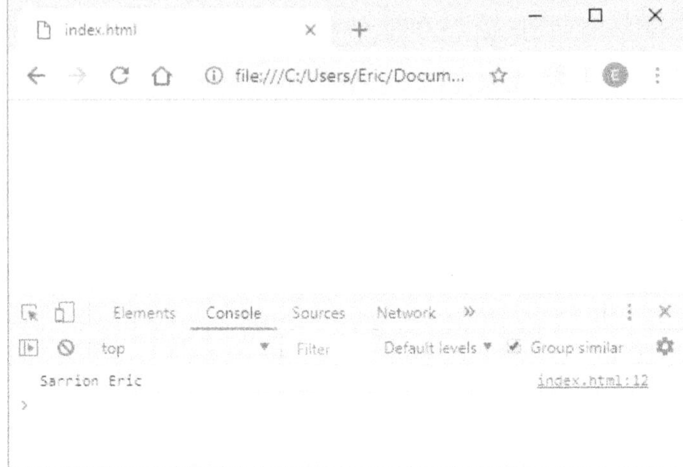

La fonction `log()` peut également être définie de la façon suivante (avec la notation `=>`) :

Fonction log() définie avec =>

```
var nom = "Sarrion";
var prenom = "Eric";
var log = () => {
  console.log(`${this.nom} ${this.prenom}`);
}

var personne = { nom, prenom, log };
personne.log();
```

Une façon plus classique d'écrire l'objet `personne` est la suivante.

Définition de l'objet personne intégrant la fonction log()

```
var nom = "Sarrion";
var prenom = "Eric";

var personne = {
  nom,
  prenom,
  log : function() {
    console.log(`${this.nom} ${this.prenom}`);
  }
};
personne.log();
```

ES6 permet de supprimer le mot-clé `function` lors de la définition de la fonction dans l'objet. On peut alors écrire l'objet de la façon suivante.

Définition de l'objet personne en ES6

```
var nom = "Sarrion";
var prenom = "Eric";

var personne = {
  nom,
  prenom,
  log() {
    console.log(`${this.nom} ${this.prenom}`);
  }
};
personne.log();
```

C'est cette dernière façon de déclarer la fonction dans l'objet qui sera utilisée dans le code JavaScript, ainsi que lors de la définition des classes en React.

Opérateur ... sur les objets

L'opérateur `...` (appelé opérateur *spread*, c'est-à-dire opérateur d'éclatement) permet d'éclater un objet dans ses différentes propriétés. Voyons ce que cela signifie avec un exemple.

On souhaite créer un nouvel objet `personne2` à partir de l'objet `personne`, mais ce nouvel objet `personne2` devra contenir (en plus) la propriété `ville` (qui n'existe pas dans l'objet `personne`).

Créer un nouvel objet à partir d'un objet existant

```
var personne = { nom : "Sarrion", prenom : "Eric" };
var ville = "Paris";

var personne2 = {
  personne,
  ville
}

console.log(personne2);
    // { personne : { nom : "Sarrion", prenom : "Eric" }, ville : "Paris" }
```

L'objet `personne` est intégré dans l'objet `personne2`. Mais le résultat n'est pas forcément celui attendu (figure 1-20, page suivante).

L'objet `personne`, intégré dans l'objet `personne2`, est devenu une propriété `personne` de ce nouvel objet. On aurait plutôt voulu que les propriétés de l'objet `personne` s'intègrent directement dans le nouvel objet, de façon à ce que celui-ci ait donc les propriétés `nom`, `prenom` et `ville` (au lieu des propriétés `personne` et `ville` comme c'est le cas actuellement).

L'opérateur `...` va nous aider à réaliser l'éclatement des propriétés de l'objet `personne` en les intégrant directement dans le nouvel objet. Pour cela, il suffit d'écrire le code qui suit.

Figure 1–20

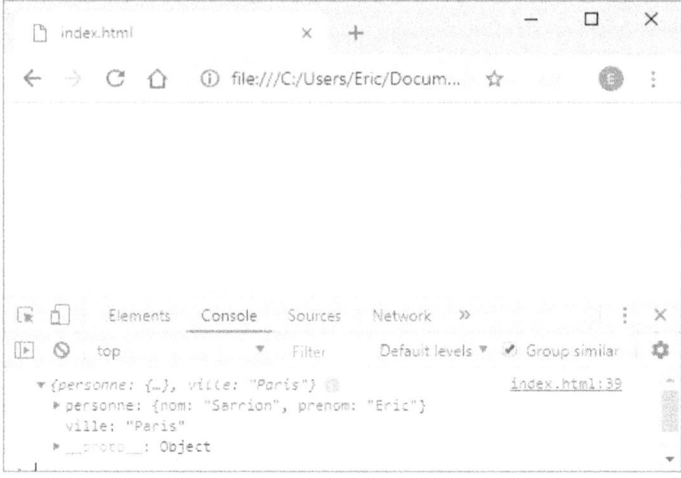

Créer un nouvel objet à partir d'un objet existant en utilisant l'opérateur ...

```
var personne = { nom : "Sarrion", prenom : "Eric" };
var ville = "Paris";

var personne2 = {
  ...personne,    // Objet personne éclaté
  ville
}

console.log(personne2);
```

La seule différence avec le programme précédent est l'opérateur ... utilisé pour éclater les propriétés de l'objet personne en les intégrant directement dans le nouvel objet.

L'opérateur ... ne peut s'utiliser que dans un objet JavaScript, comme on peut le voir dans l'exemple précédent.

Figure 1–21

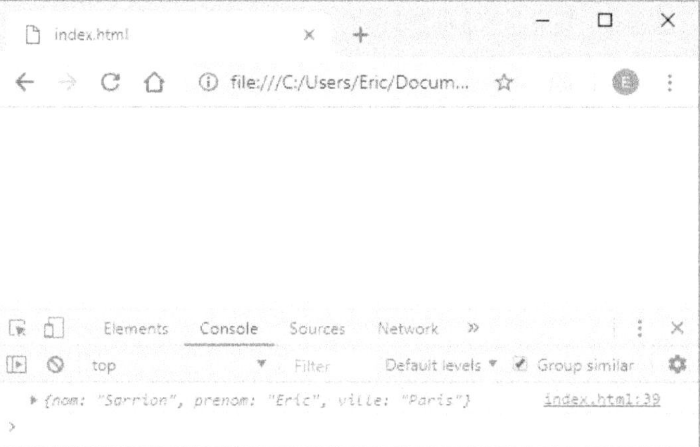

L'objet `personne` a été éclaté et intégré dans le nouvel objet avec ses propriétés directement attachées au nouvel objet.

Plusieurs opérateurs `...` peuvent figurer dans la définition d'un objet. Si lors de l'éclatement, des propriétés portent le même nom dans différents objets éclatés, une seule propriété ayant ce nom est insérée dans le nouvel objet (la dernière rencontrée).

Par exemple, on peut créer un nouvel objet à partir des objets `personne` et `place` (l'objet `place` permettant de définir la `ville` et le code postal (propriété `cp`)).

Utilisation de plusieurs opérateurs ... pour définir un nouvel objet

```
var personne = { nom : "Sarrion", prenom : "Eric" };
var place = { ville : "Paris", cp : "75" };

var personne2 = {
  ...personne,    // Objet personne éclaté
  ...place        // Objet place éclaté
}

console.log(personne2);
```

Figure 1–22

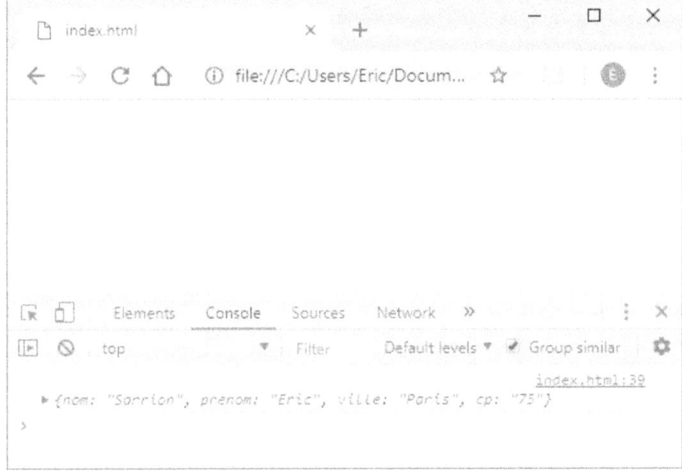

Les deux objets (`personne` et `place`) ont été éclatés, et leurs propriétés sont attachées à l'objet `personne2` ainsi créé.

Les tableaux

Nous venons de voir qu'il est possible de déstructurer ou structurer un objet. Ce type d'opération peut également être effectué avec les tableaux.

Déstructurer un tableau

La déstructuration d'un tableau va permettre de récupérer des parties du tableau (comme on le ferait pour certaines propriétés d'un objet).

Récupérer dans des variables certains éléments d'un tableau

```
var noms = ["Sarrion", "Martin", "Duval"];
var [nom1, nom2, nom3] = noms;  // nom1 = noms[0], nom2 = noms[1], nom3 = noms[2]
console.log(nom1, nom2, nom3);
```

Les éléments du tableau noms sont récupérés dans les variables nom1, nom2 et nom3, dans l'ordre où les éléments sont inscrits dans le tableau.

Figure 1–23

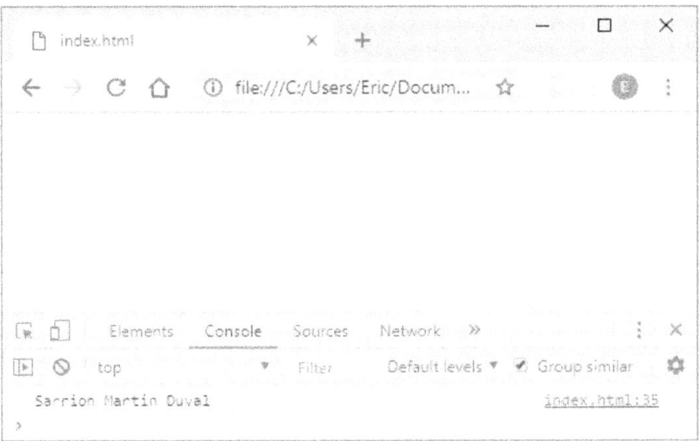

Si l'on souhaite uniquement récupérer le deuxième élément du tableau, on écrira le code suivant.

Récupérer seulement le deuxième élément du tableau

```
var noms = ["Sarrion", "Martin", "Duval"];
var [, nom2] = noms;
console.log(nom2);    // "Martin"
```

Et pour récupérer uniquement le troisième élément du tableau, le code sera le suivant.

Récupérer seulement le troisième élément du tableau

```
var noms = ["Sarrion", "Martin", "Duval"];
var [,, nom3] = noms;
console.log(nom3);     // "Duval"
```

Les index non récupérés dans le tableau sont remplacés par des virgules.

Structurer un tableau

La structuration d'un tableau s'effectue principalement avec l'opérateur ... détaillé dans les paragraphes qui suivent.

Opérateur ... sur les tableaux

L'opérateur ... est le même que celui agissant sur les objets. Il permet d'éclater les éléments d'un tableau afin d'accéder à ses différents éléments. Cet opérateur peut s'utiliser dans un tableau, afin de créer un nouveau tableau.

Utilisons cet opérateur afin de scinder un tableau en deux et séparer le premier élément du tableau de tout le reste (qui sera un nouveau tableau créé à partir du premier tableau).

Scinder un tableau avec l'opérateur ...

```
var noms = ["Sarrion", "Martin", "Duval"];
var [nom1, ...suite] = noms;
console.log(nom1);     // "Sarrion"
console.log(suite);    // ["Martin", "Duval"]
```

On indique ici de créer les deux variables `nom1` et `suite`, toutes deux extraites du tableau `noms`. La variable `nom1` correspond au premier élément du tableau, tandis que la variable `suite` correspond au reste du tableau (après le premier élément déjà extrait).

Figure 1–24

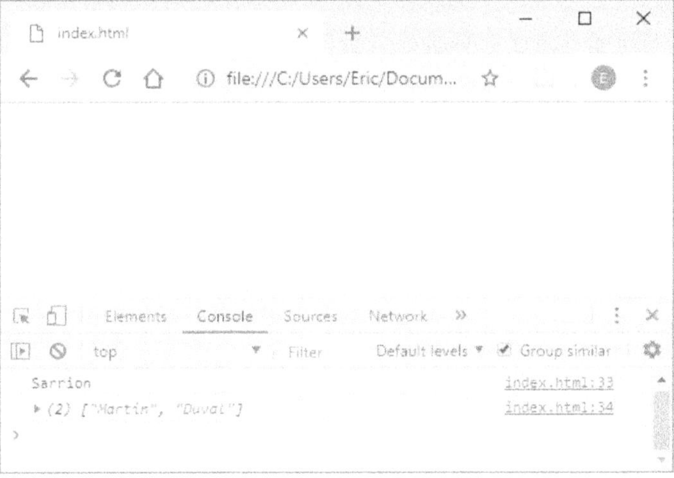

Pour récupérer les éléments du tableau à partir du troisième élément (au lieu du deuxième comme précédemment), il suffit d'insérer une virgule supplémentaire lors de la déstructuration du tableau.

Récupérer les éléments du tableau à partir du troisième élément

```
var noms = ["Sarrion", "Martin", "Duval"];
var [,, ...suite] = noms;
console.log(suite);   // ["Duval"]
```

Les classes d'objets

JavaScript permet de créer des classes d'objets, mais dans les versions précédentes (avant ES6), la syntaxe est compliquée et ne ressemble pas à celle que l'on utilise dans les langages orientés objets similaires. ES6 propose une syntaxe plus classique, qui sera abondamment utilisée avec React.

Création d'une classe

On utilise le nouveau mot-clé `class` (comme dans beaucoup d'autres langages). La création d'un objet de cette classe s'effectue au moyen de `new`.

On définit ci-après une classe `Personne` (remarquez la majuscule sur la première lettre du nom de la classe, car tous les noms de classe doivent commencer par une majuscule), puis on crée un objet `personne` (ici, le nom de la variable commence par une minuscule, contrairement aux noms de classe).

Création de la classe Personne

```
class Personne {                   // Définition de la classe Personne, ici vide
}

var personne = new Personne();     // Objet personne de la classe Personne
console.log(personne);
```

La classe `Personne` ici définie est pour l'instant vide, elle sera enrichie par la suite. L'objet `personne` de classe `Personne` est créé au moyen de l'opérateur `new`, suivi du nom de la classe. Ici, on aurait également pu écrire `new Personne;` car pour l'instant, on ne transmet aucun argument lors de la création de l'objet.

L'objet `personne` affiché est de classe `Personne`. Il est vide comme on peut s'y attendre, vu que la classe Personne l'est également pour l'instant (figure 1-25).

Une personne possède un `nom` et un `prenom`. Ajoutons ces attributs dans la classe `Personne` afin que les objets correspondants les utilisent.

Pour définir des attributs dans une classe, il faut utiliser une méthode qui est appelée dès qu'un objet de cette classe est instancié (c'est-à-dire créé au moyen de l'opérateur `new`). Dans ES6, cette méthode de construction s'appelle `constructor()` et aura en paramètres les éléments qui seront transmis lors de la création de l'objet par `new`. La méthode `constructor()` est présente dans toutes les classes que l'on crée et s'appelle le constructeur de la classe.

Figure 1–25

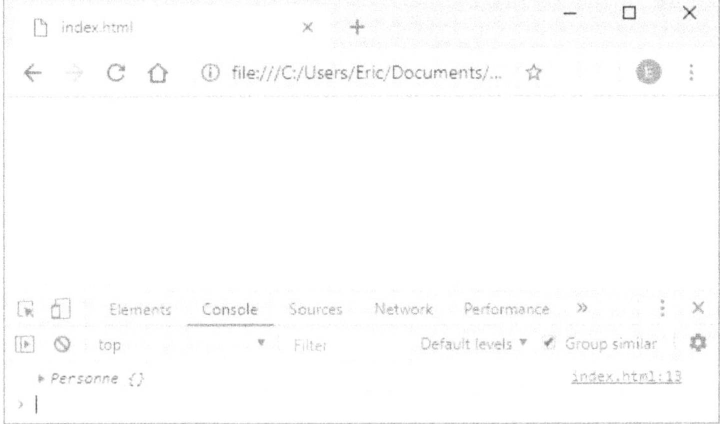

Création de la classe Personne possédant les attributs nom et prenom

```
class Personne {
  constructor(nom, prenom) {
    this.nom = nom;
    this.prenom = prenom;
  }
}

var personne = new Personne("Sarrion", "Eric");   // Premier objet créé
console.log(personne);

var personne2 = new Personne("Duval", "Simon");    // Second objet créé
console.log(personne2);
```

La méthode `constructor()` possède désormais les paramètres qui seront utilisés lors de la création des objets de la classe `Personne`. Afin de les conserver en tant qu'attributs dans la classe (et pouvoir les utiliser dans des méthodes qui seront définies dans cette classe), on les mémorise dans l'objet `this` (au moyen de `this.nom` et `this.prenom`).

Remarquez que lors de la construction des objets par `new`, il faut maintenant indiquer en arguments les valeurs des paramètres utilisés, qui seront transmis dans la méthode `constructor()`. Si la méthode `constructor()` utilise des paramètres par défaut, les arguments correspondants peuvent être absents lors de la création des objets associés.

On voit ici le contenu des deux objets créés, avec, entre accolades, les attributs créés au moyen de `this` dans le constructeur (figure 1-26).

Une classe est souvent enrichie au moyen de méthodes, qui seront ensuite utilisées par les objets de cette classe. Par exemple, on peut créer une fonction `log()` dans la classe `Personne` qui permettra de visualiser le `nom` et `prenom` des objets de cette classe.

Figure 1–26

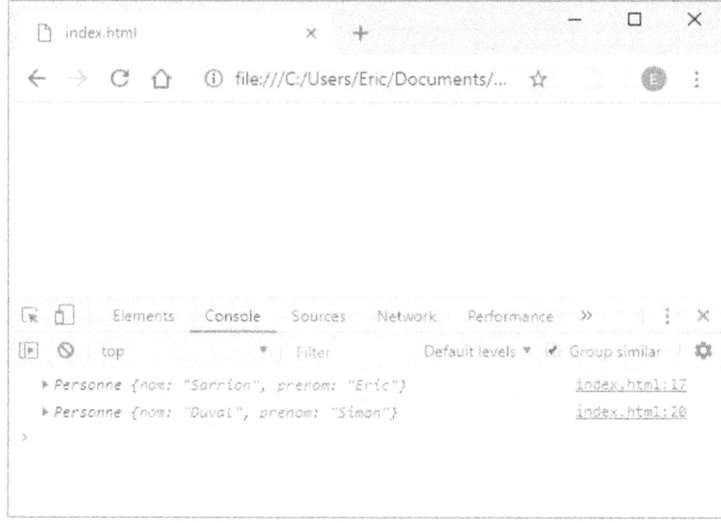

Création de la méthode log() dans la classe Personne

```
class Personne {
  constructor(nom, prenom) {
    this.nom = nom;
    this.prenom = prenom;
  }
  log() {
    console.log(`Nom : ${this.nom}, Prénom : ${this.prenom}`);
  }
}

var personne = new Personne("Sarrion", "Eric");
console.log(personne);
personne.log();    // Appel de la méthode log() sur l'objet personne

var personne2 = new Personne("Duval", "Simon");
console.log(personne2);
personne2.log();   // Appel de la méthode log() sur l'objet personne2
```

La méthode `log()` est définie dans la classe, sans indiquer le mot-clé `function` (sinon, une erreur de syntaxe se produirait), mais en utilisant des parenthèses (ici elles sont vides car il n'y a pas de paramètres à indiquer lors de l'appel de la méthode). Le corps de la fonction suit, entouré des accolades permettant d'écrire le code correspondant.

L'appel de la méthode `log()` s'effectue ensuite sur chacun des objets (`personne` et `personne2`) pour lesquels on souhaite l'utiliser.

Figure 1–27

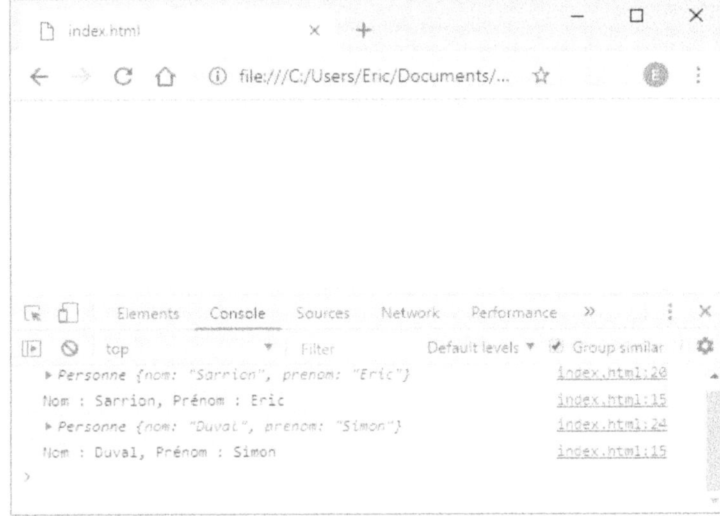

Héritage de classe

L'héritage de classe permet de créer une nouvelle classe à partir d'une classe déjà existante. On dit que la nouvelle classe est dérivée (héritée) de la première. Il est ainsi possible d'enrichir (améliorer) une classe existante sans avoir à modifier son code interne. On peut alors réutiliser des morceaux de code existants (c'est-à-dire utiliser d'autres classes qui ont déjà été écrites et qui fonctionnent correctement).

Pour illustrer cela, on souhaite créer une nouvelle classe, appelée `Homme`, dérivée de la classe `Personne` écrite précédemment. On peut de la même façon créer la classe `Femme`, également dérivée de la classe `Personne`, mais qui permet de traiter les personnes de sexe féminin.

Pour indiquer qu'une classe dérive d'une autre classe, on utilise le mot-clé `extends`. Ainsi, pour indiquer que la classe `Homme` dérive de la classe `Personne`, on écrira ce qui suit.

Définir une classe Homme qui dérive de la classe Personne

```
class Homme extends Personne {
  // Ici, le code de la classe Homme
}
```

Écrivons le détail du code de la classe `Homme`.

Création de la classe Homme dérivée de la classe Personne

```
class Personne {
  constructor(nom, prenom) {
    this.nom = nom;
    this.prenom = prenom;
  }
  log() {
    console.log(`Nom : ${this.nom}, Prénom : ${this.prenom}`);
  }
}

class Homme extends Personne {   // Classe Homme dérivée de la classe Personne
  constructor(nom, prenom) {
    this.sexe = "H";
  }
}

var personne = new Homme("Sarrion", "Eric");   // Premier objet Homme créé
console.log(personne);
personne.log();

var personne2 = new Homme("Duval", "Simon");   // Deuxième objet Homme créé
console.log(personne2);
personne2.log();
```

La classe `Homme` possède elle aussi un constructeur, dans lequel on insère un nouvel attribut `sexe` correspondant au sexe de la personne. Les deux personnes créées le sont maintenant au moyen de `new Homme()` au lieu de `new Personne()`. De plus, l'appel de la méthode `log()` définie dans la classe `Personne` peut s'effectuer sur les objets d'une classe dérivée, ici la classe `Homme`.

Exécutons le programme précédent :

Figure 1–28

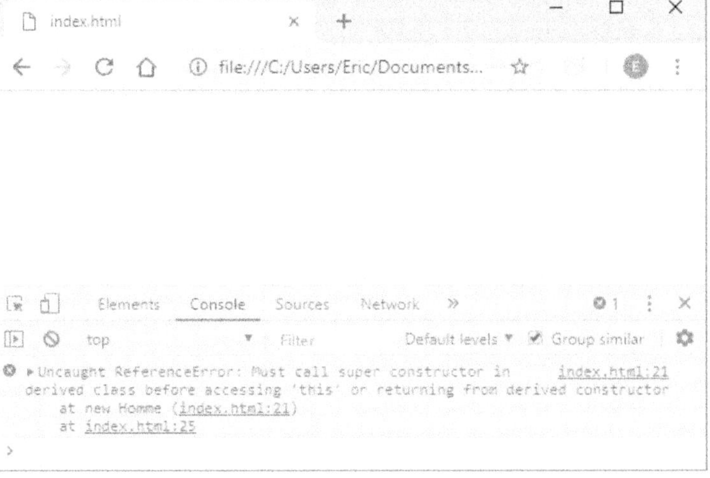

Une erreur se produit indiquant qu'il faut appeler le super constructeur dans la classe dérivée. En effet, pour créer un objet Homme, il faut s'appuyer sur le processus de construction d'un objet Personne (sinon cela ne sert à rien d'indiquer que la classe Homme dérive de la classe Personne). Par conséquent, dans le constructeur de la classe Homme (classe dérivée), il faut également appeler le constructeur de la classe Personne (classe parente), ce qui se fait en utilisant la méthode super() à laquelle on transmet les arguments nom et prenom qui définissent un objet Personne.

Classe Homme utilisant la méthode super() dans son constructeur

```
class Personne {
  constructor(nom, prenom) {
    this.nom = nom;
    this.prenom = prenom;
  }
  log() {
    console.log(`Nom : ${this.nom}, Prénom : ${this.prenom}`);
  }
}

class Homme extends Personne {
  constructor(nom, prenom) {
    super(nom, prenom);  // Appel du constructeur de la classe Personne parente
    this.sexe = "H";
  }
}

var personne = new Homme("Sarrion", "Eric");
console.log(personne);
personne.log();

var personne2 = new Homme("Duval", "Simon");
console.log(personne2);
personne2.log();
```

La seule modification réalisée intervient dans l'appel à la méthode super(nom, prenom) effectué dans le constructeur de la classe Homme (figure 1-29).

L'appel à la méthode super() dans le constructeur élimine l'erreur précédente. De plus, on peut également utiliser la méthode log() sur les objets de classe Homme, car cette méthode étant définie dans une classe parente (la classe Personne), elle est alors accessible dans les classes dérivées, ici la classe Homme.

Supposons maintenant que l'on souhaite modifier la méthode log(), afin de lui faire afficher des renseignements spécifiques pour les hommes. Pour l'instant cette méthode – définie dans la classe parente Personne –, ne tient pas compte du sexe de la personne.

ES6 permet de redéfinir les méthodes d'une classe parente dans une classe dérivée. On peut donc définir une nouvelle méthode log() dans la classe Homme dérivée de la classe Personne.

Figure 1–29

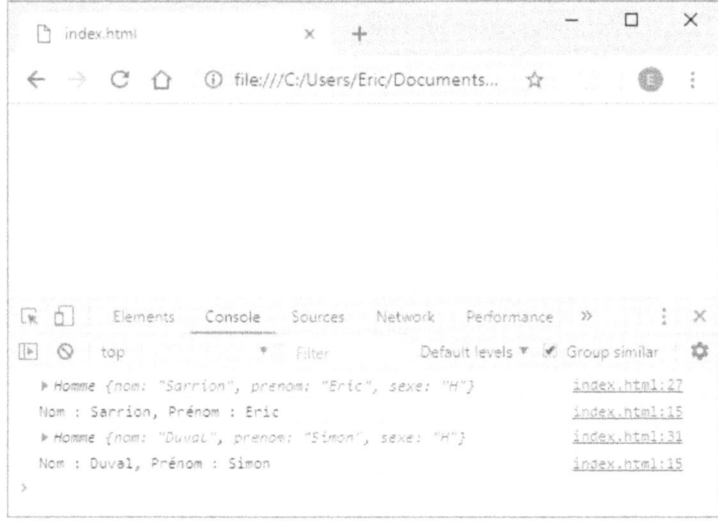

Ajout d'une nouvelle méthode log() dans la classe Homme

```
class Personne {
  constructor(nom, prenom) {
    this.nom = nom;
    this.prenom = prenom;
  }
  log() {
    console.log(`Nom : ${this.nom}, Prénom : ${this.prenom}`);
  }
}

class Homme extends Personne {
  constructor(nom, prenom) {
    super(nom, prenom);
    this.sexe = "H";
  }
  log() {
    console.log("C'est un homme !");
  }
}

var personne = new Homme("Sarrion", "Eric");
console.log(personne);
personne.log();

var personne2 = new Homme("Duval", "Simon");
console.log(personne2);
personne2.log();
```

Les objets de classe `Personne` utiliseront la méthode `log()` définie dans la classe `Personne`, tandis que les objets de classe `Homme` utiliseront la méthode `log()` définie dans la classe `Homme`.

Figure 1–30

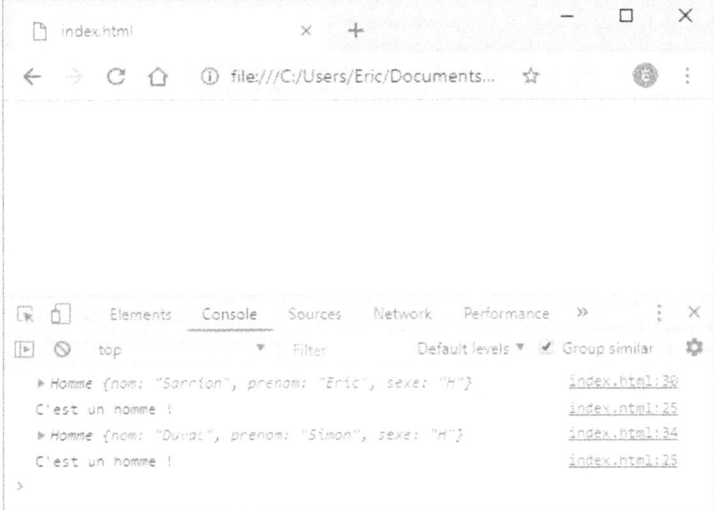

La méthode `log()` définie dans la classe parente `Personne` n'est plus appelée, car sur les objets de classe `Homme`, on utilise en priorité la méthode `log()` définie sur les objets de cette classe.

La question à se poser est maintenant la suivante : comment peut-on malgré tout appeler la méthode `log()` définie dans la classe `Personne` depuis la classe `Homme`, sachant que la méthode porte le même nom dans les deux classes ?

Cela est possible en appelant la méthode `log()` située dans la classe parente, au moyen du mot-clé `super`. L'instruction `super.log()` permet donc d'appeler la méthode `log()` définie dans la classe parente.

Appel des méthodes log() définies dans une classe dérivée et une classe parente

```
class Personne {
  constructor(nom, prenom) {
    this.nom = nom;
    this.prenom = prenom;
  }
  log() {
    console.log(`Nom : ${this.nom}, Prénom : ${this.prenom}`);
  }
}

class Homme extends Personne {
  constructor(nom, prenom) {
    super(nom, prenom);
    this.sexe = "H";
  }
```

```
  log() {
    super.log();    // Appel de la méthode log() définie dans la classe parente
    console.log("C'est un homme !");
  }
}

var personne = new Homme("Sarrion", "Eric");
console.log(personne);
personne.log();

var personne2 = new Homme("Duval", "Simon");
console.log(personne2);
personne2.log();
```

Figure 1–31

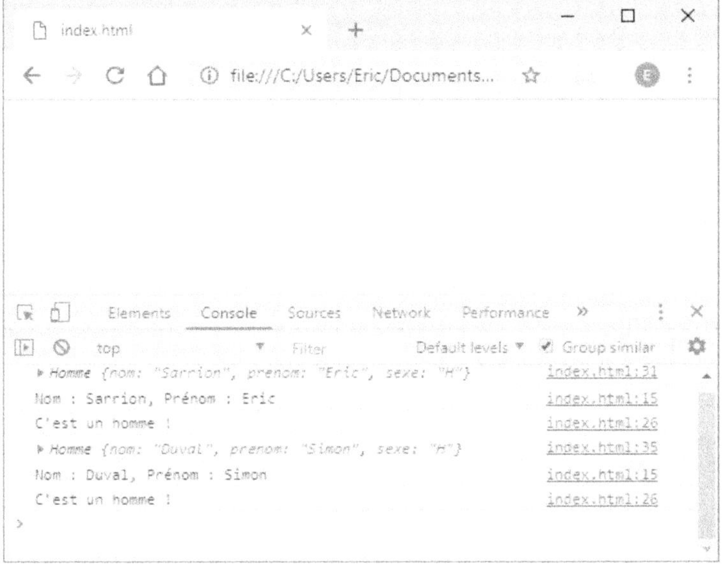

Les deux méthodes `log()` définies dans les deux classes sont maintenant appelées.

Les modules

ES6 permet de définir des modules, c'est-à-dire des fichiers JavaScript qui permettent de diviser un programme JavaScript en fichiers autonomes, inclus dans la page HTML ou dans d'autres modules.

Un module permet de définir des constantes, des variables, des fonctions ou des classes (en fait, tout type de donnée) qui sont par défaut privées pour le module (les autres modules n'y ont pas accès, à moins de les y autoriser).

Pour bien comprendre l'apport des modules ES6 par rapport aux fichiers JavaScript traditionnels, divisons le fichier HTML précédent en divers fichiers utilisés ensemble.

Division d'une page HTML en plusieurs fichiers

Créons un fichier `personne.js` permettant de définir la classe `Personne` vue précédemment. Pour l'instant, on ne constate pas de différence entre un fichier JavaScript classique et un module ES6.

Fichier personne.js définissant la classe Personne

```
class Personne {
  constructor(nom, prenom) {
    this.nom = nom;
    this.prenom = prenom;
  }
  log() {
    console.log(`Nom : ${this.nom}, Prénom : ${this.prenom}`);
  }
}
```

La classe `Personne` peut être utilisée dans un fichier HTML en incluant le fichier `personne.js` au moyen d'une balise `<script>` classique.

Utilisation de la classe Personne dans un fichier HTML

```
<html>

<head>

<meta charset="utf-8">
<script src="./personne.js"></script>

</head>

<script>

var personne = new Personne("Sarrion", "Eric");
personne.log();

</script>

</html>
```

Une fois le fichier contenant la définition de la classe `Personne` inclus dans la page HTML, on peut accéder à la classe et à ses fonctionnalités.

Figure 1–32

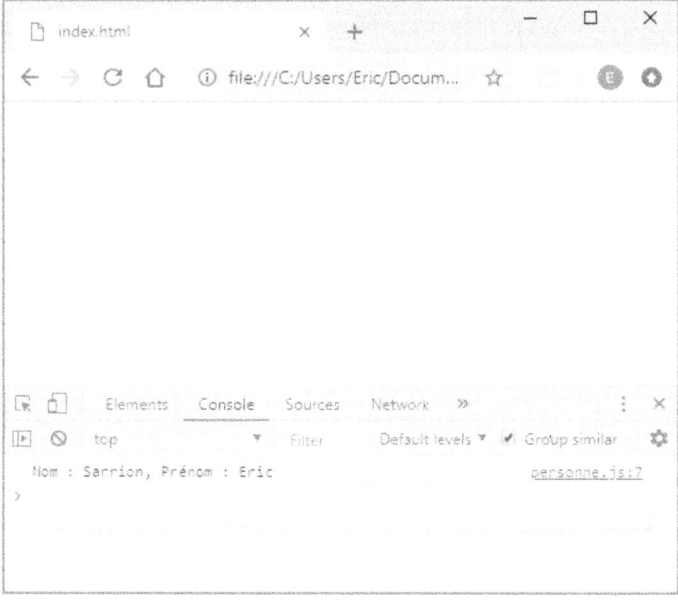

La classe `Personne` est accessible ainsi que la fonction `log()` définie dans la classe.

Faisons la même chose avec la classe `Homme`, en la définissant dans un fichier `homme.js` qui sera lui aussi inclus dans la page HTML.

Fichier homme.js définissant la classe Homme

```
class Homme extends Personne {
  constructor(nom, prenom) {
    super(nom, prenom);
    this.sexe = "H";
  }
  log() {
    super.log();   // Appel de la méthode log() définie dans la classe parente
    console.log("C'est un homme !");
  }
}
```

Pour inclure ce fichier dans la page HTML, il est obligatoire d'inclure au préalable le fichier `personne.js` qui définit la classe `Personne` (sinon la classe `Personne`, utilisée par la classe `Homme`, est inconnue).

Utilisation des classes Personne et Homme dans un fichier HTML

```
<html>

<head>
```

```
<meta charset="utf-8">
<script src="./personne.js"></script>
<script src="./homme.js"></script>

</head>

<script>

var personne = new Personne("Sarrion", "Eric");
personne.log();

var personne2 = new Homme("Duval", "Simon");
personne2.log();

</script>

</html>
```

Les deux fichiers JavaScript incluant les classes `Personne` et `Homme` sont inclus, ce qui permet d'utiliser ces deux classes dans le script de la page HTML.

Figure 1–33

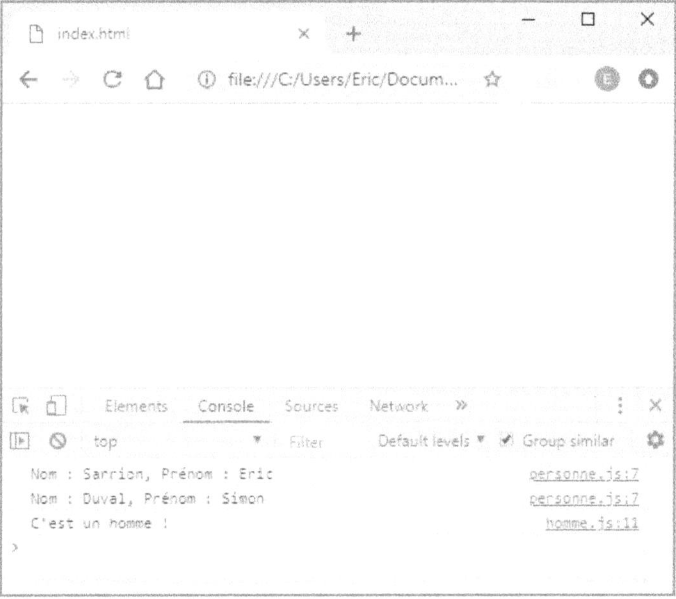

L'objet de classe `Personne` est affiché, puis l'objet de classe `Homme`. Chaque classe utilise la méthode `log()` définie dans sa classe.

Intérêt des modules

Dans l'exemple précédent, nous n'avons pas utilisé les modules tels que ES6 les définit. Nous avons simplement découpé un fichier en plusieurs fichiers, inclus ensuite dans le fichier principal.

Cette approche, bien que fonctionnelle, présente un inconvénient majeur (dans le cadre d'un développement nécessitant beaucoup de fichiers). En effet, lors de l'inclusion des fichiers JavaScript nécessaires dans le fichier principal :

- l'ordre d'inclusion doit être connu : il faut inclure `personne.js` avant `homme.js`, sinon cela ne fonctionne pas ;
- les dépendances entre fichiers doivent être connues : le fichier `homme.js` nécessite d'inclure le fichier `personne.js`, sinon la classe `Homme` ne peut pas être créée à partir de la classe `Personne`.

On voit donc que le fait de disposer de fichiers a priori indépendants tels que les fichiers `personne.js` et `homme.js` nécessite des informations afin de savoir comment les utiliser.

Le but des modules ES6 est d'aider à utiliser ces fichiers (ici, `personne.js` et `homme.js`) sans avoir à connaître ces informations. En effet, ces dernières seront insérées sous une certaine forme dans le fichier lui-même, qui devient ainsi un module.

C'est le rôle de l'export et de l'import des données, notions que nous détaillons dans les paragraphes qui suivent.

Export de données

Dans chaque module (en fait, un fichier contenant du code JavaScript), on décide quelles sont les données que l'on souhaite rendre visibles à l'extérieur (pour d'autres modules ou pour une page HTML). On utilise pour cela le nouveau mot-clé JavaScript `export`, qui permet d'exporter une ou plusieurs données vers l'extérieur.

Dans notre exemple, on souhaite exporter les classes `Personne` et `Homme` de façon à les rendre accessibles à l'extérieur. On ajoute alors le mot-clé `export` dans chacun des deux fichiers (qui deviennent ainsi des modules).

Module personne.js

```
class Personne {
  constructor(nom, prenom) {
    this.nom = nom;
    this.prenom = prenom;
  }
  log() {
    console.log(`Nom : ${this.nom}, Prénom : ${this.prenom}`);
  }
}

export { Personne };
```

Ainsi, pour transformer un fichier JavaScript en module, il suffit de lui ajouter le mot-clé `export` précisant les données exportées, séparées par des virgules si plusieurs données sont à exporter, et entourées d'accolades.

Si une seule donnée est exportée dans le module, on peut écrire également la ligne suivante.

Export d'une seule donnée du module

```
export default Personne;
```

L'instruction `export default` ne s'utilise que si une seule donnée est exportée dans le module. Dans les autres cas, on utilise la première syntaxe avec les accolades.

Utilisation du module dans le fichier HTML

Une fois le module écrit, il faut montrer comment l'utiliser dans la page HTML. Utilisons le module `personne.js` dans la page HTML.

Utilisation du module personne.js dans la page HTML

```
<html>

<head>

<meta charset="utf-8">

</head>

<script type="module">

import { Personne } from './personne.js';
var personne = new Personne("Sarrion", "Eric");
personne.log();

</script>

</html>
```

Le fichier JavaScript du module est inclus au moyen de l'instruction `import`. Pour que cette instruction soit comprise par le navigateur, il faut qu'elle soit insérée dans une balise `<script type="module">`, sinon l'instruction `import` n'est pas reconnue.

Exécutons cette page HTML dans le navigateur (figure 1-34).

Le message d'erreur indique un problème d'accès au fichier du module. En effet, les fichiers associés à des modules ne sont accessibles que par le protocole HTTP, et ici c'est pour l'instant le protocole file qui est utilisé dans l'URL du navigateur. D'où le message d'erreur...

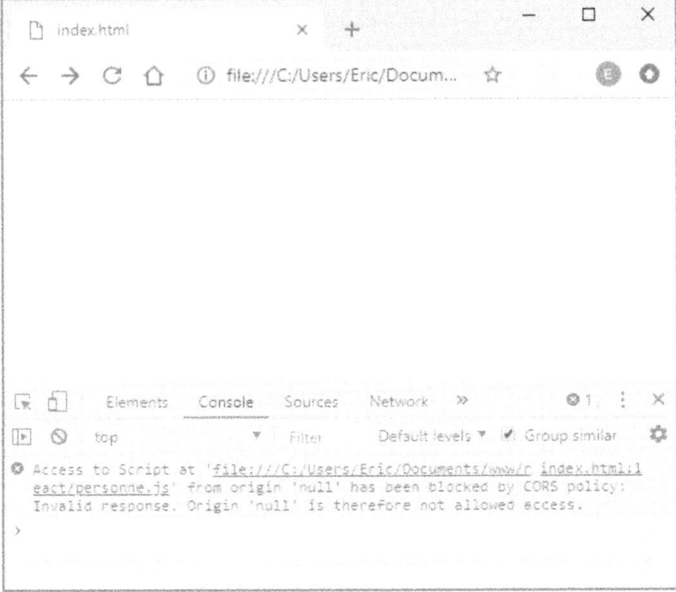

Figure 1–34

L'erreur peut facilement être corrigée en changeant le protocole d'accès à l'URL du fichier `index.html`. Il suffit d'installer un serveur web (si ce n'est pas déjà fait) et d'accéder au fichier `index.html` depuis une URL HTTP, par exemple http://localhost/react, en supposant que le fichier `index.html` et les différents modules utilisés soient déposés dans le répertoire `react` du serveur.

Lorsque c'est fait, la page HTML s'affiche correctement (avec les informations dans la console).

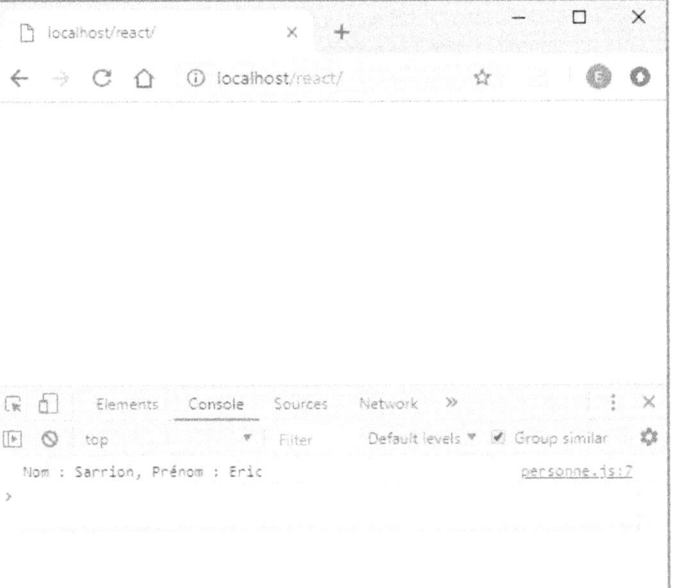

Figure 1–35

Lors de l'utilisation des modules ES6, les URL HTTP sont obligatoires pour accéder à la page HTML.

Import de données

Dans l'exemple précédent, nous avons utilisé l'instruction `import` afin que notre script puisse utiliser les données du module importé. Les données utilisées dans le script (et importées depuis le module) sont précisées dans l'instruction `import`.

On ne peut importer que des données qui ont été précédemment exportées, sinon une erreur se produit. Par exemple, il est impossible d'importer la classe `Personne` si cette classe n'a pas été exportée dans le module où elle est définie.

Module personne.js qui exporte

```
export { Personne };
```

Si d'autres données sont à exporter dans ce module, il faut les indiquer à la suite, entre accolades et séparées par une virgule.

Module qui importe

```
import { Personne } from "./personne.js";
```

Si d'autres données sont à importer depuis ce module, il faut les indiquer à la suite, entre accolades et séparées par une virgule.

Dans le cas où une seule donnée est à exporter dans un module, on peut l'exporter au moyen de l'instruction `export default`.

Export d'une seule donnée dans un module

```
export default Personne;
```

Une donnée exportée par `export default` doit alors être importée comme ceci.

Import d'une donnée exportée par export default

```
import Personne from "./personne.js";
```

Les accolades ne sont plus nécessaires (et provoquent une erreur si vous les ajoutez).

Remarquons que les instructions `import` et `export` peuvent s'utiliser dans les fichiers décrivant les modules, mais également dans des modules qui les utilisent, ou dans des fichiers HTML au moyen de la balise `<script type="module">`.

Utiliser plusieurs modules simultanément

Appliquons les explications précédentes à nos deux modules `personne.js` et `homme.js`.

Module personne.js

```
class Personne {
  constructor(nom, prenom) {
    this.nom = nom;
    this.prenom = prenom;
  }
  log() {
    console.log(`Nom : ${this.nom}, Prénom : ${this.prenom}`);
  }
}

export default Personne;
```

Module homme.js

```
import Personne from "./personne.js";

class Homme extends Personne {
  constructor(nom, prenom) {
    super(nom, prenom);
    this.sexe = "H";
  }
  log() {
    super.log();   // Appel de la méthode log() définie dans la classe parente
    console.log("C'est un homme !");
  }
}

export default Homme;
```

Une fois ces deux modules définis, ils peuvent être utilisés de deux façons :

- intégration des modules dans un module global, puis utilisation de ce module global dans la page HTML ;
- utilisation directe des deux modules dans la page HTML.

Voyons maintenant ces deux possibilités.

Import des modules dans un module global

Ces deux modules sont intégrés dans un module global `index.js`, et c'est ce dernier module qui est inclus dans la page HTML `index.html`.

Module index.js

```
import Personne from "./personne.js";
import Homme from "./homme.js";

var personne = new Personne("Sarrion", "Eric");
personne.log();

var personne2 = new Homme("Duval", "Simon");
personne2.log();
```

Les deux modules sont importés dans le module global.

Fichier index.html

```
<html>

<head>

<meta charset="utf-8">

</head>

<script type="module" src="./index.js"></script>

</html>
```

Remarque

L'utilisation de la balise `<script type="module">` permet de préciser que le fichier `index.js` utilise le concept de module. Si l'attribut type n'a pas la valeur `"module"`, une erreur se produit.

Figure 1–36

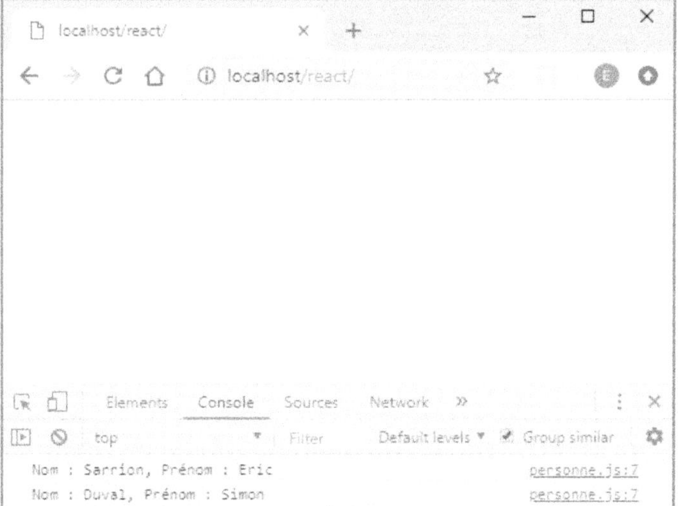

Les deux objets `Personne` et `Homme` sont correctement affichés dans la console.

Import des modules directement dans la page HTML

Plutôt que de passer par un module intermédiaire (ici, `index.js`), on peut utiliser les modules `personne.js` et `homme.js` directement dans la page HTML. Cette solution est plus rapide à écrire (un fichier en moins), mais moins fréquemment utilisée que la précédente.

Son écriture est des plus simples : le contenu du fichier `index.js` précédent se retrouve directement dans un script de la page HTML. Le script devra avoir l'attribut `type="module"` pour accepter les instructions `import` des différents modules.

Fichier index.html

```
<html>

<head>

<meta charset="utf-8">

</head>

<script type="module">

import Personne from "./personne.js";
import Homme from "./homme.js";

var personne = new Personne("Sarrion", "Eric");
personne.log();

var personne2 = new Homme("Duval", "Simon");
personne2.log();

</script>

</html>
```

Les instructions `import` figurent directement dans le code JavaScript de la page HTML, à condition que ce code JavaScript ait été déclaré avec l'attribut `type="module"`.

2

Hello React

Dans ce chapitre, nous allons enfin commencer à écrire du code React ! L'objectif sera ici de vous faire découvrir les bases de React afin de comprendre comment celui-ci fonctionne.

React, c'est quoi ?

React est une bibliothèque JavaScript développée par Facebook, utilisée pour créer des composants d'affichage réutilisables. Dans le modèle MVC (modèle-vue-contrôleur), elle correspond à l'aspect Vue.

Pour créer une application avec React, on va donc créer des composants d'affichage (en général des classes ou des fonctions) qui seront ensuite assemblés afin de former l'application finale. L'intérêt de React, outre le fait de créer des composants réutilisables, et de permettre aussi une mise à jour rapide de la page HTML (en cas de modifications apportées à celle-ci).

En effet, lors de l'utilisation de bibliothèques telles que jQuery (qui manipulent les éléments HTML de la page, c'est-à-dire le DOM, directement), les performances sont bien moindres car la manipulation du DOM directement en JavaScript est lente lors de l'exécution. React ne manipule pas le DOM directement mais une copie interne de celui-ci (les objets ou éléments React, appelés le DOM virtuel), et produit les modifications sur l'affichage uniquement lorsque cela s'avère nécessaire.

Enfin, React n'est pas seulement une bibliothèque permettant d'effectuer des affichages sur le Web, elle peut également servir à produire des applications natives iPhone et Android, en utilisant une variante nommée React Native (non traitée dans cet ouvrage).

Un premier affichage avec React

Pour ce premier exercice, on va simplement afficher le texte "Hello React" dans le navigateur, en utilisant les fonctionnalités de React. Ce texte correspond à un simple paragraphe HTML, qui sera inséré dans la page HTML par React.

React permet d'afficher une page HTML au moyen de code React (code JavaScript) donc on s'interdit d'écrire du code HTML (servant à afficher des éléments HTML) directement dans la page (hormis un élément <div> vide qui contiendra le code HTML produit par React).

React est composé de deux bibliothèques JavaScript à insérer dans la page HTML : React et ReactDOM.

- React correspond à React lui-même, que l'on étudie dans cet ouvrage, et qui permet de créer des composants d'affichage réutilisables ;
- ReactDOM est une extension permettant de visualiser, dans une page HTML, les composants créés avec React. D'autres extensions sont disponibles, par exemple pour afficher ces composants dans une application iPhone ou Android.

On voit bien ici la distinction effectuée par React entre la création de composants (indépendante du support sur lequel ils seront affichés) et le média d'affichage (page Internet ou application iPhone/Android, par exemple).

Comme indiqué sur la page https://reactjs.org/docs/cdn-links.html, il existe deux versions de chaque bibliothèque : une version pour l'utilisation en mode développement, et une version pour l'utilisation en mode production. On utilise ici la version définie pour le mode développement.

Page index.html minimale de base qui contiendra le code React

```
<html>

<head>

<script crossorigin
   src="https://unpkg.com/react@16/umd/react.development.js"></script>
<script crossorigin
   src="https://unpkg.com/react-dom@16/umd/react-dom.development.js"></script>

</head>

<body>
  <div id="app"></div>
</body>

<script>

// Ici, le code React

</script>

</html>
```

La page HTML inclut les deux bibliothèques React et ReactDOM en mode développement (ici, la version 16). La balise <head> contient une copie du code proposé sur la page du site reactjs.org citée précédemment.

La partie <body> contient un élément <div> possédant l'id "app". Cet élément <div> servira à contenir les éléments HTML affichés dans la page par le code React, et c'est pour cela que son contenu est vide (seul l'id est utile afin de pouvoir y accéder par JavaScript).

Le code React est créé en JavaScript, d'où la balise <script> en fin de page qui permettra de l'insérer. Le code React est ici inséré directement depuis la page HTML, mais il aurait pu être écrit dans un fichier JavaScript séparé, lui-même inclus dans la page HTML au moyen d'une autre balise <script>.

Remarquez que cette page HTML affiche une page vierge dans le navigateur, car pour l'instant aucun élément HTML n'est affiché (hormis l'élément <div> sans contenu), et aucun code JavaScript n'est exécuté afin de créer du contenu HTML.

Vous pouvez visualiser cette page dans un navigateur, soit en déposant le fichier HTML dans un navigateur (enregistrez le fichier sur votre ordinateur et depuis l'explorateur de fichiers, faites-le glisser dans le navigateur), soit en installant un serveur sur votre machine. Pour l'instant, nous retenons la première solution.

Figure 2–1

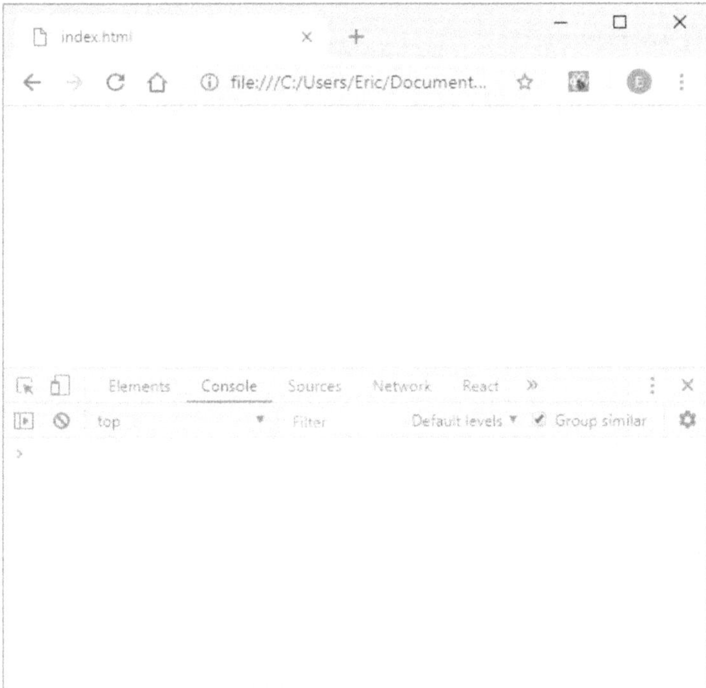

La page affichée est effectivement vierge. La fenêtre située en bas de page correspond aux outils de développement disponibles sous Chrome en appuyant sur la touche F12 du clavier.

L'onglet *Elements* permet de visualiser les éléments HTML affichés dans la page, tandis que l'onglet *Console* permet de voir les éventuels messages affichés (soit d'erreurs Javascript, soit affichés par notre programme au moyen de `console.log()`).

L'onglet *React* correspond à l'extension `React Developper Tools` que l'on aura préalablement installée sous Chrome. Elle permet de visualiser les composants créés par React et sera toujours utile pour la suite.

Il reste maintenant à produire un affichage dans cette page. Pour cela, on écrit le code React en JavaScript dans la partie `<script>` réservée à cet usage (en bas du fichier `index.html`).

Le code React suivant va permettre de créer un paragraphe HTML (balise `<p>`) et de l'insérer dans l'élément `<div>` créé à cet effet dans la page (celui dont l'id est `"app"`).

Création d'un paragraphe et insertion dans la page HTML

```
var p = React.createElement("p", null, "Hello React");  // Création d'un élément React
console.log(p);
ReactDOM.render(p, document.getElementById("app"));      // Insertion dans la page
```

L'inclusion des fichiers React dans la partie `<head>` de la page permet d'avoir accès aux fonctionnalités de React, en particulier les objets `React` et `ReactDOM` utilisés ici.

La méthode `React.createElement(élément, attributs, enfants)` permet de créer un objet React correspondant à un élément HTML (ici, un élément `<p>`, indiqué en premier paramètre), en spécifiant ses attributs sous forme d'objet en second paramètre (ici, il n'y en a aucun donc on indique `null`), puis ses enfants en troisième paramètre (ici, le texte du paragraphe).

La méthode `React.createElement()` crée un objet JavaScript utilisable par React, mais cet objet doit s'afficher dans la page HTML pour être visible, ce que permet l'appel à la méthode `ReactDOM.render(objet React, élément DOM où afficher l'objet React)`. L'élément DOM où doit s'afficher l'objet React est récupéré par l'instruction JavaScript `document.getElementById("app")`, d'où l'utilité d'avoir spécifié un id à cet élément pour pouvoir y accéder ici.

Le paragraphe `Hello React` est affiché dans la page. La fenêtre de l'onglet *Console* des outils de développement de Chrome affiche le résultat de `console.log(p)`, `p` étant l'objet React créé par `React.createElement()` (voir figure 2-2).

L'onglet *React* permet de visualiser les éléments créés par React (voir figure 2-3).

On affiche ici un simple élément React. Cette rubrique sera plus intéressante lorsque les éléments créés seront plus nombreux...

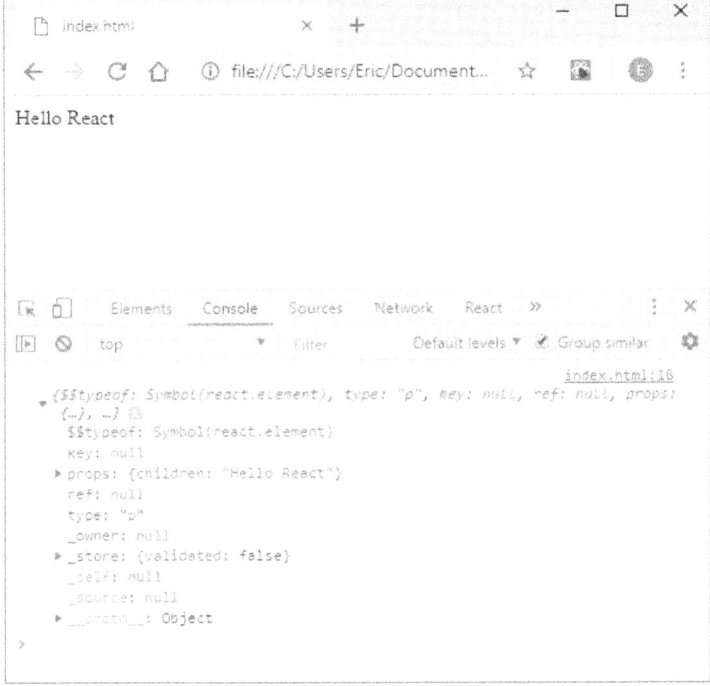

Figure 2–2

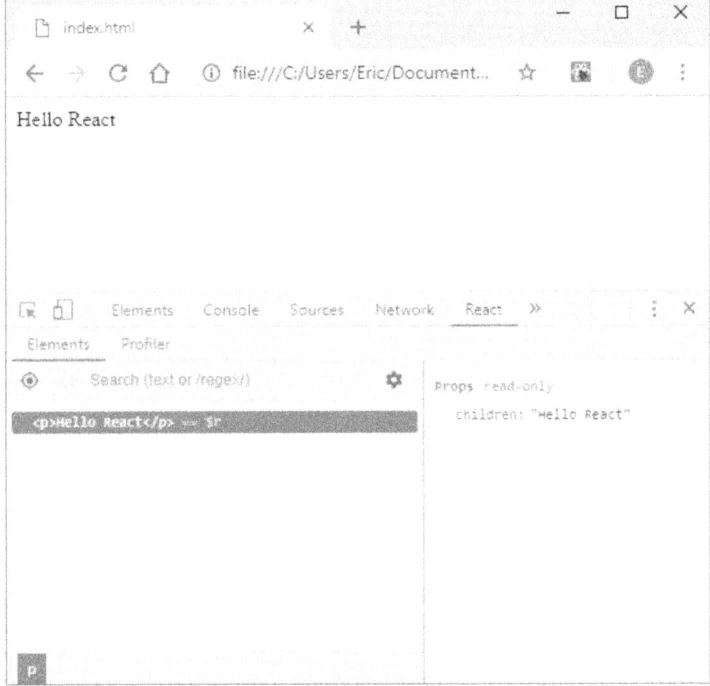

Figure 2–3

Ajout d'attributs à un élément

Le paragraphe affiché précédemment ne possède aucun attribut pour l'instant. On pourrait par exemple lui affecter un id, un style, voire une classe CSS.

Le second paramètre de la méthode `React.createElement()` permet de préciser, sous forme d'objet JSON, les attributs que l'on souhaite affecter à l'élément.

Commençons par ajouter un attribut `id` au paragraphe précédent.

Ajouter un attribut id à l'élément

```
var p = React.createElement("p", { id : "id1" }, "Hello React");
console.log(p);
ReactDOM.render(p, document.getElementById("app"));
```

Figure 2–4

La valeur de l'attribut `id` a été positionnée dans l'objet `React` associé au paragraphe (objet créé par `React.createElement()`), dans sa propriété `props`. Cette propriété est ajoutée par `React` à tous les éléments `React` créés par `React.createElement()`.

On pourrait récupérer l'id au moyen de l'instruction `console.log(p.props.id)`, qui afficherait ici `id1`.

Modifions maintenant le style de l'élément en lui affectant la couleur rouge (propriété CSS `color`), et un fond noir (propriété CSS `background-color`). On utilise pour cela l'attribut HTML `style`.

Modification du style de l'élément (color et background-color)

```
var p = React.createElement("p",
 { id : "id1", style : { color:"red", backgroundColor:"black" } },
 "Hello React");
console.log(p);
ReactDOM.render(p, document.getElementById("app"));
```

L'attribut `style` est décrit sous forme d'objet JSON, et non pas sous forme de chaîne de caractères comme cela serait le cas si l'on avait écrit directement le paragraphe en code HTML. N'oublions pas que les éléments créés par React le sont grâce à du code JavaScript, ce qui implique de respecter la syntaxe de ce langage.

Une propriété CSS composée de plusieurs mots, telle que `background-color`, peut s'utiliser en remplaçant chaque tiret par la majuscule du mot qui suit (donc ici, `backgroundColor`) ou en l'entourant de guillemets (donc ici, `"background-color"`).

Figure 2–5

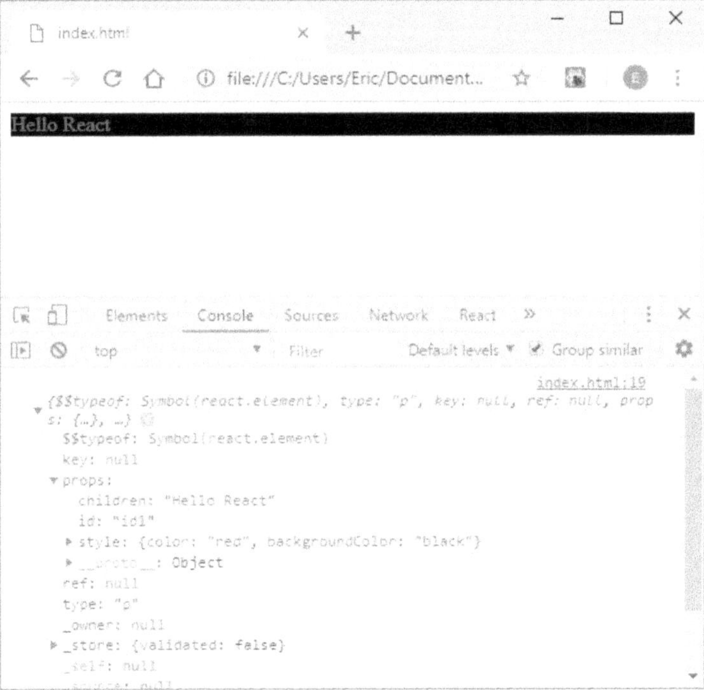

Le style du paragraphe a bien été modifié (rouge sur fond noir).

La fenêtre des outils de développement permet de voir l'objet React associé à cet élément, en particulier l'objet `style` créé par React dans l'objet `props`.

L'onglet *React* affiche l'élément React sous une autre forme.

Figure 2–6

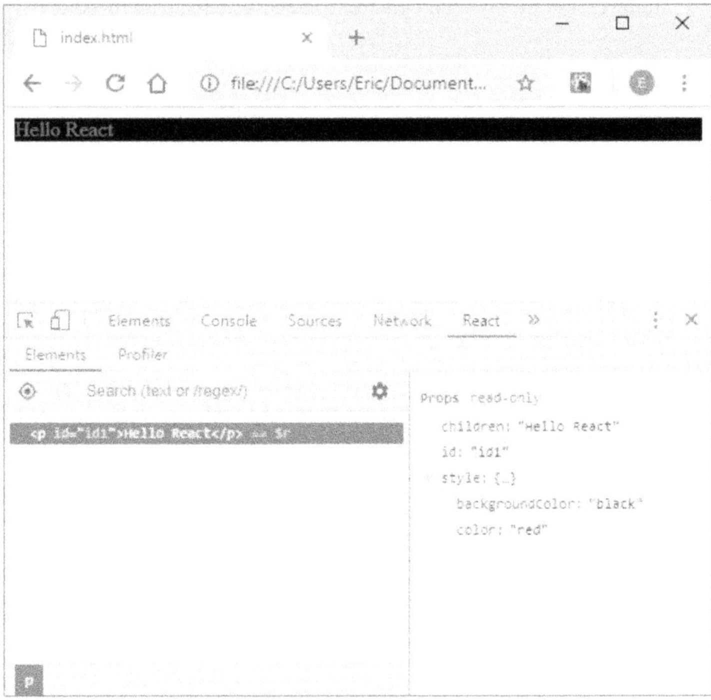

L'intérêt de l'onglet *React* est qu'il permet de voir l'architecture des éléments créés par React sans pour cela utiliser des affichages par `console.log()`.

Un cas particulier d'attribut est lorsqu'on utilise l'attribut `class`. En effet, cet attribut ne peut pas s'utiliser directement dans le code JavaScript car il serait interprété comme une déclaration de classe JavaScript. React permet de le remplacer par l'attribut `className` comme on peut le voir dans le code suivant.

Ajout de l'attribut class dans un élément

```
<html>

<head>

<script crossorigin
  src="https://unpkg.com/react@16/umd/react.development.js"></script>
<script crossorigin
  src="https://unpkg.com/react-dom@16/umd/react-dom.development.js"></script>
```

```
<style type="text/css">
  .red {  /* Définition de la classe CSS red */
    color : red;
  }
</style>

</head>

<body>
  <div id="app"></div>
</body>

<script>

var p = React.createElement("p", { id : "id1", className : "red" },
            "Hello React");
console.log(p);
ReactDOM.render(p, document.getElementById("app"));

</script>

</html>
```

On utilise dans le code JavaScript la propriété `className` au lieu de `class`.

La classe CSS `red` est définie dans le code HTML au moyen de la balise `<style>`.

Figure 2–7

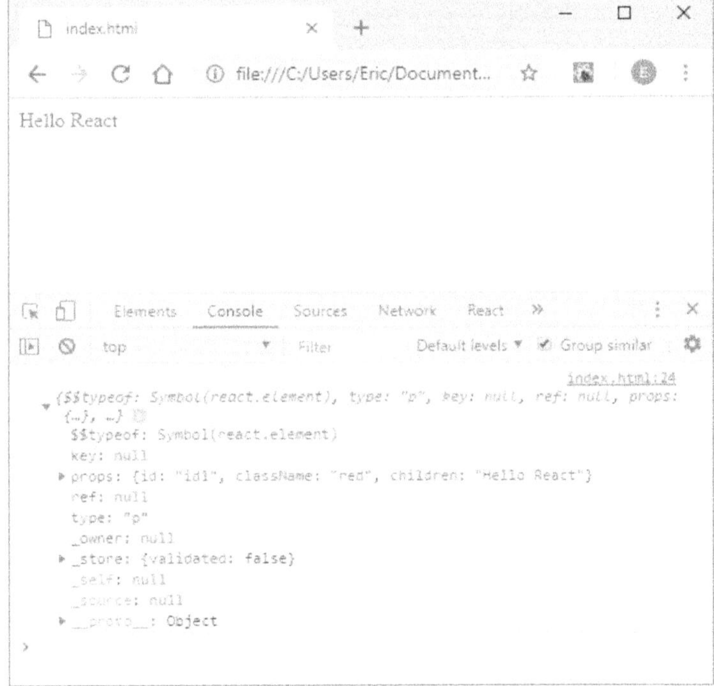

Création d'enfants dans un élément

Le paragraphe précédent a un seul enfant qui est un élément texte, s'inscrivant directement dans le troisième paramètre de `React.createElement()`.

Pour illustrer le fait de créer un élément ayant plusieurs enfants, créons un élément `<ul>` comportant cinq enfants qui sont les éléments `<li>` d'une liste.

Création d'une liste de cinq éléments

```
var ul = React.createElement("ul", null,                        // Élément parent
            React.createElement("li", null, "Element1"),        // Enfant n°1
            React.createElement("li", null, "Element2"),        // Enfant n°2
            React.createElement("li", null, "Element3"),        // Enfant n°3
            React.createElement("li", null, "Element4"),        // Enfant n°4
            React.createElement("li", null, "Element5")         // Enfant n°5
         );
console.log(ul);
ReactDOM.render(ul, document.getElementById("app"));
```

Les cinq enfants sont créés par la même méthode que l'élément parent (c'est-à-dire par `React.createElement()`) et sont insérés dans le dernier paramètre de la méthode `React.createElement()`, les uns à la suite des autres (séparés par une virgule). Cette méthode peut donc comporter un nombre quelconque d'arguments, les enfants de l'élément à créer étant considérés comme figurant à partir de la troisième position de la liste des arguments (ou peuvent être mis dans un tableau comme on va le voir ci-après).

Chacun des enfants peut également posséder lui-même des enfants, ce qui signifie qu'au lieu d'avoir un élément texte comme ici (`"Element1"`, par exemple), on pourrait avoir l'instruction `React.createElement()`. On voit donc que de cette façon, on peut construire n'importe quel fragment HTML (figure 2-8).

Les cinq enfants de l'élément React sont mis dans la propriété `children` de l'objet `props` associé à cet élément React, chacun de ces enfants étant lui-même un élément React.

En sélectionnant l'onglet *React* dans la fenêtre, on peut voir l'arborescence des éléments React ainsi créés (figure 2-9).

En cliquant sur chacun des éléments dans la partie gauche de la fenêtre, on peut voir ses propriétés regroupées dans l'objet `props`.

Les enfants d'un élément peuvent s'insérer dans la liste des paramètres de la méthode `React.createElement()`, en commençant à partir du troisième, comme on l'a fait précédemment. Il est également possible de les indiquer sous forme de tableau, toujours dans le troisième paramètre de la méthode `React.createElement()`.

Figure 2–8

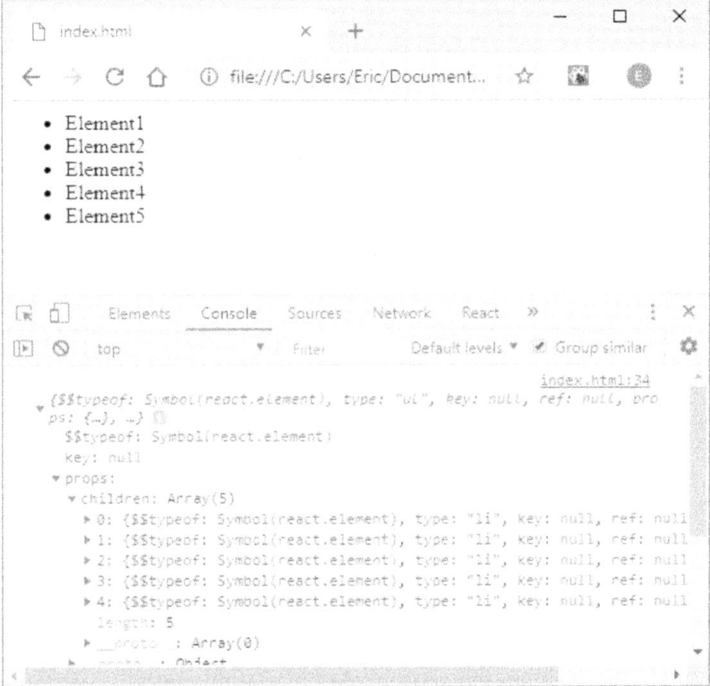

Figure 2–9

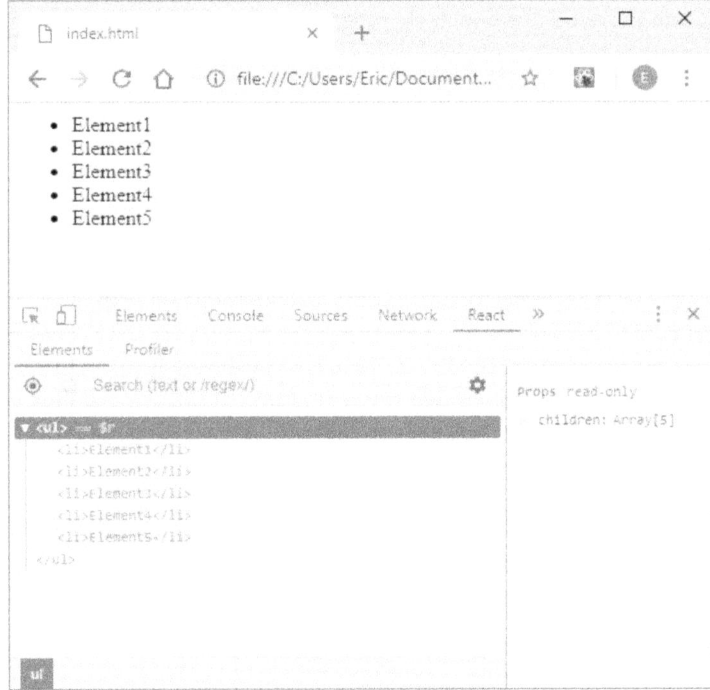

Insertion des éléments de liste sous forme de tableau

```
var ul = React.createElement("ul", null,
          [ React.createElement("li", null, "Element1"),
            React.createElement("li", null, "Element2"),
            React.createElement("li", null, "Element3"),
            React.createElement("li", null, "Element4"),
            React.createElement("li", null, "Element5") ]
        );
console.log(ul);
ReactDOM.render(ul, document.getElementById("app"));
```

Les enfants `<li>` de l'élément `<ul>` sont maintenant regroupés dans un tableau d'éléments correspondant au troisième paramètre de la méthode `React.createElement()`.

Même si le programme est fonctionnel, un message d'erreur s'affiche dans l'onglet *React*. Nous allons voir comment éliminer ce message d'erreur dans la section suivante.

Par ailleurs, le fait de pouvoir regrouper les enfants d'un élément dans un tableau va nous servir dans la section qui suit.

Insertion dynamique d'éléments dans une liste

La liste de cinq éléments créée précédemment peut comporter beaucoup plus que cinq éléments, et dans ce cas il est difficile de l'écrire comme nous l'avons fait. Il faudrait créer la liste au moyen d'une boucle de programme JavaScript.

Création de la liste d'éléments au moyen d'une boucle JavaScript

```
var elems = ["Element1", "Element2", "Element3", "Element4", "Element5"];

var ul = React.createElement("ul", null ,
          elems.map(function(elem, index){
            return React.createElement("li", null, elem);
          }));
ReactDOM.render(ul, document.getElementById("app"));
```

Les textes des éléments de liste sont insérés dans un tableau `elems`. Ce tableau est parcouru au moyen de la méthode `map()` (méthode JavaScript définie sur la classe `Array`). La méthode `map()` utilise une fonction de callback (définie en paramètre) qui est appelée pour chaque élément du tableau. Pour chaque appel de cette fonction de callback, l'élément du tableau et son index dans le tableau sont transmis en paramètres à la fonction de callback (`elem` et `index`). Comme la méthode `map()` retourne un tableau d'éléments React `<li>`, celui-ci est transmis comme liste des enfants de l'élément `<ul>`.

Figure 2–10

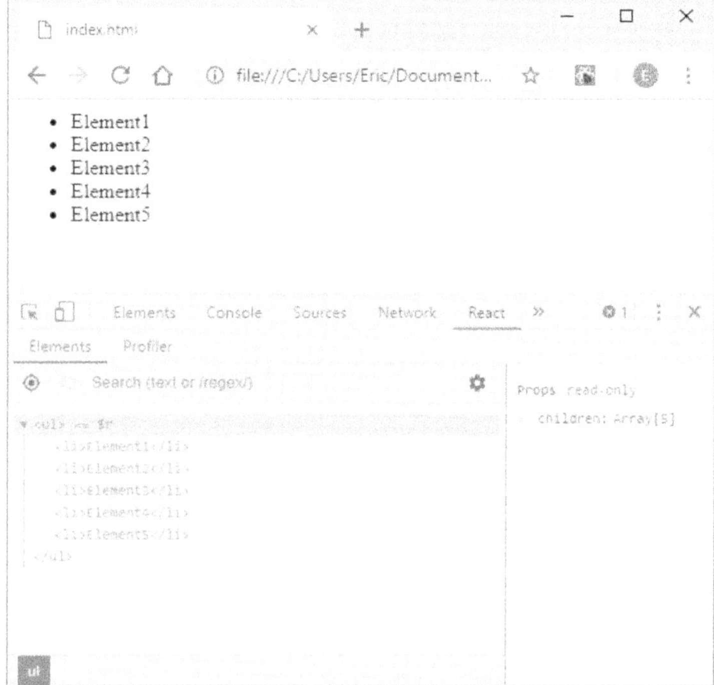

Les éléments de liste sont effectivement insérés dans l'élément `<ul>`. Toutefois, l'onglet *React* affiche une erreur (croix rouge accompagné du chiffre 1). Un clic sur cette croix affiche un message qui explique l'erreur : « Each child in an array or iterator should have a unique "key" prop. », ce qui signifie qu'il faut que chaque élément inséré au moyen d'un tableau ou d'une boucle possède une propriété `key` unique.

Ce message d'erreur est le même que celui qui s'affichait dans l'exemple précédent.

Pour supprimer le message d'erreur de React, il suffit d'attribuer une propriété `key` ayant une valeur différente à chacun des éléments `<li>` insérés.

Ajout de la propriété key à chaque élément <li>

```
var elems = ["Element1", "Element2", "Element3", "Element4", "Element5"];

var ul = React.createElement("ul", null ,
         elems.map(function(elem, index){
           return React.createElement("li", { key : index }, elem);
         }));
ReactDOM.render(ul, document.getElementById("app"));
```

La valeur attribuée à la propriété `key` est celle de l'index de l'élément dans la liste, qui est forcément unique comme demandé.

Le message d'erreur affiché dans l'onglet *React* a maintenant disparu.

Si l'on se rappelle les améliorations apportées à JavaScript par sa version ES6 (qui a fait l'objet du chapitre précédent), les déclarations de fonctions peuvent s'écrire sous une forme plus condensée.

Écriture en ES6 du programme précédent

```
var elems = ["Element1", "Element2", "Element3", "Element4", "Element5"];

var ul = React.createElement("ul", null ,
         elems.map((elem, index)=>{
           return React.createElement("li", { key : index }, elem);
         }));
ReactDOM.render(ul, document.getElementById("app"));
```

Utilisation d'une fonction en premier paramètre de la méthode React.createElement()

La méthode `React.createElement()` prend en premier paramètre une chaîne représentant l'élément HTML à créer (par exemple, `"ul"`, `"li"`, ...). React permet d'indiquer, en remplacement de la chaîne de caractères, une référence de fonction (son nom) qui sera appelée pour créer l'élément React correspondant (incluant éventuellement ses enfants).

L'exemple suivant permet de créer une liste d'éléments (comme celle de l'exemple précédent) en indiquant une fonction en premier argument de la méthode `React.createElement()`.

Créer une liste à l'aide d'une fonction

```
var elems = ["Element1", "Element2", "Element3", "Element4", "Element5"];

var listeElements = function() {
  return React.createElement("ul", null,
    elems.map(function(elem, index) {
      return React.createElement("li", { key : index }, elem);
    })
  );
}

var liste = React.createElement(listeElements);
ReactDOM.render(liste, document.getElementById("app"));
```

La fonction `listeElements()` crée la liste des éléments (`<ul>` et ses `<li>` enfants). Elle retourne un élément React parent (associé au `<ul>`), lui-même composé d'enfants React (associés aux `<li>`).

Cette fonction est appelée automatiquement par React car elle figure en premier argument de l'appel à `React.createElement(listeElements)`. Remarquez que la fonction `listeElements()` n'est pas appelée par notre programme (on n'a pas mis les parenthèses `()` à la suite), c'est l'instruction `React.createElement(listeElements)` qui provoquera son appel automatiquement.

Figure 2–11

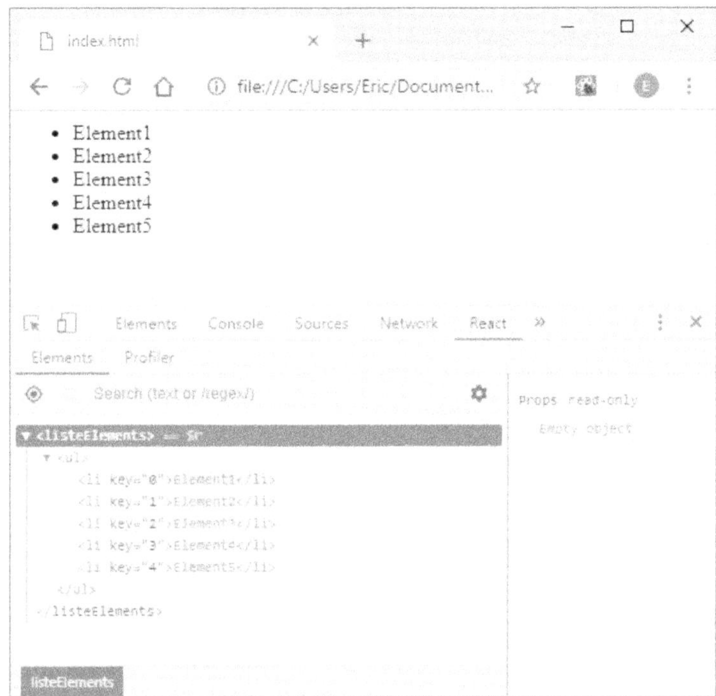

Dans l'onglet *React*, on voit qu'un élément React du même nom que la fonction `listeElements()` a été créé par React. Toutefois, cet élément est simplement un objet en mémoire utilisé par React, il n'est pas visible dans le code HTML de la page.

Transmission de paramètres lors de la création d'un élément React

L'intérêt de passer par une fonction pour créer les éléments React (comme dans l'exemple précédent) est de pouvoir passer des paramètres à la fonction. Par exemple, on pourrait lui indiquer le tableau `elems` contenant les textes des éléments de la liste à créer.

Transmettre le tableau elems en paramètres de la fonction listeElements(elems)

```
var elems = ["Element1", "Element2", "Element3", "Element4", "Element5"];

var listeElements = function(elements) {
  return React.createElement("ul", null,
    elements.map(function(elem, index) {
      return React.createElement("li", { key : index }, elem);
    })
  );
}

var liste = React.createElement(listeElements);
ReactDOM.render(liste, document.getElementById("app"));
```

La seule modification est l'indication d'un paramètre supplémentaire (`elements`) lors de la déclaration de la fonction `listeElements(elements)`.

Toutefois, cela ne peut pas fonctionner car il faut trouver un moyen pour que le tableau `elems` soit transmis lors de l'appel à la fonction `listeElements(elements)`, ce qui n'est pas le cas pour l'instant.

Le seul endroit où ce tableau `elems` peut être transmis est au moment de l'utilisation de la fonction `listeElements()`, c'est-à-dire dans l'appel de la méthode `React.createElements(listeElements)`. Pour cela, rappelons-nous que cette méthode `React.createElements()` possède un second paramètre qui est un objet dans lequel on peut préciser des attributs de l'élément à créer (`id`, `style`, `className`, etc., comme on l'a fait au début de ce chapitre). On va donc insérer un nouvel attribut qui contiendra la liste des textes des éléments, donc le tableau `elems`. Appelons ce nouvel attribut `elems`, par exemple.

Transmettre l'attribut elems à la fonction listeElements()

```
var elems = ["Element1", "Element2", "Element3", "Element4", "Element5"];

var listeElements = function(props) {
  console.log(props);
  return React.createElement("ul", null,
    props.elems.map(function(elem, index) {
      return React.createElement("li", { key : index }, elem);
    })
  );
}

var liste = React.createElement(listeElements, { elems : elems });
ReactDOM.render(liste, document.getElementById("app"));
```

La fonction `listeElements()` reçoit en paramètre l'objet `props` indiqué en deuxième argument de la méthode `React.createElement(fct, props)`. Pour accéder à l'attribut `elems` dans la fonction `listeElements(props)`, il suffit de lire `props.elems`.

D'autres valeurs peuvent être transmises dans les attributs, qui seront récupérées de la même façon dans l'objet `props` transmis par React en paramètre.

En ES6, on avait vu le principe de déstructuration d'un objet. Comme dans notre fonction `listeElements(props)` on n'utilise que la propriété `elems` de l'objet `props`, il est plus limpide d'écrire le programme en utilisant cette syntaxe.

Écriture du programme en ES6

```
var elems = ["Element1", "Element2", "Element3", "Element4", "Element5"];

var listeElements = function({ elems }) {
  console.log(elems);
  return React.createElement("ul", null,
    elems.map(function(elem, index) {
      return React.createElement("li", { key : index }, elem);
    })
  );
}

var liste = React.createElement(listeElements, { elems : elems });
ReactDOM.render(liste, document.getElementById("app"));
```

L'objet `props` n'existant plus dans la liste des paramètres de la fonction `listeElements()`, on accède directement à la propriété `elems` transmise dans l'objet `props`.

Et plutôt que d'utiliser le mot-clé `function` pour définir la fonction, on peut aussi utiliser la syntaxe ES6 avec les caractères `=>`.

Écriture du programme en ES6

```
var elems = ["Element1", "Element2", "Element3", "Element4", "Element5"];

var listeElements = ({ elems }) => {
  return React.createElement("ul", null,
    elems.map(function(elem, index) {
      return React.createElement("li", { key : index }, elem);
    })
  );
}

var liste = React.createElement(listeElements, { elems : elems });
ReactDOM.render(liste, document.getElementById("app"));
```

Figure 2–12

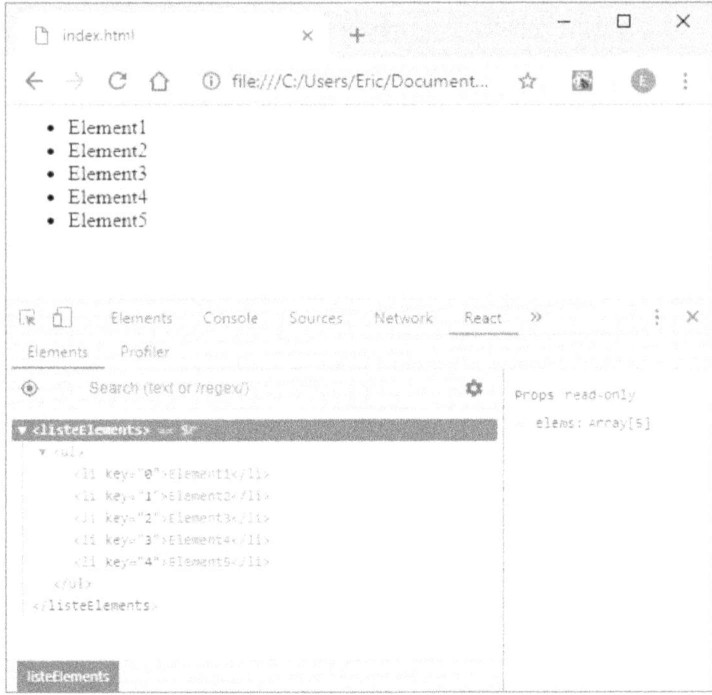

Utilisation de la classe React.Component

Dans les exemples précédents, nous avons montré comment créer un élément React (lui-même composé ou non d'autres éléments React) au moyen de la méthode `React.createElement()`.

Comme on l'a vu, cette méthode peut être utilisée dans une fonction qui retourne l'élément React parent, mais peut également être utilisée dans une classe JavaScript qui dérive d'une classe nommée `React.Component` définie dans React. C'est cette nouvelle façon de procéder que l'on va expliquer maintenant, en créant une liste d'éléments comme précédemment.

Utiliser React.Component pour créer une liste d'éléments

```
var elems = ["Element1", "Element2", "Element3", "Element4", "Element5"];

class ListeElements extends React.Component {
  constructor(props) {
    super(props);
  }
  render() {
    return React.createElement("ul", null,
      this.props.elems.map(function(elem, index) {
```

```
        return React.createElement("li", { key : index }, elem);
      })
    );
  }
}

var liste = React.createElement(ListeElements, { elems : elems });
ReactDOM.render(liste, document.getElementById("app"));
```

La méthode `React.createElement()` utilise maintenant en premier paramètre le nom d'une classe JavaScript (ici, `ListeElements`) dérivée de `React.Component`. Le second paramètre de la méthode permet de transmettre les attributs de l'élément à créer, lesquels sont récupérés dans la classe au moyen de `this.props`.

La méthode `render()` définie dans la classe est une méthode appelée par React en interne chaque fois qu'un élément de la classe `ListeElements` doit être affiché. C'est l'instruction `ReactDOM.render()` qui déclenche l'appel à la méthode `render()` définie dans la classe `ListeElements`.

Figure 2–13

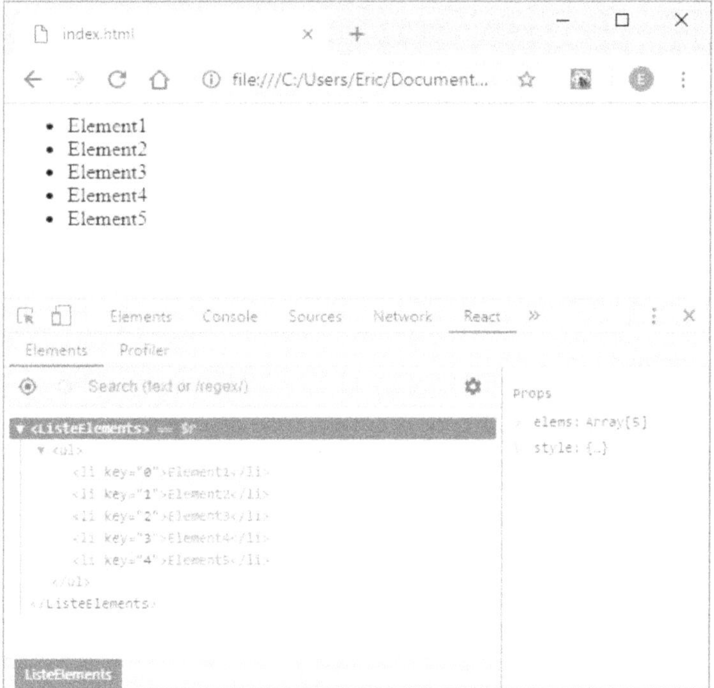

On voit dans l'onglet *React* que la liste comporte bien les éléments HTML désirés (`<ul>` et `<li>`), mais également un élément React ayant le même nom que la classe `ListeElements`.

Modifions le programme afin que chaque élément de liste soit écrit dans une couleur transmise lors de la création de la liste (dans la liste des attributs). Il suffit d'indiquer ce style lors de la création de l'élément `ListeElements`.

Transmettre la couleur des éléments de liste

```
var elems = ["Element1", "Element2", "Element3", "Element4", "Element5"];

class ListeElements extends React.Component {
  constructor(props) {
    super(props);
  }
  render() {
    return React.createElement("ul", null,
      this.props.elems.map(function(elem, index) {
        return React.createElement("li", {
          key : index,
          style : this.props.style
        }, elem);
      })
    );
  }
}

var liste = React.createElement(ListeElements, {
  elems : elems,
  style : { color : "red" }
});
ReactDOM.render(liste, document.getElementById("app"));
```

L'attribut `style` est ajouté dans les attributs transmis lors de la création de l'objet de classe `ListeElements` via l'objet `props`, et donc récupéré dans la classe par `this.props.style`.

Toutefois, le résultat n'est pas celui espéré (figure 2-14).

L'erreur est visible dans l'onglet *Console* de la fenêtre des outils de développement de Chrome. Il y est expliqué que l'on ne peut pas accéder à la propriété `props` de l'objet `this` (dans l'instruction `this.props.style` écrite sur la ligne correspondante). Pourtant, il n'y a pas d'erreur lorsque l'on essaye d'accéder à `this.props.elems` écrite sur la ligne précédente...

Pourquoi peut-on accéder à `this.props.elems` et pas à `this.props.style` ? La réponse est que l'instruction `this.props.style` est utilisée dans une fonction de callback, ce qui fait perdre la variable `this` qui n'est plus la même dans la fonction de callback et à l'extérieur de celle-ci. L'objet `this` utilisé dans `this.props.elems` n'est pas le même que celui utilisé dans `this.props.style`.

On avait déjà rencontré ce problème lors de l'étude de ES6 dans le précédent chapitre. On a vu que l'utilisation de la nouvelle syntaxe avec les caractères `=>` pour définir une fonction pouvait impacter la valeur de l'objet `this`. Utilisons cette syntaxe pour définir la fonction de callback utilisée dans la méthode `map()`.

Figure 2–14

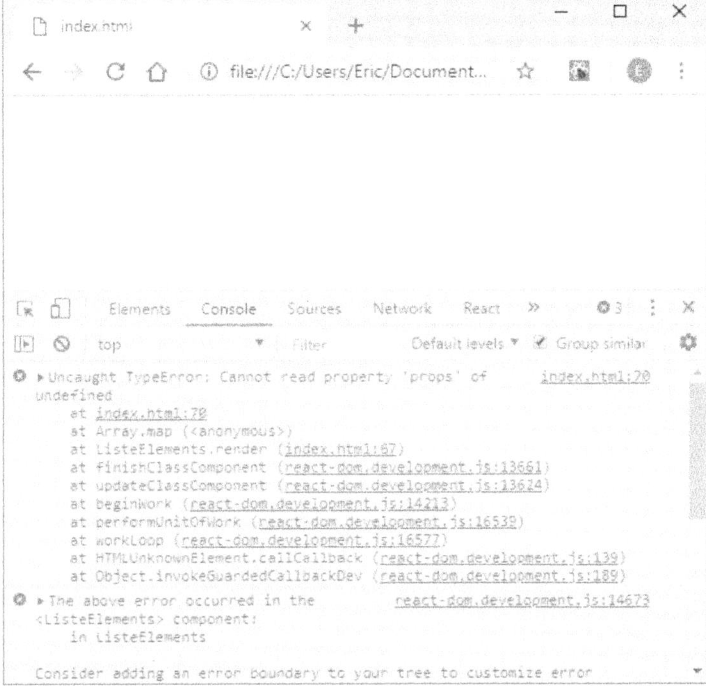

Utilisation de la syntaxe ES6 pour définir la fonction de callback

```
var elems = ["Element1", "Element2", "Element3", "Element4", "Element5"];

class ListeElements extends React.Component {
  constructor(props) {
    super(props);
  }
  render() {
    return React.createElement("ul", null,
      this.props.elems.map((elem, index) => {
        return React.createElement("li", {
          key : index,
          style : this.props.style
        }, elem);
      })
    );
  }
}

var liste = React.createElement(ListeElements, {
  elems : elems,
  style : { color : "red" }
});
ReactDOM.render(liste, document.getElementById("app"));
```

La seule différence avec le précédent programme est l'utilisation de la syntaxe avec les caractères => en remplacement du mot-clé `function` lors de la définition de la fonction de callback dans la méthode `map()`.

Figure 2–15

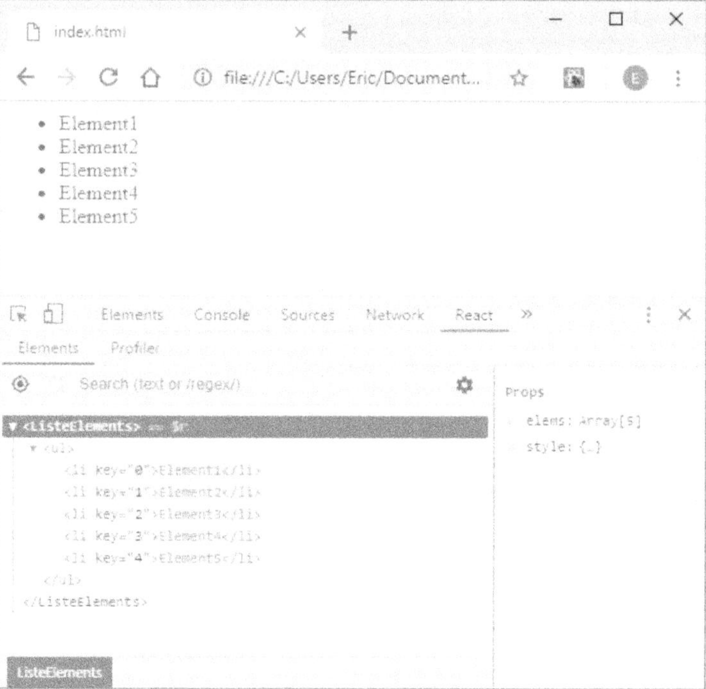

Les éléments de liste sont maintenant de couleur rouge, comme indiqué dans les attributs lors de la création de la liste. La variable `this` est maintenant la même dans la fonction de callback et à l'extérieur de celle-ci, grâce à l'utilisation de la syntaxe ES6 pour les définitions de fonctions.

Choisir une fonction ou une classe pour créer les éléments React

Dans les exemples précédents, on a vu que la méthode `React.createElement()` pouvait prendre en premier paramètre :

- soit une chaîne de caractères représentant l'élément HTML à créer (par exemple, `"ul"`, `"li"`, etc.) ;
- soit un nom de fonction qui sera utilisé pour créer l'arborescence des éléments à créer ;
- soit un nom de classe permettant la même chose que l'appel de la fonction.

La classe permet de définir des méthodes et des variables internes, ce que la fonction ne permet pas. Ainsi, en fonction de la complexité de l'élément React à créer, on utilisera la fonction si elle suffit, et on utilisera la classe dans le cas où la création devient plus complexe.

3

React et JSX

Dans le précédent chapitre, nous avons vu comment créer des éléments React et comment les afficher dans la page HTML. Vous avez pu constater que pour créer les éléments React, tout repose sur la méthode `React.createElement()`, puis sur la méthode `ReactDOM.render()` lorsqu'il s'agit d'afficher ces éléments dans la page HTML.

Toutefois, la construction d'une arborescence d'éléments React au moyen de `React.createElement()` n'est pas chose aisée. De plus, cette méthode ne permet pas de bien visualiser l'arborescence qui sera effectivement construite (du fait du mélange d'instructions JavaScript avec du code HTML au milieu).

Les concepteurs de React ont donc cherché un moyen d'alléger l'écriture et leur choix s'est porté sur l'utilisation de JSX (JavaScript eXtension). JSX est une forme d'écriture des éléments React, plus simple à lire et à écrire que les instructions `React.createElement()`. Cette syntaxe est donc abondamment utilisée dans les programmes React.

Hello React avec JSX

JSX est donc une forme nouvelle d'écriture des éléments React. Par exemple, voici un paragraphe contenant `Hello React` dans son texte.

Un paragraphe contenant Hello React en JSX

```
var p = <p>Hello React</p>;     // Code JSX
```

Cela ressemble à une chaîne de caractères, mais elle n'est pas entourée des guillemets (simples ou doubles) symbolisant la chaîne de caractères. En fait nous avons ici écrit un élément React, en JSX.

> **Attention**
>
> Ne saisissez pas de guillemets lors de l'écriture de code JSX, sinon ce n'est plus du code JSX, mais une chaîne de caractères !

Toutefois, si l'on écrit ce morceau de programme dans notre page HTML, il ne sera pas correctement interprété comme on peut le voir dans le message d'erreur suivant.

Figure 3–1

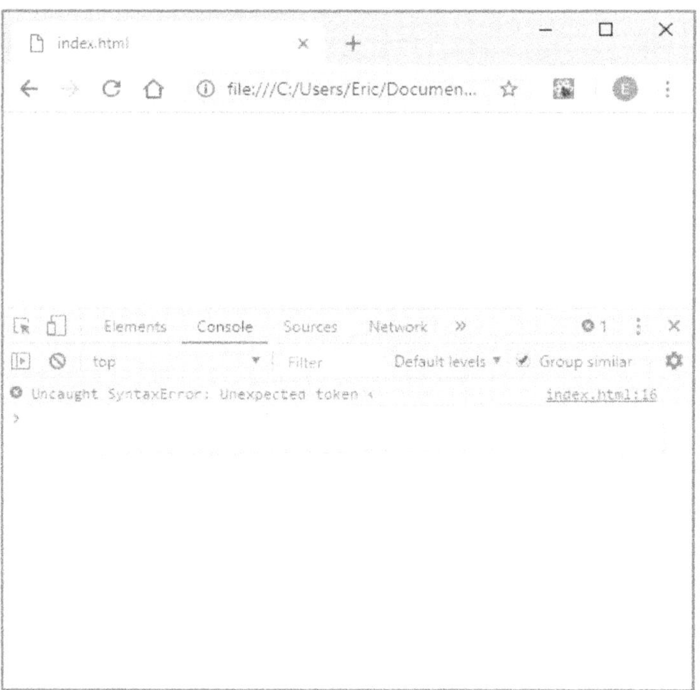

Ce message d'erreur (`Unexpected token <`) est normal, car on ne peut pas écrire du code HTML au milieu du code JavaScript. Il aurait fallu ajouter des guillemets autour du code JSX, mais si on le fait ce n'est plus du code JSX que l'on écrit, c'est une chaîne de caractères.

Pour résoudre le problème et éliminer le message d'erreur, il faut que le code JSX que l'on écrit soit préalablement traduit en vrai code JavaScript. Ici, il faut le traduire en éléments React. On utilise pour cela un outil appelé Babel, qui permet d'interpréter le code JSX et de le transformer en interne en code JavaScript compréhensible par le navigateur. D'autres outils existent, nous utiliserons celui-ci.

La page HTML utilisant Babel s'écrit de la façon suivante, en intégrant notre code JSX.

Fichier index.html utilisant Babel afin d'interpréter le code JSX

```
<html>

<head>

<script crossorigin
   src="https://unpkg.com/react@16/umd/react.development.js"></script>
<script crossorigin
   src="https://unpkg.com/react-dom@16/umd/react-dom.development.js"></script>

<script src="https://unpkg.com/babel-standalone@6/babel.min.js"></script>

</head>

<body>
  <div id="app"></div>
</body>

<script type="text/babel">

var p = <p>Hello React</p>;    // Code JSX
console.log(p);                // Affichage dans la console de l'élément React
ReactDOM.render(p, document.getElementById("app"));

</script>

</html>
```

On inclut le fichier JavaScript de Babel au moyen de la balise `<script src="...">` (cela correspond à l'interpréteur qui traduira le code JSX en code JavaScript), puis on indique quelle partie du code JavaScript est à interpréter par Babel. Pour cela, on inclut l'attribut `type="text/babel"` dans la balise `<script>` contenant notre code JavaScript (et JSX).

Le code JavaScript permettant la création des éléments React est écrit en JSX (et sera traduit en JavaScript pur par Babel), tandis que les éléments React ainsi créés seront insérés dans la page HTML au moyen de l'instruction `ReactDOM.render()` (comme on le faisait dans le chapitre précédent).

L'affichage correspond au paragraphe contenant `"Hello React"`, tandis que l'onglet *React* de la fenêtre des outils de développement montre l'élément React créé suite à la transformation du code JSX par Babel (figure 3-2).

Remarquons que l'inclusion de Babel pour interpréter le code JSX ralentit le programme, vu qu'une étape de traduction est nécessaire avant d'exécuter le code JavaScript. Par conséquent, l'utilisation de Babel ne peut être viable que dans le cadre de l'écriture du programme (en mode développement). Cet outil ne peut pas être utilisé dans le cadre d'un déploiement (mode production). Dans ce dernier cas, on utilisera d'autres outils tels que Webpack pour créer un package plus compact.

Figure 3–2

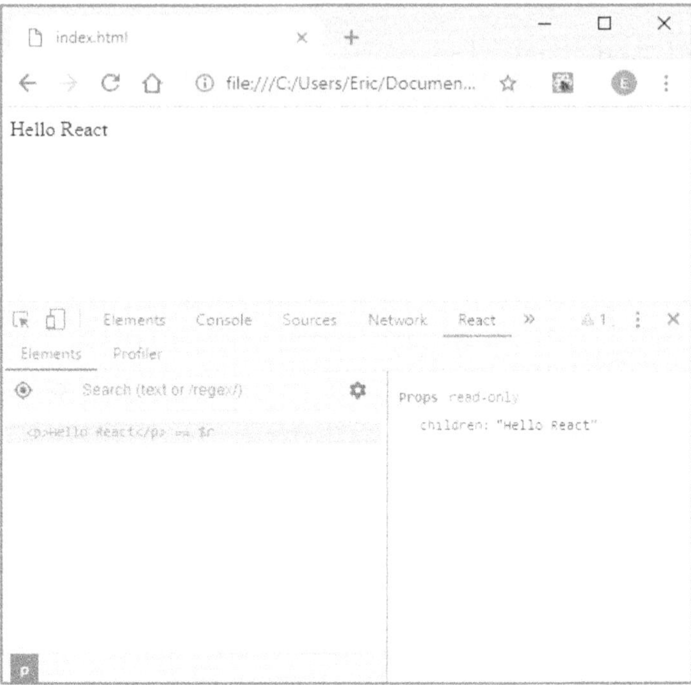

Utiliser Babel pour interpréter le code JSX

Pour voir le processus de traduction effectué par Babel, il suffit de se rendre sur le site https://babeljs.io/, puis d'aller dans l'onglet *Try it out* dans le menu, qui permet de visualiser le code JavaScript généré par Babel. Un programme d'exemple est proposé par défaut, il suffit de le modifier légèrement afin d'introduire le code suivant (pour afficher un paragraphe contenant `Hello React` dans l'élément <body> de la page).

Code permettant d'afficher un paragraphe sur le site de Babel

```
import React from "react";
import ReactDOM from "react-dom";

var p = <p>Hello React</p>;
ReactDOM.render(p, document.body);
```

Le code généré par Babel s'affiche dans la fenêtre de droite sur la page du site de Babel. Il est retranscrit ci-dessous.

Code généré par Babel (utilisant le code React)

```
"use strict";

var _react = require("react");

var _react2 = _interopRequireDefault(_react);

var _reactDom = require("react-dom");

var _reactDom2 = _interopRequireDefault(_reactDom);

function _interopRequireDefault(obj) {
  return obj && obj.__esModule ? obj : { default: obj };
}

var p = _react2.default.createElement(
  "p",
  null,
  "Hello React"
);

_reactDom2.default.render(p, document.body);
```

On peut voir l'instruction `createElement()` générée par Babel, correspondant à la traduction en JavaScript du code JSX.

Babel est donc un interpréteur qui transforme, à la volée, du code JSX en code JavaScript, lequel pourra ensuite être exécuté directement par le navigateur.

Créer une arborescence d'éléments avec JSX

Plutôt que le simple paragraphe précédent, utilisons JSX pour afficher une liste de cinq éléments.

Le fichier HTML de base, qui contiendra le code JSX et JavaScript, est le suivant.

Fichier index.html de base contenant le code JSX et JavaScript

```
<html>

<head>

<script crossorigin
   src="https://unpkg.com/react@16/umd/react.development.js"></script>
<script crossorigin
   src="https://unpkg.com/react-dom@16/umd/react-dom.development.js"></script>
```

```
<script src="https://unpkg.com/babel-standalone@6/babel.min.js"></script>

</head>

<body>
  <div id="app"></div>
</body>

<script type="text/babel">

// Ici, le code JSX et le code JavaScript

</script>

</html>
```

Comme vu précédemment, on inclut le fichier de Babel, et on indique l'attribut `type="text/babel"` dans la balise `<script>` afin que le code JSX soit traduit en code JavaScript.

Il nous suffit d'ajouter notre code JSX dans la partie `<script>` réservée à cet effet (en bas du fichier).

Créer une liste de cinq éléments en JSX

```
var liste = <ul>
              <li> Element1 </li>
              <li> Element2 </li>
              <li> Element3 </li>
              <li> Element4 </li>
              <li> Element5 </li>
            </ul>;
ReactDOM.render(liste, document.getElementById("app"));
```

Le code JSX est facile à lire et à écrire. Il s'écrit comme du code HTML, mais il est saisi dans la partie réservée au code JavaScript (dans la balise `<script>`). Une même instruction peut s'écrire sur plusieurs lignes et doit obligatoirement commencer par une balise ouvrante et se terminer par balise fermante (ici, `<ul>` et `</ul>`).

Figure 3–3

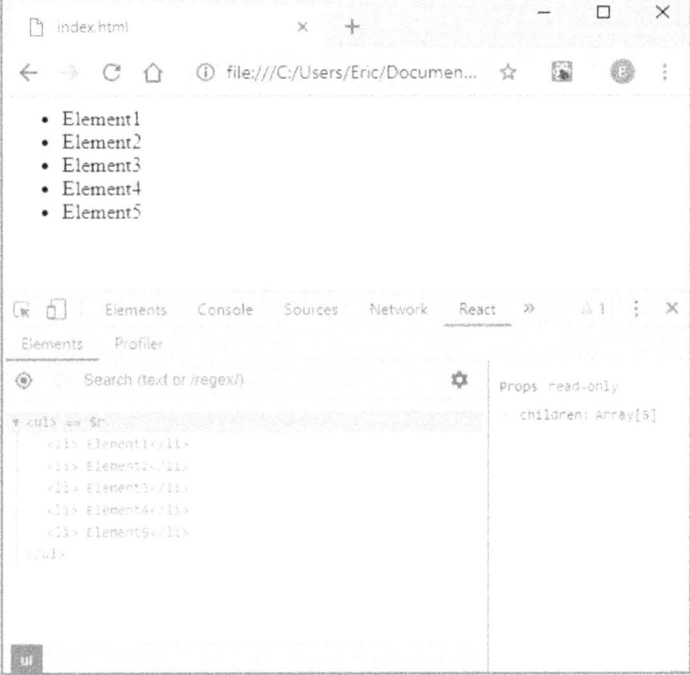

Ajouts d'attributs dans le code JSX

Le code JSX comporte les éléments qui seront affichés dans la page HTML. Ces éléments peuvent avoir des attributs tels que `id`, `style` ou `className` (l'attribut `class` est remplacé par l'attribut `className`).

Ajout des attributs id et className en JSX

Commençons par ajouter les attributs `id` et `className`. Pour cela, on définit la classe CSS `red` dans la balise `<style>` de la page.

Définition de la classe red

```
<style type="text/css">
  .red {
    color : red;
  }
</style>
```

La balise `<style>` doit être insérée dans la partie `<head>` de la page, comme on l'avait fait dans le chapitre précédent.

Le programme qui insère le code JSX utilisant les attributs id et className est le suivant.

Définir les attributs id et className dans le code JSX

```
var liste = <ul id="list1" className="red">
              <li> Element1 </li>
              <li> Element2 </li>
              <li> Element3 </li>
              <li> Element4 </li>
              <li> Element5 </li>
            </ul>;
ReactDOM.render(liste, document.getElementById("app"));
```

Les attributs id et className sont insérés dans le code JSX sous forme de chaîne de caractères.

Figure 3–4

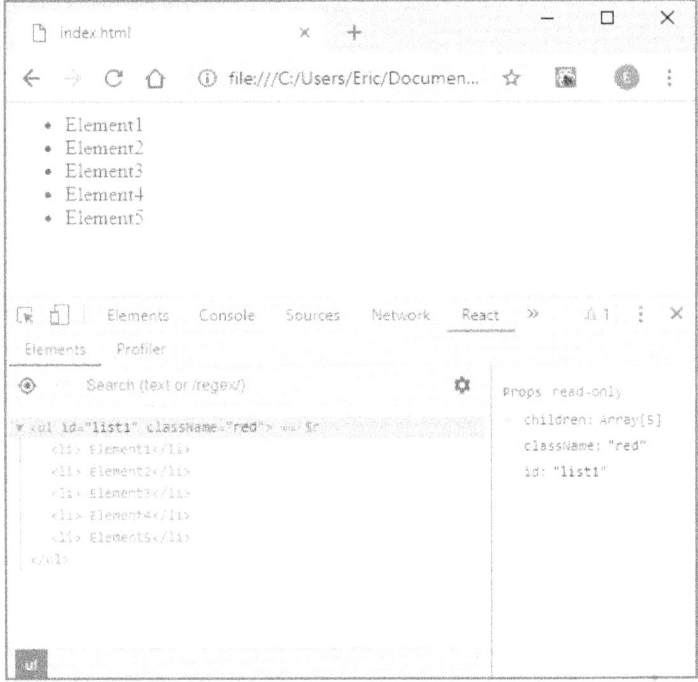

La liste définie par <ul> possède bien l'id "list1", tandis que la classe CSS red est bien définie sur la liste (les éléments de liste sont de couleur rouge).

Ajout de l'attribut style en JSX

La syntaxe à utiliser pour insérer l'attribut style est légèrement différente. On souhaite maintenant définir dans le style de la liste (élément <ul>) la propriété CSS list-style-type et lui attribuer la valeur "none", ce qui signifie que les éléments de liste s'affichent sans être précédés par un point. La propriété `color` sera également définie dans le style à la valeur `"red"` (on suppose que l'on enlève l'attribut `className` utilisé précédemment de façon à ce que la couleur des éléments de liste ne soit pas définie à deux endroits).

Définir l'attribut style dans le code JSX

```
var liste = <ul id="list1" style={{listStyleType:"none", color:"red"}}>
              <li> Element1 </li>
              <li> Element2 </li>
              <li> Element3 </li>
              <li> Element4 </li>
              <li> Element5 </li>
            </ul>;
ReactDOM.render(liste, document.getElementById("app"));
```

La propriété `list-style-type` s'écrit dans le code JavaScript sous la forme `listStyleType`, en remplaçant comme d'habitude chaque tiret et la lettre qui le suit par une majuscule.

L'attribut `style` est défini en utilisant les caractères `{{` et `}}`, soit deux accolades ouvrantes puis deux fermantes. Les accolades extérieures indiquent que l'expression à l'intérieur est une expression JavaScript. De plus, le style doit dans ce cas être défini au moyen d'un objet JavaScript (ici, en notation JSON, avec une autre paire d'accolades intérieures pour le définir).

Figure 3–5

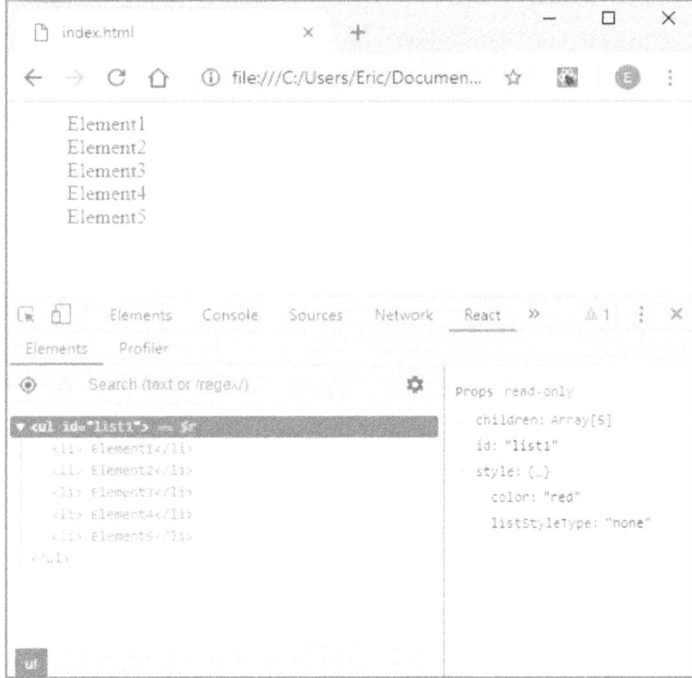

Le style de la liste a bien été modifié.

Utilisation d'instructions JavaScript dans le code JSX

On peut utiliser des instructions JavaScript dans du code JSX, à condition d'entourer les instructions JavaScript avec des accolades. Chaque instruction entourée d'accolades est évaluée par le navigateur, et son résultat est inséré en lieu et place de l'instruction JavaScript évaluée. Ceci permet de créer du code JSX qui s'adapte aux conditions définies dans le programme.

Supposons que le style précédent soit en réalité calculé par le programme, au moyen de différentes instructions dans celui-ci.

Définir des instructions JavaScript qui calculent le style de l'élément en JSX

```
var color = "red";
var styleListe = { listStyleType:"none", color:color };

var liste = <ul id="list1" style={styleListe}>
              <li> Element1 </li>
              <li> Element2 </li>
              <li> Element3 </li>
              <li> Element4 </li>
              <li> Element5 </li>
            </ul>;
ReactDOM.render(liste, document.getElementById("app"));
```

L'instruction JavaScript `{styleListe}` indique de calculer la valeur de l'expression `styleListe`, puis d'affecter cette valeur au style de l'élément dans le code JSX.

On peut améliorer notre code en insérant les éléments de liste au moyen d'un bloc de code JavaScript. Les éléments de la liste sont placés dans un tableau `elems` qui est ensuite parcouru par le code JavaScript et JSX.

Insérer les éléments de liste définis dans un tableau elems

```
var color = "red";
var styleListe = { listStyleType:"none", color:color };

var elems = ["Element1", "Element2", "Element3", "Element4", "Element5"];

var liste = <ul id="list1" style={styleListe}>
              {
                elems.map(function(elem, index) {
                  return <li key={index}>{elem}</li>
                })
              }
            </ul>;
ReactDOM.render(liste, document.getElementById("app"));
```

Les instructions JavaScript dans un bloc de code JSX doivent être entourées par des accolades, en particulier l'instruction `elems.map()`. De même, dans chaque instruction JSX, toute expression JavaScript doit être encadrée par des accolades, d'où leur présence dans `{styleListe}` et `{index}`.

L'attribut `key` est similaire à celui utilisé dans le précédent chapitre et permet d'éviter un avertissement lors de l'exécution du code (message d'erreur « Each child in an array or iterator should have a unique "key" prop. »).

En utilisant la notation `=>` (disponible dans ES6) pour définir la fonction de callback, on peut écrire plus simplement le code suivant.

Utiliser la notation ES6 pour définir la fonction

```
var color = "red";
var styleListe = { listStyleType:"none", color:color };

var elems = ["Element1", "Element2", "Element3", "Element4", "Element5"];

var liste = <ul id="list1" style={styleListe}>
              {
                elems.map((elem, index) => {
                  return <li key={index}>{elem}</li>
                })
              }
            </ul>;
ReactDOM.render(liste, document.getElementById("app"));
```

Ce qui peut aussi s'écrire de façon encore plus raccourcie (les accolades et l'instruction `return` dans la fonction de callback ne sont pas nécessaires si une seule instruction est présente dans les accolades).

Utiliser la notation ES6 sans accolades ni instruction return dans la fonction de callback

```
var color = "red";
var styleListe = { listStyleType:"none", color:color };

var elems = ["Element1", "Element2", "Element3", "Element4", "Element5"];

var liste = <ul id="list1" style={styleListe}>
              {
                elems.map((elem, index) =>
                <li key={index}>{elem}</li> // Pas d'instruction return ni d'accolades
               )
              }
            </ul>;
ReactDOM.render(liste, document.getElementById("app"));
```

Créer un élément JSX avec une fonction

L'intérêt de JSX est qu'il permet de créer ses propres éléments HTML, qui seront vus comme des éléments React (écrits en JSX). On va donc ici apprendre à créer l'élément `<ListeElements>` qui représentera la liste `<ul>` contenant les éléments `<li>`.

Créer une fonction qui retourne du code JSX

Améliorons le précédent programme pour le transformer en une fonction qui retourne le code JSX nécessaire à la création de la liste. Dans le chapitre précédent, nous avions réalisé une fonction similaire, mais qui retournait la liste au moyen des instructions `React.createElement()`. Ici, nous n'utilisons pas ces instructions mais plutôt le code JSX.

Créer une fonction qui retourne le code JSX

```
var elems = ["Element1", "Element2", "Element3", "Element4", "Element5"];

var ListeElements = function() {
  return <ul>
          {
            elems.map(function(elem, index) {
              return <li key={index}>{elem}</li>;
            })
          }
         </ul>
}

ReactDOM.render(<ListeElements/>, document.getElementById("app"));
```

La méthode `ReactDOM.render()` prend ici en premier argument un élément React défini en JSX (`<ListeElements/>`). Cet élément correspond à une fonction du même nom qui crée et retourne les éléments React définis également en JSX.

Remarquez qu'un élément défini en JSX, tel que `<ListeElements/>`, doit obligatoirement commencer par une majuscule, sinon React produit une erreur. La fonction associée correspondante doit donc également commencer par une majuscule. Les seuls éléments JSX pouvant commencer par une minuscule sont ceux correspondants à des balises HTML, telles que `<ul>`, `<li>`, etc.

On voit dans l'onglet *React* qu'un élément React nommé `<ListeElements>` a été créé par React, et qu'il contient la liste définie par `<ul>` (figure 3-6).

Une autre forme d'écriture du programme pourrait être la suivante : plutôt que de retourner l'élément `<ul>` dans la fonction, on l'indique en argument de la méthode `ReactDOM.render()`.

Figure 3–6

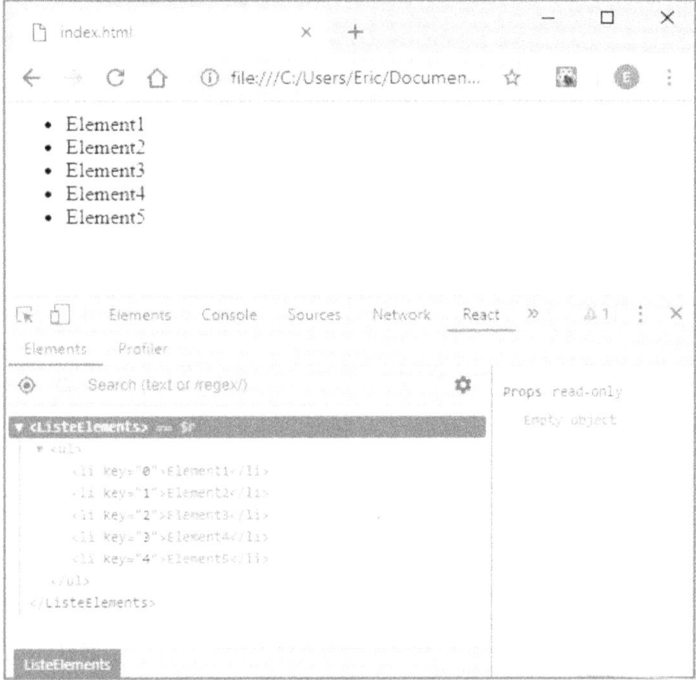

Retourner uniquement les éléments <li> dans la fonction (sans l'élément <ul>)

```
var elems = ["Element1", "Element2", "Element3", "Element4", "Element5"];

var ListeElements = function() {
  return elems.map(function(elem, index) {
              return <li key={index}>{elem}</li>;
         })
}

ReactDOM.render(<ul><ListeElements/></ul>, document.getElementById("app"));
```

La fonction ne retourne plus l'élément `<ul>`, donc les accolades qui servaient à indiquer le code JavaScript à l'intérieur du code JSX ne sont ici plus nécessaires (et si vous les laissez, elles provoquent une erreur).

En revanche, la méthode `ReactDOM.render()` doit retourner le code JSX complet, incluant l'élément `<ul>`.

Même si l'affichage de la liste est identique au précédent, on voit ici que les éléments React `<ul>` et `<ListeElements>` ont été inversés dans l'arborescence.

Figure 3–7

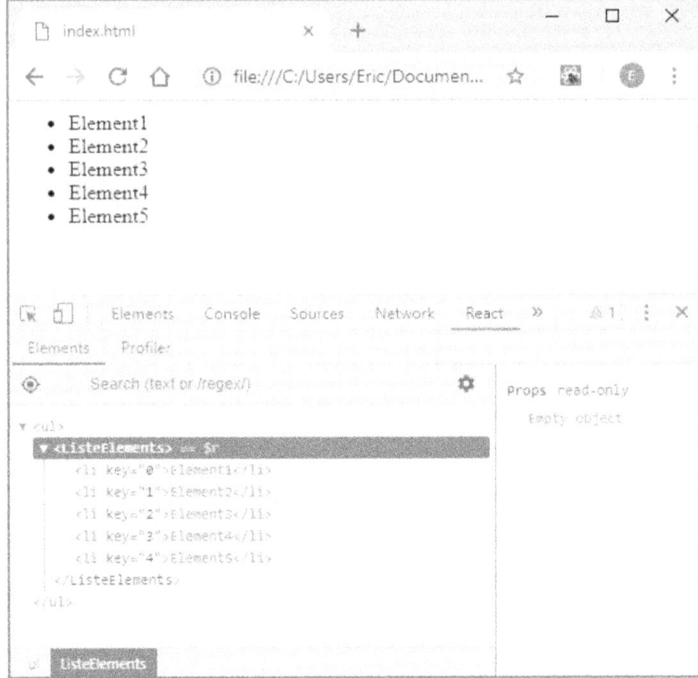

Transmettre des attributs dans un élément JSX

Comme nous l'avions vu dans le précédent chapitre, on peut transmettre des attributs aux éléments React définis ici en JSX. Par exemple, le tableau `elems` pourrait être transmis dans l'attribut `elems` de l'élément JSX. On peut créer les attributs que l'on souhaite dans un élément JSX, ces attributs seront transmis en paramètres de la fonction de traitement dans l'objet `props`.

Transmission de l'attribut elems dans l'élément JSX

```
var elems = ["Element1", "Element2", "Element3", "Element4", "Element5"];

var ListeElements = function(props) {
  return <ul>
          {
            props.elems.map(function(elem, index) {
              return <li key={index}>{elem}</li>;
            })
          }
         </ul>
}

ReactDOM.render(<ListeElements elems={elems}/>, document.getElementById("app"));
```

L'attribut elems est défini lors de l'écriture de l'élément JSX <ListeElements elems={elems}/>. Les attributs d'un élément défini par une fonction sont transmis dans l'objet props en paramètres de la fonction. Ainsi, pour accéder à l'attribut elems dans la fonction, on utilise props.elems.

Transmettons maintenant l'attribut style dans l'élément JSX. Le style indiqué sera affecté aux éléments <li> de la liste.

Transmission de l'attribut style dans l'élément JSX

```
var elems = ["Element1", "Element2", "Element3", "Element4", "Element5"];

var ListeElements = function(props) {
  return <ul>
          {
            props.elems.map(function(elem, index) {
              return <li key={index} style={props.style}>{elem}</li>;
            })
          }
         </ul>
}

ReactDOM.render(<ListeElements elems={elems} style={{color:"red"}} />,
                document.getElementById("app"));
```

Le style est indiqué comme d'habitude sous forme d'objet JSON (ici, { color:"red" }), et comme c'est une instruction JavaScript, il faut l'entourer des accolades, d'où les doubles accolades que l'on peut voir ici dans l'élément JSX.

Ce style est récupéré dans la fonction au moyen du paramètre props, et il est accédé à l'aide de props.style dans l'élément JSX définissant chaque élément <li>.

Modifions ce programme afin de transmettre non pas l'attribut style dans l'élément JSX, mais directement la propriété color, qui devra alors être positionnée dans le style de chaque élément de liste <li> (figure 3-8).

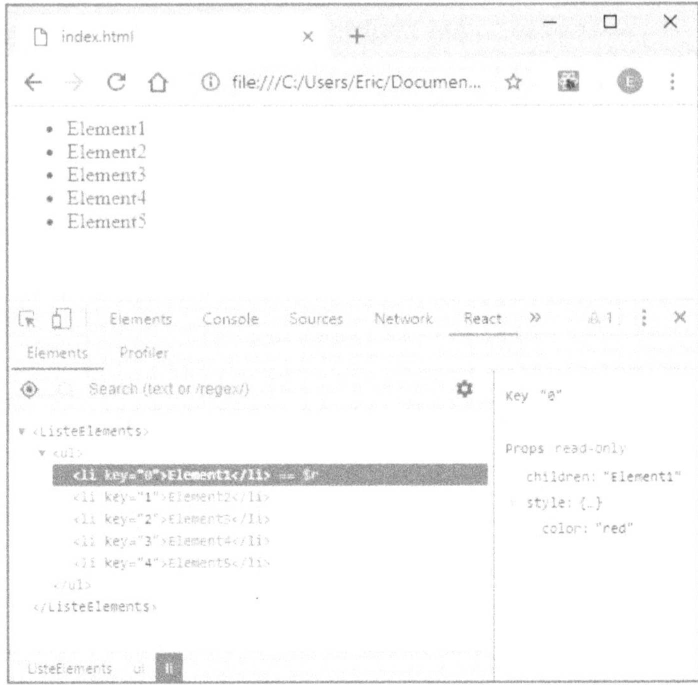

Figure 3–8

Transmettre la propriété color dans les attributs de l'élément JSX

```
var elems = ["Element1", "Element2", "Element3", "Element4", "Element5"];

var ListeElements = function(props) {
  return <ul>
         {
           props.elems.map(function(elem, index) {
             return <li key={index} style={{color:props.color}}>{elem}</li>;
           })
         }
         </ul>
}

ReactDOM.render(<ListeElements elems={elems} color="red" />,
                document.getElementById("app"));
```

L'attribut `color` est positionné dans l'élément JSX, puis est récupéré dans la fonction au moyen de `props.color`. Cette valeur doit être positionnée dans un objet définissant le style (ici, `{color:props.color}`), et comme ceci est une instruction JavaScript dans du code JSX, il faut l'entourer à nouveau des accolades afin qu'elle soit évaluée. D'où les doubles accolades utilisées pour définir le style dans la fonction.

Figure 3–9

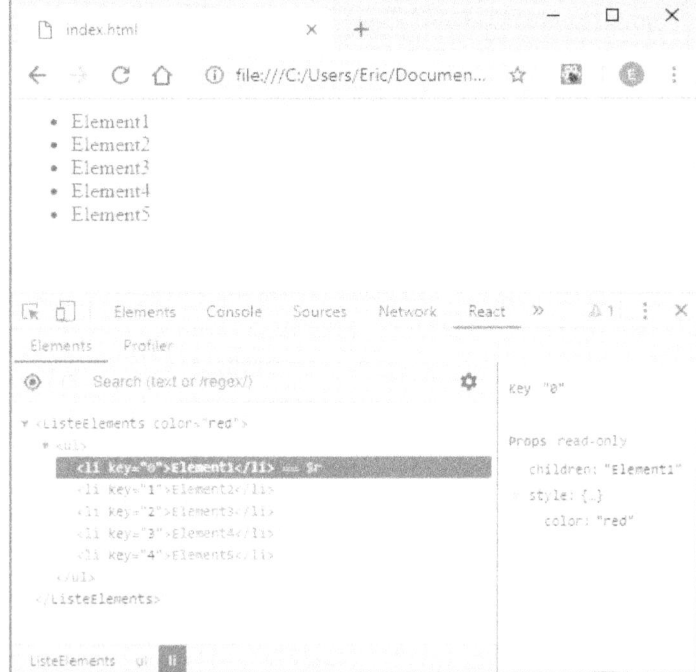

On voit dans l'onglet *React* que l'attribut `color` est bien transmis à l'élément JSX `<ListeElements>`, puis que la propriété CSS `color` est ensuite affectée au style de chaque élément de liste `<li>`.

Utilisons maintenant la déstructuration des objets permise par ES6 pour ne plus indiquer l'objet `props` en paramètre, mais plutôt ses propriétés `elems` et `color` ici utilisées.

Écriture du programme en déstructurant l'objet props (en ES6)

```
var elems = ["Element1", "Element2", "Element3", "Element4", "Element5"];

var ListeElements = function({elems, color}) {
  return <ul>
          {
            elems.map(function(elem, index) {
              return <li key={index} style={{color:color}}>{elem}</li>;
            })
          }
         </ul>
}

ReactDOM.render(<ListeElements elems={elems} color="red" />,
                document.getElementById("app"));
```

On accède maintenant directement aux variables `elems` et `color` précédemment définies comme propriétés dans l'objet `props`.

Créer la liste au moyen de composants

Un élément JSX créé par notre programme est également appelé par un composant React. Ici, le composant est `<ListeElements>` qui représente la liste des éléments à afficher sous forme de liste.

Toutefois, React encourage d'aller plus loin, et de créer un maximum de composants dans nos programmes React. En effet, le but est d'écrire des composants indépendants qui pourront être utilisés à divers endroits du programme, voire dans d'autres programmes. Cela permet la modularité et la réutilisation du code grâce aux composants.

Dans notre programme, il n'est pas difficile de trouver un nouveau composant à écrire. Il pourrait s'appeler `<Element>` et correspondrait à un élément de la liste. Cela correspond à la philosophie de React qui consiste à organiser le code en différents composants qui s'utilisent les uns avec les autres. Le composant principal `<ListeElements>` est donc fait de plusieurs composants `<Element>`.

Écrivons le composant `<Element>` utilisé par le composant `<ListeElements>`.

Utilisation des composants <Element> et <ListeELements>

```
var elems = ["Element1", "Element2", "Element3", "Element4", "Element5"];

var Element = function({color, elem}) {
  return <li style={{color:color}}>{elem}</li>;
}

var ListeElements = function({elems, color}) {
  return <ul>
          {
            elems.map(function(elem, index) {
              return <Element key={index} elem={elem} color={color} />
            })
          }
         </ul>
}

ReactDOM.render(<ListeElements elems={elems} color="red" />,
                document.getElementById("app"));
```

Le composant `<Element>` est lui aussi créé avec une fonction dans laquelle les attributs `index`, `color` et `elem` sont transmis en paramètres dans l'objet `props` (ici, utilisé sous forme déstructurée). L'attribut `key` est utilisé pour éviter l'erreur classique de React indiquant que cet attribut est obligatoire. Toutefois, il ne sert qu'à mettre une clé différente sur les éléments issus d'une fonction d'itération, donc il est utilisé dans l'écriture de l'élément `<Element>` (écrit dans une boucle d'itération), mais pas dans les paramètres de la fonction `Element()`.

Figure 3–10

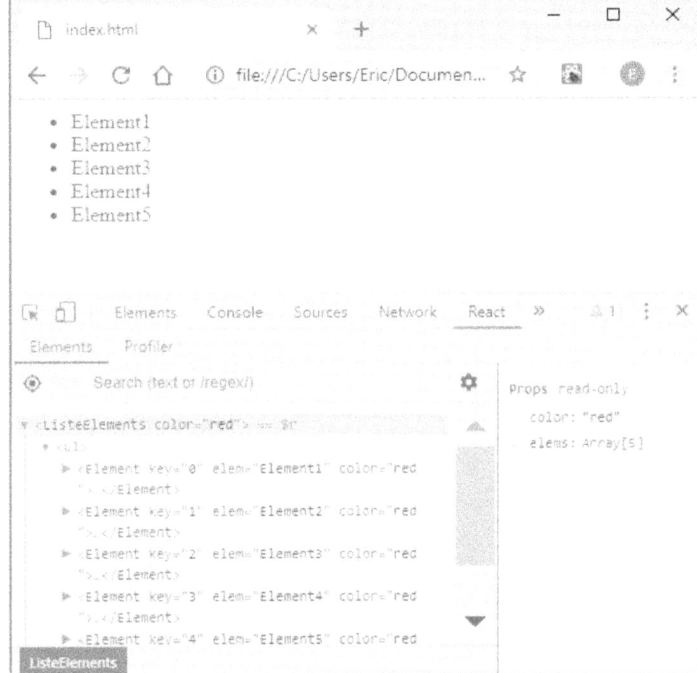

Dans l'onglet *React*, on voit que le composant `<ListeElements>` contient les composants `<Element>` comme demandé.

Créer un élément JSX avec une classe

Dans la section précédente, nous avons vu comment créer un élément JSX à partir d'une fonction. Mais on sait que l'on peut également créer des éléments React (et JSX) à partir d'une classe dérivant de la classe `React.Component` (voir chapitre 2).

Créons maintenant deux classes correspondant aux deux composants utilisés précédemment (`<Element>` et `<ListeElements>`). Ces deux classes dérivent de la classe `React.Component`.

Créer les classes associées aux composants <Element> et <ListeElements>

```
var elems = ["Element1", "Element2", "Element3", "Element4", "Element5"];

class Element extends React.Component {
  constructor(props) {
    super(props);
  }
```

```
  render() {
    return <li style={{color:this.props.color}}>{this.props.elem}</li>
  }
}

class ListeElements extends React.Component {
  constructor(props) {
    super(props);
  }
  render() {
    return <ul>
            {
              this.props.elems.map((elem, index) => {
                return <Element key={index} elem={elem}
                                color={this.props.color} />
              })
            }
           </ul>
  }
}

ReactDOM.render(<ListeElements elems={elems} color="red" />,
                document.getElementById("app"));
```

L'instruction `ReactDOM.render()` est la même que celle utilisée dans la section précédente. On transmet dans la classe `ListeElements` les attributs `elems` et `color`, utilisés dans la classe via l'objet `this.props` qui les contient.

Remarquez que la fonction de callback utilisée dans la méthode `map()` est définie via la notation ES6 (avec `=>` au lieu de `function`), ceci afin de ne pas perdre la valeur de l'objet `this` dans la fonction de callback (`this.props` peut donc être accessible dans la fonction de callback afin que sa propriété `color` soit utilisée).

Dans la classe `Element`, remarquez l'utilisation des doubles accolades pour définir le style : la première paire d'accolades est utilisée pour indiquer une instruction JavaScript, la seconde est utilisée pour écrire l'objet sous forme JSON.

On voit sur l'exemple précédent l'utilité de la notation des fonctions en ES6 (avec les caractères `=>`) qui évite de perdre la valeur de `this` dans une fonction de callback. Toutefois, on peut écrire le programme de façon légèrement différente et ne pas perdre la valeur de `this` tout en utilisant le mot-clé `function` pour la fonction de callback.

Pour cela, il suffit de mémoriser la valeur de l'attribut `color` qui est utilisé via `this.props.color`, en dehors de la fonction de callback, avant que la valeur de `this` ne soit perdue (figure 3-11).

Figure 3–11

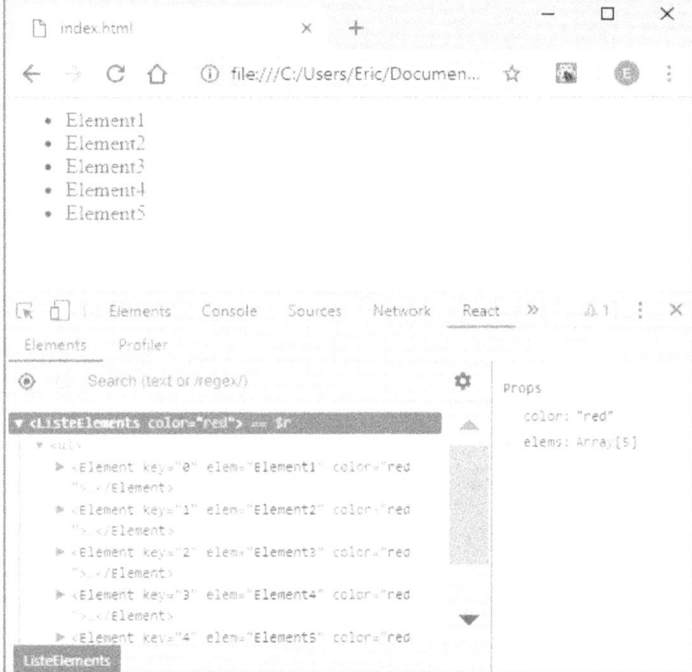

Mémoriser la valeur des attributs avant leur utilisation dans la fonction de callback

```
var elems = ["Element1", "Element2", "Element3", "Element4", "Element5"];

class Element extends React.Component {
  constructor(props) {
    super(props);
  }
  render() {
    return <li style={{color:this.props.color}}>{this.props.elem}</li>
  }
}

class ListeElements extends React.Component {
  constructor(props) {
    super(props);
  }
  render() {
    var { elems, color } = this.props;  // elems = this.props.elems
                                         // color = this.props.color
    return <ul>
            {
              elems.map(function(elem, index) {
                return <Element key={index} elem={elem} color={color} />
```

```
                })
              }
            </ul>
    }
}

ReactDOM.render(<ListeElements elems={elems} color="red" />,
                document.getElementById("app"));
```

On récupère (ici, grâce à la déstructuration des objets de ES6) les valeurs des attributs `elems` et `color` (initialement stockés par React dans `this.props`), puis on utilise ces valeurs `elems` et `color` dans la suite de la méthode `render()` de la classe `ListeElements`. Même si la valeur de `this` a été modifiée dans la fonction de callback, cela ne cause aucun problème vu qu'il n'est plus utilisé maintenant...

Utiliser une fonction ou une classe pour créer les composants en JSX ?

Cette question se pose car les deux manières vues précédemment sont similaires et aboutissent visiblement aux mêmes résultats.

Comme lorsque l'on s'était posé la question au sujet de la création des fonctions ou des classes avec les éléments React (par `React.createElement()` dans le chapitre précédent), la réponse est similaire :

- on utilisera une fonction si l'on n'a pas besoin de créer des propriétés ou des méthodes pour faciliter les traitements ;
- on utilisera plutôt une classe si des propriétés ou des méthodes sont nécessaires pour les traitements.

En fait, une propriété très importante d'un composant sera la propriété `state`, permettant de gérer l'état du composant (ceci est étudié dans le chapitre suivant). La règle observée est que si le composant possède un état, on utilisera une classe pour le définir (c'est même dans ce cas obligatoire), sinon une fonction sera suffisante.

Règles d'écriture du code JSX

Nous indiquons ici quelques règles d'écriture du code JSX.

Un seul élément parent peut être retourné

Plusieurs éléments JSX de même niveau ne peuvent pas être retournés simultanément, il est obligatoire qu'ils soient encapsulés dans un élément parent, qui sera celui retourné (pour être unique), les autres éléments étant ses enfants. En général on utilise un élément `<div>` englobant l'ensemble, mais React propose aussi d'utiliser un composant `<React.Fragment>` jouant ce rôle.

Remarque

Cette règle est valable également si on utilise la méthode `React.createElement()`, avec laquelle on doit retourner également un seul élément React parent.

Utiliser un fragment avec le composant <React.Fragment>

L'ajout d'un parent, tel qu'un élément `<div>`, fonctionne lorsqu'on souhaite encapsuler plusieurs éléments retournés dans un seul. L'inconvénient de cette solution est que cela ajoute un élément `<div>` supplémentaire dans le code JSX, sans que cela soit vraiment nécessaire pour l'application React (hormis pour éviter l'erreur produite par React).

Pour cela, React propose un composant spécifique appelé `<React.Fragment>` que l'on peut utiliser pour ces cas-là.

Utilisons le composant `<React.Fragment>` pour englober un ensemble de trois éléments `<div>` sans parents. L'élément `<React.Fragment>` va devenir le parent des trois éléments `<div>`, sans apparaître pour autant dans l'arborescence des éléments React.

Utiliser un composant <React.Fragment>

```
function ListeElements(props) {
  return <React.Fragment>
           <div>Element1</div>
           <div>Element2</div>
           <div>Element3</div>
         </React.Fragment>
}

ReactDOM.render(<ListeElements />, document.getElementById("app"));
```

On retourne bien un seul élément parent qui est l'élément `<React.Fragment>` défini dans React.

L'élément `<React.Fragment>` permet de retourner un seul parent, en évitant l'ajout d'un nouvel élément parent non nécessaire.

Remarquez que React ne visualise pas l'élément `<React.Fragment>` dans l'arborescence des éléments React.

Figure 3–12

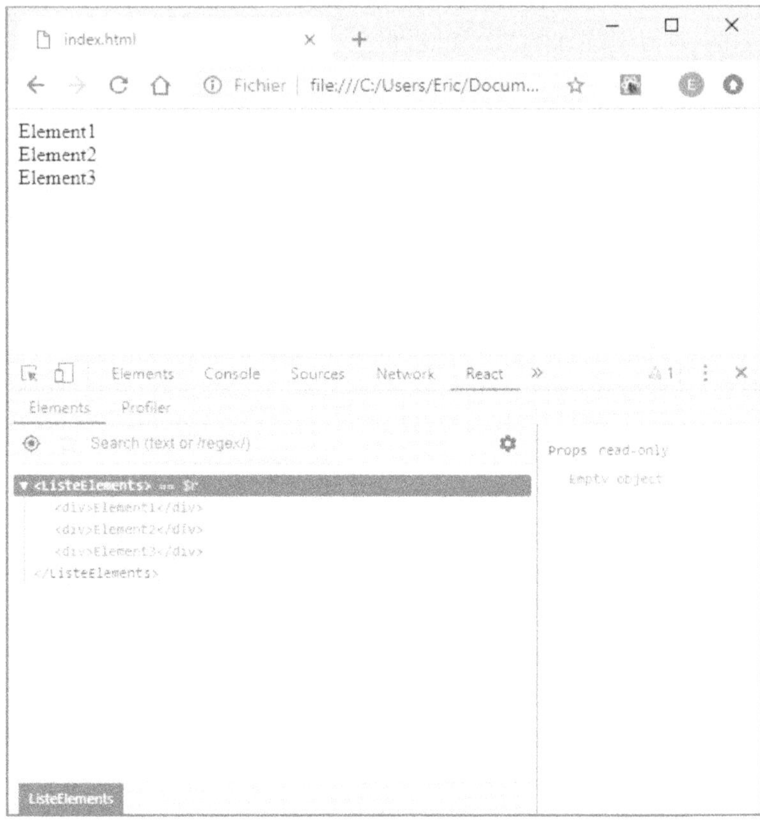

Utiliser des parenthèses en début et en fin du code JSX

Lorsqu'on retourne un code JSX sur plusieurs lignes (par exemple un élément `<ul>` suivi de plusieurs éléments `<li>`), l'instruction `return` doit comporter à la suite, sur la même ligne, le premier élément JSX retourné, sinon une erreur se produit. Cela oblige à décaler vers la droite le code JSX du premier élément retourné. Par exemple :

Afficher une liste d'éléments sans utiliser des parenthèses

```
function ListeElements(props) {
  return <ul>
           <li>Element1</li>
           <li>Element2</li>
           <li>Element3</li>
           <li>Element4</li>
           <li>Element5</li>
         </ul>
}

ReactDOM.render(<ListeElements />, document.getElementById("app"));
```

La liste des éléments <li> est décalée vers la droite pour montrer visuellement l'imbrication dans l'élément <ul>.

En utilisant des parenthèses en début et en fin du code JSX retourné, l'écriture du code JSX devient plus lisible, car moins décalée.

Afficher une liste d'éléments en utilisant des parenthèses

```
function ListeElements(props) {
  return (
    <ul>
      <li>Element1</li>
      <li>Element2</li>
      <li>Element3</li>
      <li>Element4</li>
      <li>Element5</li>
    </ul>
  )
}

ReactDOM.render(<ListeElements />, document.getElementById("app"));
```

Sans la parenthèse qui suit l'instruction return, une erreur de syntaxe se produirait.

Commentaires dans le code JSX

On utilise les commentaires /* et */ pour indiquer respectivement le début et la fin du code JSX à commenter, à la condition d'entourer l'ensemble avec des accolades { et }.

Les commentaires avec // ne fonctionnent pas avec le code JSX… Par exemple, mettons en commentaires les "Element2" et "Element3" de la liste précédente.

Utiliser les commentaires dans les éléments JSX

```
function ListeElements(props) {
  return (
    <ul>
      <li>Element1</li>
      {/* <li>Element2</li>
      <li>Element3</li>*/}
      <li>Element4</li>
      <li>Element5</li>
    </ul>
  )
}

ReactDOM.render(<ListeElements />, document.getElementById("app"));
```

Dans les deux exemples de programmes, les éléments mis en commentaires n'apparaissent pas à l'affichage (figure 3-13).

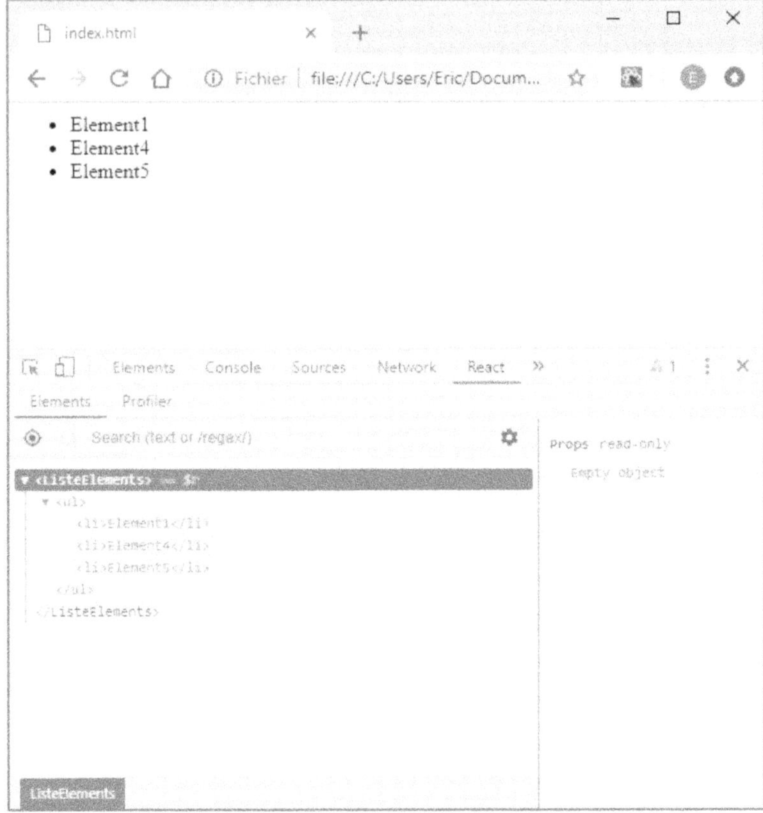

Figure 3–13

Les éléments "Element2" et "Element3" ne sont pas affichés.

Utiliser des expressions conditionnelles dans le code JSX retourné

Il est possible d'utiliser des expressions conditionnelles avec ? et : dans le code JSX, à condition d'entourer l'ensemble avec des accolades { et } (car cela correspond à une expression JavaScript qui est évaluée).

Supposons que l'on ait un attribut dans le composant `<ListeElements>` permettant d'indiquer si l'on doit cacher ou pas le premier élément de la liste. L'attribut se nommera `hideFirstItem` et vaut `true` si l'on doit cacher cet élément, `false` sinon.

Cacher ou pas le premier élément de la liste

```
function ListeElements(props) {
  return (
    <ul>
```

```
      { props.hideFirstItem ? null : <li>Element1</li> }
      <li>Element2</li>
      <li>Element3</li>
      <li>Element4</li>
      <li>Element5</li>
    </ul>
  )
}

ReactDOM.render(<ListeElements hideFirstItem={true} />,
                document.getElementById("app"));
```

Si aucun élément ne doit être affiché, il faut indiquer `null`, sinon on indique l'élément de liste en JSX. Cette ligne peut également être écrite de façon encore plus concise :

```
{ !props.hideFirstItem && <li>Element1</li> }
```

La figure 3-14 montre le cas où l'on souhaite cacher le premier élément de liste (`hideFirstItem` positionné à `true`) :

Figure 3–14

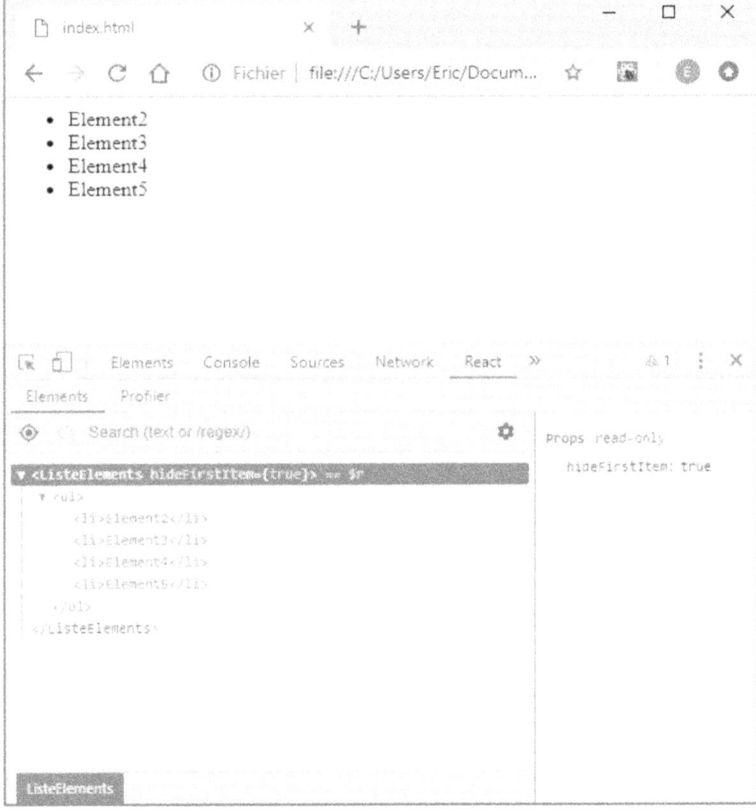

Le premier élément de la liste n'apparaît pas.

4

Objet state

L'objet `state` est un objet associé à un composant React, qui peut être créé (pour chaque composant) dans le constructeur d'une classe dérivant de `React.Component`. Cet objet s'utilise uniquement dans les composants créés avec une classe, et ne s'utilise donc pas pour les composants créés avec des fonctions.

L'objet `state` permet d'indiquer l'état du composant (avec des propriétés que l'on définit en interne dans la classe), sachant que si cet état est modifié (via la modification d'une ou plusieurs de ses propriétés), le composant est réaffiché (sa méthode `render()` est alors de nouveau appelée). C'est la seule façon de provoquer l'affichage du composant (en dehors de sa création).

Ainsi, pour modifier l'affichage d'un composant React, il faudra modifier l'objet `state`. Et pour modifier l'objet `state` (en réalité `this.state`, `this` représentant l'objet associé au composant), il faudra que le composant associé soit créé via une classe, et non pas une fonction.

Remarquons que si un composant se réaffiche, tous les composants internes à celui-ci se réaffichent également, qu'ils aient été créés sous forme de classe ou de fonction.

Utiliser l'objet state pour mettre à jour un composant

Pour expliquer l'objet `state`, considérons que nous souhaitions écrire un composant `Alarme` qui permet de décompter le temps restant jusqu'à 0. Le temps initial serait par exemple positionné à 01:00 (soit 1 minute) et diminuerait d'une seconde à chaque seconde écoulée, jusqu'à arriver à 00:00.

Composant Alarme initialisé à 01:00 (1 minute)

```
class Alarme extends React.Component {
  constructor(props) {
    super(props);
  }
  render() {
    return <div>01:00</div>
  }
}

ReactDOM.render(<Alarme/>, document.getElementById("app"));
```

Figure 4–1

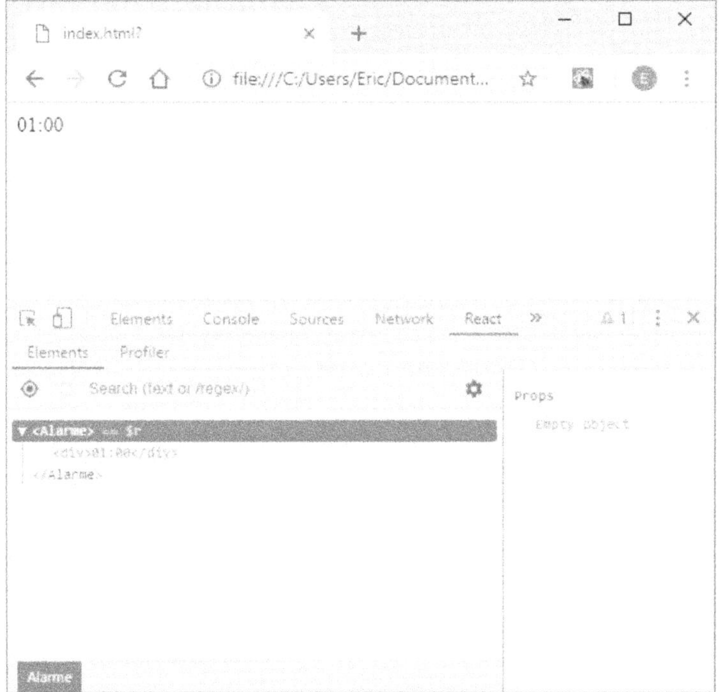

Le composant `Alarme` s'affiche à sa valeur initiale (01:00), mais on voit tout de suite le problème. Comment faire pour décrémenter l'affichage toutes les secondes ? En fait, il faudrait pouvoir modifier l'affichage lorsqu'on le souhaite... C'est le rôle de l'objet `state`.

Comme le temps restant varie (à chaque seconde), il ne doit pas être figé comme ici à 01:00, mais il doit être placé dans une variable qui sera modifiée chaque seconde. Nous positionnons le temps restant dans l'objet `state`, et nous décrémentons ce temps restant à chaque seconde grâce à un timer positionné dans le constructeur de la classe, en utilisant la fonction `setInterval()` de JavaScript.

Utiliser this.state dans le composant

```
class Alarme extends React.Component {
  constructor(props) {
    super(props);
    this.state = { min : 1, sec : 0 };   // Créer l'objet state dans le composant
    setInterval(() => {
      this.state = this.decrTime(this.state);  // Décrémenter de 1 seconde
      console.log(this.state);  // Afficher l'objet state dans la console
    }, 1000);  // 1000 millisecondes = 1 seconde
  }
  decrTime({min, sec}) {
    // Décrémenter sec de 1 seconde, en diminuant si besoin min
    // 01:10 => 01:09
    // 01:00 => 00:59
    sec = sec - 1;
    if (sec < 0) {
      min = min - 1;
      if (min < 0) {
        min = 0;
        sec = 0;
      }
      else {
        sec = 59;
      }
    }
    return { min, sec };
  }
  formatTime({min, sec}) {
    // Formater l'heure sous la forme mm:ss
    if (min < 10) min = "0" + min;  // 9 => "09"
    if (sec < 10) sec = "0" + sec;  // 9 => "09"
    return `${min}:${sec}`;   // de la forme "10:08"
  }
  render() {
    return <div>{this.formatTime(this.state)}</div>
  }
}

ReactDOM.render(<Alarme/>, document.getElementById("app"));
```

L'objet `this.state` est créé dans le constructeur de la classe et il est initialisé avec l'objet `{ min:1, sec:0 }` correspondant à une alarme de 1 minute.

Le timer est positionné juste après par `setInterval()` et il décrémente (chaque seconde) les valeurs `{ min, sec }` de l'objet `state` de 1 seconde.

La fonction de callback utilisée dans `setInterval()` est écrite dans la notation ES6, afin de conserver la valeur de `this` (qui sinon devient égale à l'objet `window` dans la fonction de callback).

Les méthodes `decrTime()` et `formatTime()` sont des méthodes utilitaires permettant respectivement de diminuer le temps de 1 seconde, et d'afficher le temps sous la forme `mm:ss`.

Figure 4–2

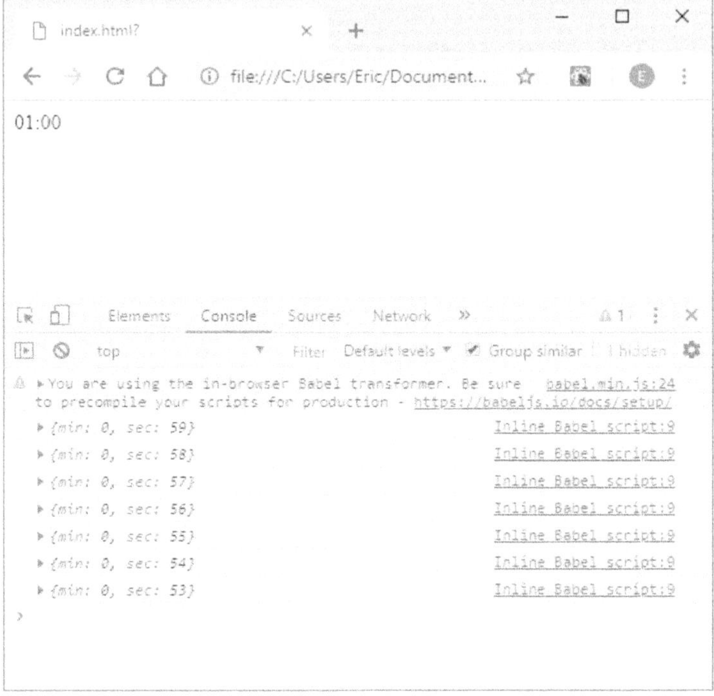

On peut voir que le temps diminue dans la console, mais pas à l'affichage dans la page HTML ! En fait, bien que l'état soit mis à jour, il manque encore une instruction qui permettrait de rafraîchir le composant.

En effet, après que l'objet `state` ait été mis à jour, il faut indiquer à React que cet objet a été modifié (ce qui provoquera un nouvel appel à la méthode `render()`). Pour cela, on utilise la méthode `this.setState(newState)`, dans laquelle `newState` est un objet indiquant les valeurs des propriétés modifiées dans l'objet `state`. Ici, il faudrait indiquer un objet `{ min, sec }` avec les nouvelles valeurs.

Si seule la propriété `sec` est indiquée dans l'objet `newState` lors de l'instruction `this.setState(newState)`, l'affichage des minutes ne sera jamais modifié et seules les secondes seront décrémentées en revenant à 59 après avoir atteint 0. Cela montre que pour modifier l'affichage, il faut indiquer dans l'objet `newState` toutes les propriétés qui ont été changées dans celui-ci.

L'objet `state` ne doit jamais être modifié directement, sauf lors de sa création. Il ne peut être modifié ensuite qu'avec `this.setState(newState)`, ce qui remplace les propriétés de `this.state` par celles indiquées dans `newState` (les propriétés non indiquées ou non modifiées dans `newState` sont laissées telles quelles dans `this.state`).

Donc une instruction du type `this.state = this.decrTime(this.state)` ne doit jamais être écrite car l'objet `state` ne doit jamais être modifié directement. On doit toujours passer par l'instruction `this.setState(newState)`.

Utilisons maintenant l'instruction `this.setState(newState)` dans notre programme :

Utiliser l'instruction this.setState(newState)

```
class Alarme extends React.Component {
  constructor(props) {
    super(props);
    this.state = { min : 1, sec : 0 };   // Créer l'objet state dans le composant
    setInterval(() => {
      var newState = this.decrTime(this.state);
      console.log(newState);
      this.setState({min : newState.min, sec : newState.sec });
    }, 1000);
  }
  decrTime({min, sec}) {
    // Même chose que pour le programme précédent
    // ...
  }
  formatTime({min, sec}) {
    // Même chose que pour le programme précédent
    // ...
  }
  render() {
    return <div>{this.formatTime(this.state)}</div>
  }
}

ReactDOM.render(<Alarme/>, document.getElementById("app"));
```

L'instruction `this.setState()` prend en arguments les valeurs `min` et `sec` de l'objet `newState`. On aurait pu aussi écrire l'instruction sous la forme `this.setState(newState)`, car `newState` contient les propriétés `min` et `sec`.

Après quelques secondes, l'affichage change (figure 4-3).

L'appel de la méthode `this.setState()` provoque bien la mise à jour de l'affichage (donc du composant).

Figure 4–3

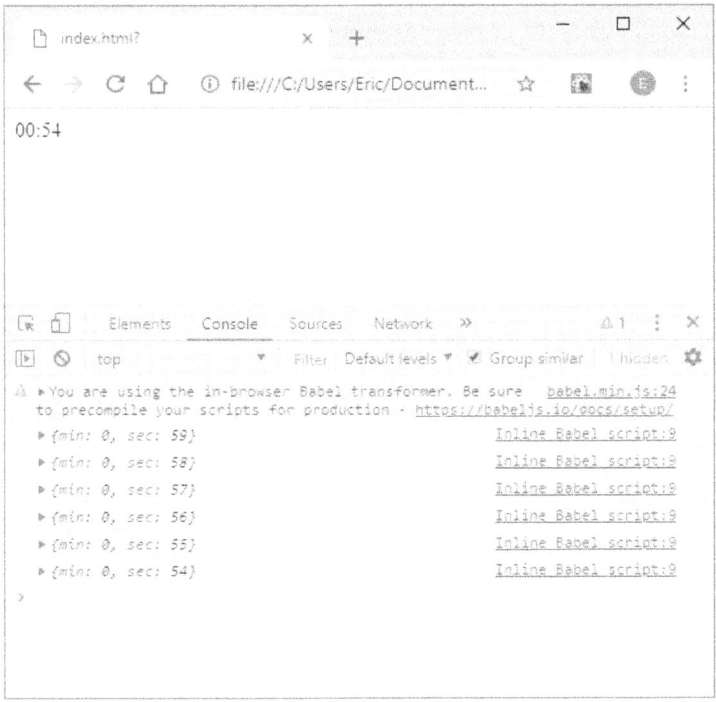

Utiliser l'objet props avec l'objet state

Le délai de l'alarme est initialisé dans le constructeur du composant `Alarme`, ce qui ne permet pas une grande flexibilité, et ne permet pas d'utiliser plusieurs alarmes différentes. Il serait préférable de paramétrer l'alarme de façon à pouvoir écrire :

Utilisation du composant Alarme en réglant les minutes et les secondes dans les attributs

```
<Alarme min={1} sec={0}/>
```

Les valeurs `min` et `sec` sont maintenant indiquées dans les attributs du composant `Alarme`, qui doit les utiliser pour démarrer son comptage.

Remarquez l'utilisation des accolades autour des attributs numériques. En effet, la valeur d'un attribut en JSX doit être spécifiée soit sous forme d'expressions JavaScript (donc entourée d'accolades comme ici), soit sous forme de chaîne de caractères (donc entourée des guillemets simples ou doubles).

Écrivons le nouveau composant `Alarme` qui utilise ces attributs. Ces derniers seront transmis dans l'objet `props` utilisé dans le constructeur du composant (comme vu dans le chapitre précédent).

Composant Alarme utilisant des attributs min et sec

```
class Alarme extends React.Component {
  constructor(props) {
    super(props);
    this.state = { min : props.min, sec : props.sec };
    setInterval(() => {
      var newState = this.decrTime(this.state);
      console.log(newState);
      this.setState({min : newState.min, sec : newState.sec });
    }, 1000);
  }
  decrTime({min, sec}) {
    // Même chose que pour le programme précédent
    // ...
  }
  formatTime({min, sec}) {
    // Même chose que pour le programme précédent
    // ...
  }
  render() {
    return <div>{this.formatTime(this.state)}</div>
  }
}

ReactDOM.render(<Alarme min={1} sec={0}/>, document.getElementById("app"));
```

L'objet `state` est mis à jour depuis l'objet `props`, contenant les attributs `min` et `sec` utilisés dans le composant.

Arrêter le timer lorsqu'il est arrivé à 0

Vous remarquerez que lorsque le timer arrive à 0, il affiche continuellement 00:00, et le timer continue de s'exécuter (même si l'affichage n'est plus modifié, la fenêtre de la console affiche la valeur de l'objet `this.state` à chaque seconde). Il serait souhaitable d'arrêter le timer lorsqu'il arrive à 0, puis d'afficher un message indiquant que l'alarme est déclenchée.

Arrêter le timer lorsqu'il est à 0 et afficher un message d'arrêt

```
class Alarme extends React.Component {
  constructor(props) {
    super(props);
    this.state = { min : props.min, sec : props.sec };
    this.timer = setInterval(() => {
      var newState = this.decrTime(this.state);
      console.log(newState);
      this.setState({min : newState.min, sec : newState.sec });
    }, 1000);
```

```
    }
    decrTime({min, sec}) {
      // Même chose que pour le programme précédent
      // ...
    }
    formatTime({min, sec}) {
      // Même chose que pour le programme précédent
      // ...
    }
    render() {
      if (this.state.min == 0 && this.state.sec == 0) {
        clearInterval(this.timer);
        return <div>Fin de l'alarme</div>
      }
      return <div>{this.formatTime(this.state)}</div>
    }
  }

  ReactDOM.render(<Alarme min={0} sec={5}/>, document.getElementById("app"));
```

Lorsque le timer est à `0` (`min` et `sec` sont à `0` dans `this.state`), il est arrêté au moyen de `clearInterval(this.timer)`, `this.timer` étant mémorisé lors de la création du timer par `setInterval()`.

Dans ce cas (timer à `0`), on retourne un code JSX différent de celui où le timer est encore en cours.

Vérifions sur la figure 4-4 que cela fonctionne correctement (le timer est ici de 5 secondes).

Figure 4–4

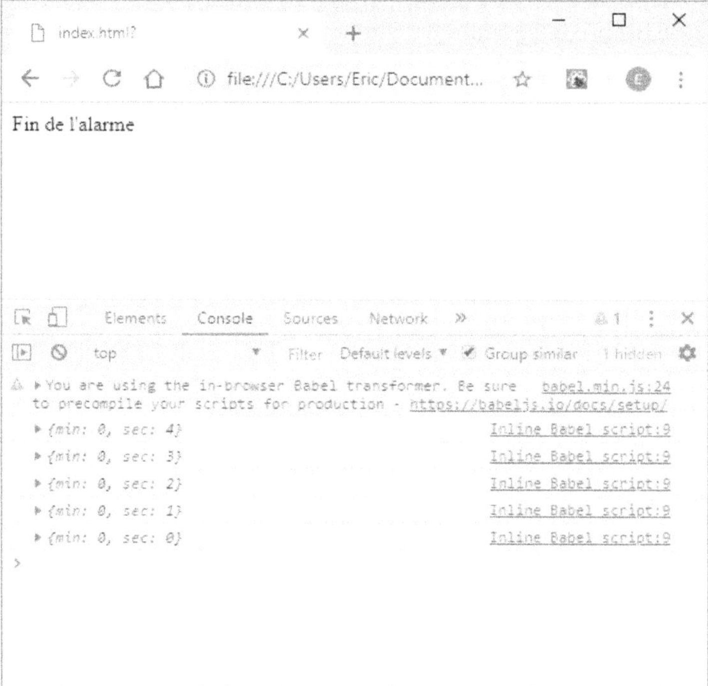

Au bout de 5 secondes, le message `"Fin de l'alarme"` est affiché à la place du compteur.

Cycle de vie d'un composant

Lorsqu'un composant React est créé (ici, au moyen d'une classe dérivant de `React.Component`), certaines méthodes internes à la classe sont appelées automatiquement par React. Ces méthodes peuvent être surchargées dans la classe du composant afin d'effectuer des traitements spécifiques lors du cycle de vie de ce composant.

Le cycle de vie d'un composant React comporte trois étapes fondamentales :

- la création du composant ;
- la mise à jour du composant ;
- la destruction du composant.

Étudions à présent les méthodes proposées par React pour chacune des étapes du cycle de vie d'un composant.

Ces méthodes ne sont disponibles que si le composant est créé sous forme de classe, et non pas sous forme de fonction JavaScript.

Méthodes appelées lorsqu'un composant est créé

Lors de la création d'un composant, les méthodes suivantes sont appelées, dans l'ordre indiqué ci-après. Elles ne sont appelées qu'une seule fois (lors de la création du composant) sauf la méthode `render()` qui est appelée à chaque mise à jour.

- `constructor(props)` : constructeur de la classe, auquel sont transmises les propriétés (objet `props`, également accessible via `this.props`) qui correspondent aux attributs transmis dans l'élément React (créé via `React.createElement()` ou via JSX). L'objet `this.state` est créé (si besoin) ici.
- `componentWillMount()` : une fois le constructeur appelé, la méthode `componentWillMount()` l'est à son tour. Cette méthode sert à écrire moins de code dans le constructeur (le code inséré dans `componentWillMount()` aurait pu également se trouver dans le constructeur).
- `render()` : méthode qui est appelée lors de l'affichage du composant (ou en cas de mise à jour par `this.setState()`).
- `componentDidMount()` : une fois que le composant est affiché (méthode `render()`) suite à sa création, la méthode `componentDidMount()` est appelée. L'arborescence du DOM a été mise à jour.

Méthodes appelées lorsqu'un composant est mis à jour

À chaque mise à jour du composant par `this.setState(newState)`, ou lorsque le composant est de nouveau utilisé (par un second appel à `reactDOM.render()`), les méthodes suivantes sont également appelées.

- `componentWillReceiveProps(nextProps)` : lorsque le composant est de nouveau utilisé (avec de nouvelles propriétés ou non), cette méthode est appelée. Le paramètre `nextProps` indique les propriétés (attributs) qui lui sont transmises (qui peuvent être les mêmes que précédemment, indiquées dans `this.props`). Cette méthode a été introduite par React pour pallier le fait que dans le cas d'une nouvelle utilisation du même composant, le constructeur et les méthodes `componentWillMount()` et `componentDidMount()` n'étaient pas appelées une seconde fois, contrairement à `componentWillReceiveProps()`.

Note

Pour savoir si les propriétés ont été modifiées, il suffit de comparer `nextProps` (nouvelles propriétés) et `this.props` (anciennes propriétés).

- `shouldComponentUpdate(nextProps, nextState)` : si cette méthode retourne `false`, les méthodes décrites ci-après ne sont pas appelées (et le composant n'est pas mis à jour). Les objets `nextProps` et `nextState` indiquent les prochaines propriétés et le prochain état, que l'on peut éventuellement comparer aux états actuels qui sont dans `this.props` et `this.state`, et décider éventuellement de retourner `false` si besoin.
- `componentWillUpdate(nextProps, nextState)` : cette méthode est appelée avant l'appel à `render()` et sert à effectuer un dernier traitement avant le `render()` qui suit. Elle est appelée à condition que `shouldComponentUpdate()` n'ait pas retourné `false`.
- `render()` cette méthode affiche de nouveau le composant, en utilisant `this.state` et `this.props`. La méthode `render()` est appelée à condition que `shouldComponentUpdate()` n'ait pas retourné `false`.
- `componentDidUpdate(prevProps, prevState)` : une fois le composant mis à jour, cette méthode est appelée. Les paramètres `prevProps` et `prevState` indiquent les précédentes propriétés et le précédent état, à comparer éventuellement avec les nouveaux (inscrits dans `this.props` et `this.state`). Comme précédemment, cette méthode est appelée à condition que `shouldComponentUpdate()` n'ait pas retourné `false`.

Méthodes appelées lorsqu'un composant est détruit

La destruction d'un composant React est effectuée par l'appel de la méthode `ReactDOM.unmountComponentAtNode(élément DOM)`, dans laquelle `élément DOM` représente l'élément DOM dans lequel le composant React avait été inséré par `ReactDOM.render(composant, élément DOM)`.

- La méthode `componentWillUnmount()` est alors appelée avant la destruction de l'élément React (et sa suppression de la page HTML). Elle permettra de finaliser la destruction de l'élément, par exemple, l'arrêt des timers positionnés.

Utilisation du cycle de vie dans un composant HelloReact

Créons un composant servant à afficher simplement `Hello React` afin de visualiser les méthodes du cycle de vie d'un composant.

On insère dans la classe `HelloReact` les méthodes listées précédemment, avec un affichage dans la console chaque fois que l'une d'entre elles est appelée.

Classe HelloReact contenant les méthodes du cycle de vie

```
class HelloReact extends React.Component {
  constructor(props) {
    console.log(`constructor(${JSON.stringify(props)})`);
    super(props);
  }
  render() {
    console.log("render()");
    return <div>Hello React</div>
  }
  componentWillMount() {
    console.log("componentWillMount()");
  }
  componentDidMount() {
    console.log("componentDidMount()");
  }
  componentWillReceiveProps(nextProps) {
    nextProps = JSON.stringify(nextProps);
    console.log(`componentWillReceiveProps(${nextProps})`);
  }
  shouldComponentUpdate(nextProps, nextState) {
    nextProps = JSON.stringify(nextProps);
    nextState = JSON.stringify(nextState);
    console.log(`shouldComponentUpdate(${nextProps}, ${nextState})`);
    return true;   // Pour pouvoir continuer la mise à jour du composant
  }
  componentWillUpdate(nextProps, nextState) {
    nextProps = JSON.stringify(nextProps);
    nextState = JSON.stringify(nextState);
    console.log(`componentWillUpdate(${nextProps}, ${nextState})`);
  }
  componentDidUpdate(prevProps, prevState) {
    prevProps = JSON.stringify(prevProps);
    prevState = JSON.stringify(prevState);
    console.log(`componentDidUpdate(${prevProps}, ${prevState})`);
  }
  componentWillUnmount() {
    console.log("componentWillUnmount()");
  }
}

ReactDOM.render(<HelloReact a="1"/>, document.getElementById("app"));
```

Figure 4–5

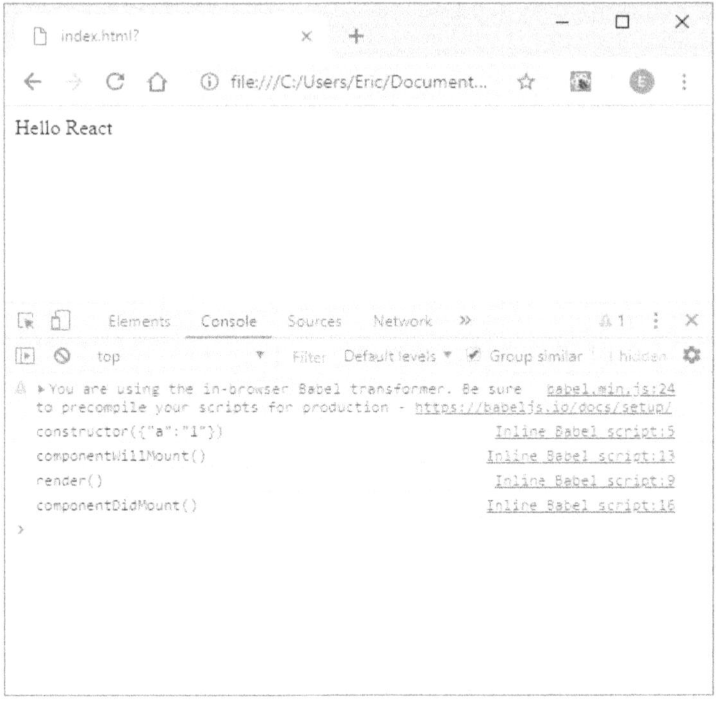

Lors du `ReactDOM.render()` du composant `<HelloReact>` dans l'élément d'id `"app"`, les méthodes de création du composant sont appelées, ainsi que la méthode d'affichage `render()`.

Note

Les méthodes de mise à jour ou de destruction ne sont bien sûr pas appelées ici.

Ajoutons un second appel à `ReactDOM.render()` du composant `<HelloReact>` dans l'élément dont l'id est `"app"`. Le composant sera alors considéré, lors de ce second appel, comme mis à jour.

Ajout d'un second appel à ReactDOM.render()

```
ReactDOM.render(<HelloReact a="1"/>, document.getElementById("app"));  // 1er appel
ReactDOM.render(<HelloReact a="2"/>, document.getElementById("app"));  // 2nd appel
```

À la suite des méthodes de création du composant (qui ne sont appelées qu'une seule fois, pour le premier affichage), on peut voir les méthodes de mise à jour (elles utilisent les nouvelles `props`).

Plutôt que de mettre à jour le même composant dans le même élément DOM, créons un second élément DOM `<div id="app2">` que l'on utilise pour effectuer le second `ReactDOM.render()` (figure 4-7).

Figure 4–6

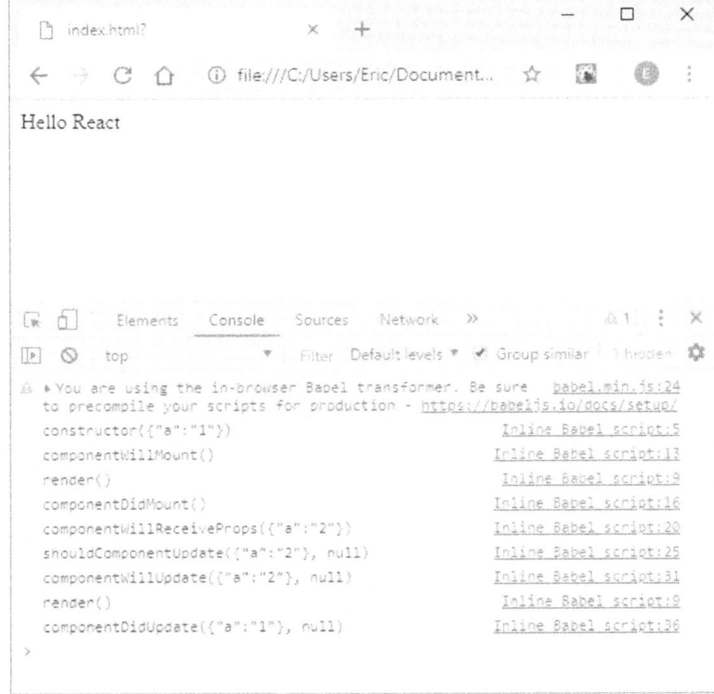

Utiliser un second élément DOM pour effectuer le second ReactDOM.render()

```
<body>
  <div id="app"></div>
  <div id="app2"></div>
</body>

<script type="text/babel">
// ...
ReactDOM.render(<HelloReact a="1"/>, document.getElementById("app"));
ReactDOM.render(<HelloReact a="2"/>, document.getElementById("app2"));

</script>
```

Deux composants `<HelloReact>` sont affichés dans la page, chacun étant créé indépendamment de l'autre (car ils sont associés à des éléments DOM différents) (figure 4-7).

Enfin, si l'on détruit le composant après l'avoir créé :

Figure 4-7

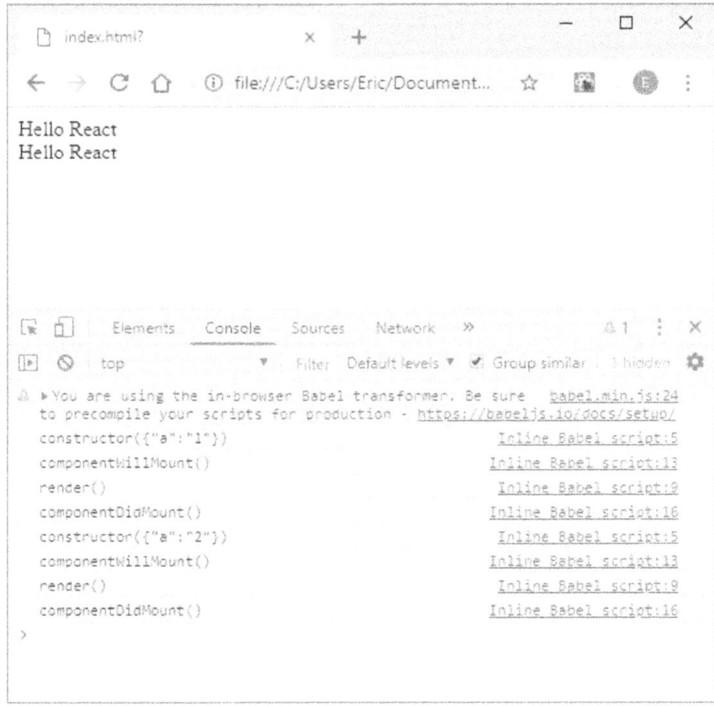

Destruction du composant React après création

```
ReactDOM.render(<HelloReact a="1"/>, document.getElementById("app")); // Création
ReactDOM.unmountComponentAtNode(document.getElementById("app"));    // Destruction
```

la méthode `ReactDOM.unmountComponentAtNode()` est utilisée pour détruire le composant.

La méthode `componentWillUnmount()` est appelée et le composant est supprimé dans la page (ce qui est bien visible si l'on affiche l'onglet *React* dans la fenêtre).

Figure 4–8

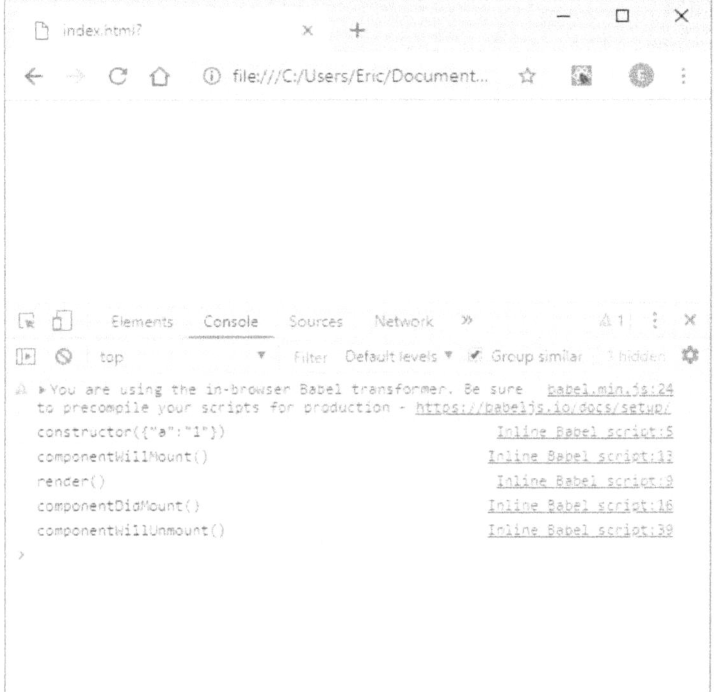

Utilisation de la méthode componentWillReceiveProps()

La méthode `componentWillReceiveProps()` peut paraître bizarre au premier abord, car on peut se demander à quoi elle sert dans nos programmes React.

Pour comprendre son utilité, commençons par montrer une faille de notre programme utilisant le composant `<Alarme>`. Il fonctionne correctement tel que nous l'avons utilisé, mais supposons maintenant que l'on veuille l'utiliser de la façon suivante :

Réarmer l'alarme dès que la précédente est arrivée à échéance

```
// Alarme sur 5 secondes
ReactDOM.render(<Alarme min={0} sec={5}/>, document.getElementById("app"));

setTimeout(function() {
  // Alarme sur 2 minutes à la fin de la première alarme
  ReactDOM.render(<Alarme min={2} sec={0}/>, document.getElementById("app"));
}, 5000); // 5 secondes
```

La première alarme est programmée sur une durée de 5 secondes et dès qu'elle arrive à son terme, elle est repositionnée pour une durée de 2 minutes.

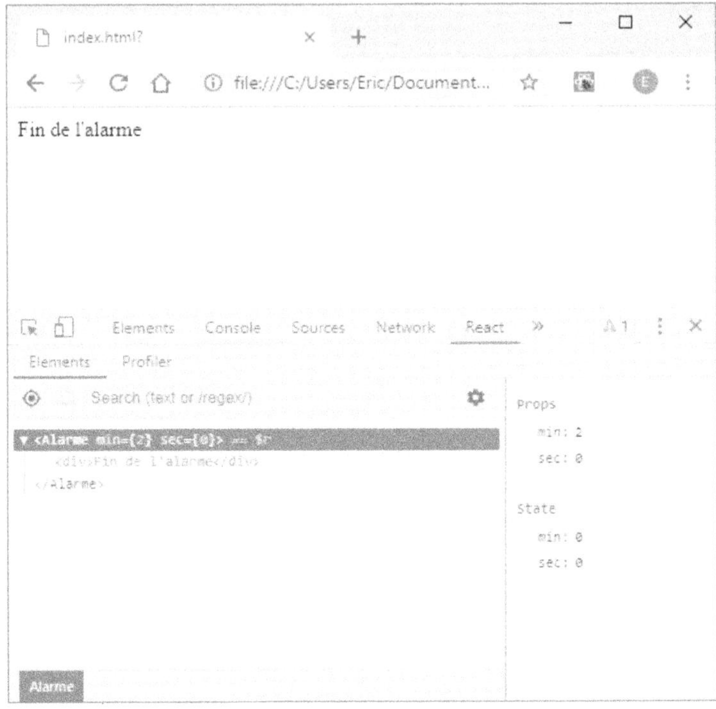

Figure 4–9

Une fois les 5 secondes de la première alarme écoulées, la seconde alarme est positionnée (on le voit dans l'objet `props` qui est mis à jour). Cependant, elle ne se met pas en route pour autant (du moins l'affichage ne le montre pas car il reste bloqué sur `Fin de l'alarme`).

Le problème que l'on observe vient du cycle de vie que l'on a précédemment étudié. En effet, l'instruction `this.setState()` qui permet de déclencher le `render()` interne au composant n'est exécutée que dans le constructeur de la classe. Or ce constructeur n'est plus appelé lors de l'affichage du second composant `<Alarme>`, car on utilise le même élément DOM pour afficher les deux composants (dans les deux cas on utilise l'élément DOM dont l'id est `"app"`). Pour que cela fonctionne, il faudrait donc mettre le second composant `<Alarme>` dans un nouvel élément DOM, par exemple en écrivant le code suivant.

Insertion du second composant <Alarme> dans un élément DOM dont l'id est "app2"

```
ReactDOM.render(<Alarme min={0} sec={5}/>, document.getElementById("app"));

setTimeout(function() {
  ReactDOM.render(<Alarme min={2} sec={0}/>, document.getElementById("app2"));
}, 5000);
```

Le second composant `<Alarme>` est positionné dans un élément `<div id="app2">`, tandis que le premier composant `<Alarme>` reste quant à lui positionné dans un élément `<div id="app">`.

Figure 4–10

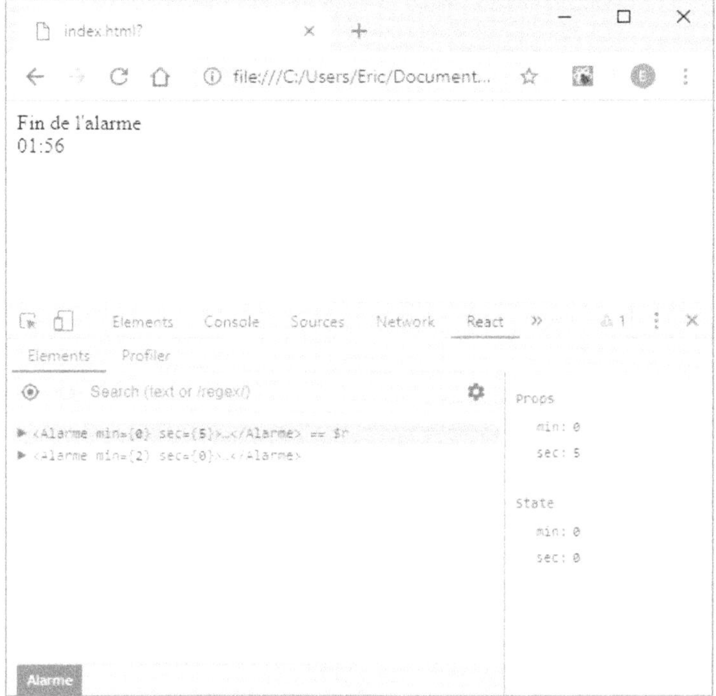

Cela fonctionne, mais on a maintenant deux composants affichés, ce qui n'est pas vraiment encore ce que l'on souhaite...

Pour ne pas avoir deux composants `<Alarme>` affichés et conserver uniquement le premier, il faut utiliser la méthode `componentWillReceiveProps()`. En effet, contrairement aux méthodes de construction du composant qui ne sont appelées qu'une seule fois (ce qui pose problème ici), cette méthode est appelée chaque fois que le composant reçoit des propriétés (modifiées ou non par rapport aux anciennes). Il suffit donc dans cette méthode `componentWillReceiveProps()` d'effectuer l'appel à `this.setState()` pour demander un nouveau `render()` en utilisant maintenant les nouvelles propriétés transmises.

Utiliser la méthode componentWillReceiveProps() pour réafficher le composant

```
class Alarme extends React.Component {
  constructor(props) {
    super(props);
    this.state = { min : props.min, sec : props.sec };
    this.timer = setInterval(() => {
      var newState = this.decrTime(this.state);
      console.log(newState);
      this.setState({min : newState.min, sec : newState.sec });
    }, 1000);
  }
```

```
  decrTime({min, sec}) {
    // Décrémenter sec de 1 seconde, en diminuant si besoin min
    // 01:10 => 01:09
    // 01:00 => 00:59
    sec = sec - 1;
    if (sec < 0) {
      min = min - 1;
      if (min < 0) {
        min = 0;
        sec = 0;
      }
      else {
        sec = 59;
      }
    }
    return { min, sec };
  }
  formatTime({min, sec}) {
    // Formater l'heure sous la forme mm:ss
    if (min < 10) min = "0" + min;  // 9 => "09"
    if (sec < 10) sec = "0" + sec;  // 9 => "09"
    return `${min}:${sec}`;   // de la forme "10:08"
  }
  render() {
    if (this.state.min == 0 && this.state.sec == 0) {
      clearInterval(this.timer);
      return <div>Fin de l'alarme</div>
    }
    return <div>{this.formatTime(this.state)}</div>
  }
  componentWillReceiveProps(nextProps) {
    this.setState({min : nextProps.min, sec : nextProps.sec });  // => render()
    this.timer = setInterval(() => {
      var newState = this.decrTime(this.state);
      console.log(newState);
      this.setState({min : newState.min, sec : newState.sec });
    }, 1000);
  }
}

ReactDOM.render(<Alarme min={0} sec={5}/>, document.getElementById("app"));

setTimeout(function() {
  ReactDOM.render(<Alarme min={2} sec={0}/>, document.getElementById("app"));
}, 5000);
```

Lors de la réception des nouvelles propriétés, on les positionne dans l'objet `state` et on réarme le timer qui avait été arrêté précédemment.

La seconde alarme remplace la première dès que celle-ci est arrivée à échéance.

Figure 4–11

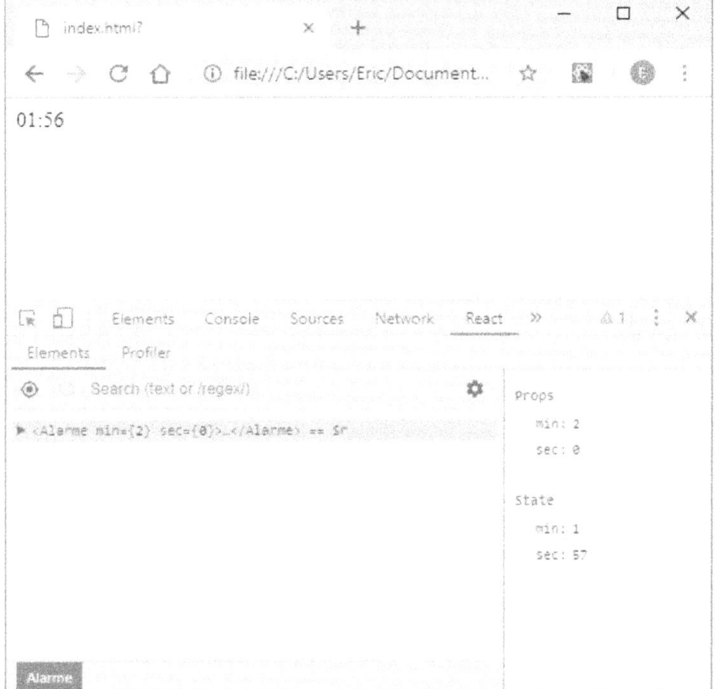

5

Interactions dans les composants React

Dans les précédents chapitres, nous avons créé des composants React. Nous allons à présent voir comment interagir avec eux (par exemple, comment gérer le clic sur un élément de liste ou sur un bouton ?).

Gérer le clic sur un bouton

Commençons par le plus facile, à savoir effectuer un traitement lors d'un clic sur un élément simple comme un bouton. On veut ici afficher un bouton, puis un message dans la console chaque fois que le bouton est cliqué.

Que le composant soit créé au moyen d'une fonction ou d'une classe, le principe reste le même. Examinons ces deux possibilités dans les paragraphes suivants.

Le composant est créé via une fonction

On crée la fonction `ButtonMessage` qui permet de créer un élément HTML `<button>` et de gérer le clic sur celui-ci. Le traitement du clic se fait dans l'attribut `onClick` associé au bouton. Le nom de l'attribut est le même que celui utilisé en HTML, mais en utilisant la notation *camelcase* (mise en majuscules de la première lettre de chaque mot, sauf le premier).

L'attribut `onclick` utilisé en HTML devient donc `onClick` dans les propriétés (attributs) de l'élément React.

Gérer le clic sur le bouton défini dans une fonction

```
const ButtonMessage = function(props) {
  return (
    <button onClick={console.log("clic sur le bouton")}>Cliquez ici</button>
  )
}

ReactDOM.render(<ButtonMessage/>, document.getElementById("app"));
```

L'instruction à exécuter lors du clic est indiquée entre des accolades car c'est une instruction JavaScript. Une seule instruction peut figurer dans l'expression et elle ne doit pas se terminer par un point-virgule (contrairement à l'attribut s'il était positionné en HTML) car sinon, une erreur se produit.

Affichons cette page dans le navigateur, sans cliquer sur le bouton pour l'instant (figure 5-1).

Figure 5–1

On voit que le bouton s'affiche correctement, mais que le clic sur le bouton ne produit aucun effet.

De plus, un clic semble avoir été effectué (affichage du message dans la console) alors que l'on a simplement affiché le composant, sans avoir cliqué nulle part. Bref, rien ne fonctionne !

Ce simple programme permet de comprendre certaines choses importantes dans le fonctionnement de React. En effet, lorsque l'on écrit une expression entre des accolades (comme `{ console.log(...) }` ici), cette expression est directement exécutée lors de l'affichage du composant, d'où l'affichage du message directement dans la console.

Pour ne pas provoquer son exécution, l'instruction doit être non pas un appel de fonction comme ici (on appelle la fonction `console.log()` avec un argument texte), mais une référence de fonction (c'est-à-dire le nom de la fonction sans les parenthèses qui suivent, lesquelles provoquent l'appel de cette fonction). Ainsi, il serait plus judicieux d'écrire `{ console.log }` qui est la référence de la fonction demandée, sans les parenthèses.

Mais si on écrit simplement `{ console.log }` dans la valeur de l'attribut `onClick` de l'élément React, le message `clic sur le bouton` ne sera pas affiché. La seule solution est de passer par une fonction intermédiaire qui effectuera pour nous l'appel à `console.log("clic sur le bouton")`. Appelons cette fonction intermédiaire `traiterClick()`.

Gérer le clic sur le bouton en passant par une fonction intermédiaire (callback)

```
const ButtonMessage = function(props) {
  function traiterClick() {
    console.log("clic sur le bouton");
  }
  return (
    <button onClick={traiterClick}>Cliquez ici</button>
  )
}

ReactDOM.render(<ButtonMessage/>, document.getElementById("app"));
```

La fonction `traiterClick()` peut être définie directement dans la fonction de création du composant car JavaScript autorise les fonctions imbriquées. Mais elle peut aussi être définie en dehors de celle-ci, même si le fait de la définir à l'intérieur de la fonction permet de localiser le traitement.

Cette fonction est maintenant référencée dans l'attribut `onClick`, et non plus appelée comme auparavant (on indique seulement son nom, c'est-à-dire sa référence, sans mettre de parenthèses qui provoqueraient son appel immédiat). Cette fonction est une fonction de callback (appelée lors du traitement de l'événement).

Après plusieurs clics sur le bouton, le message s'affiche autant de fois dans la console.

De plus, aucun message n'est maintenant affiché lors de l'affichage du composant (contrairement à la version précédente). Ce qui est bien sûr ce que l'on souhaite !

Une autre forme d'écriture, bien qu'elle ne soit pas très simple à lire ou écrire, serait la suivante : on définit la fonction de traitement dans la valeur de l'attribut (entre les accolades indiquant la valeur de l'attribut) (figure 5-2).

Figure 5–2

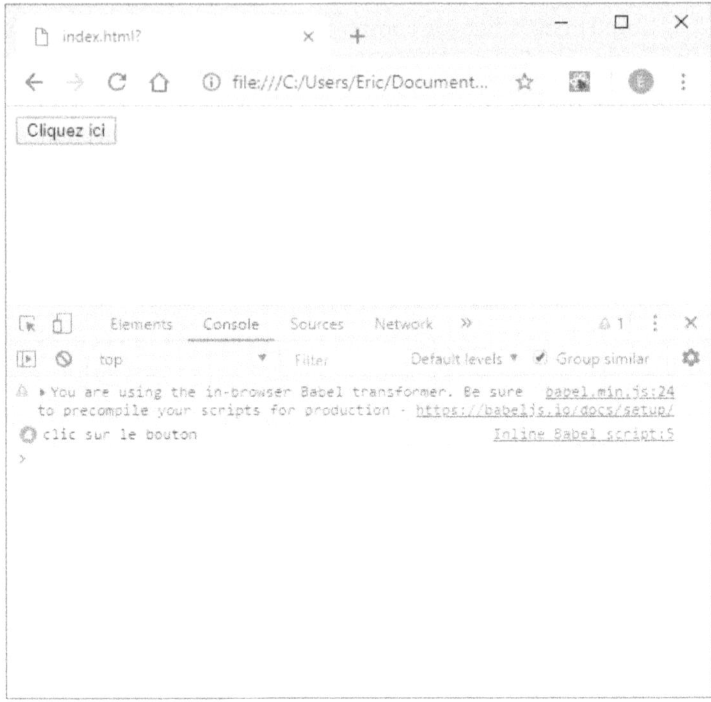

Définir la fonction de traitement dans la valeur de l'attribut

```
const ButtonMessage = function(props) {
  return (
    <button onClick={function() {console.log("clic sur le bouton");}}>
      Cliquez ici
    </button>
  )
}

ReactDOM.render(<ButtonMessage/>, document.getElementById("app"));
```

La fonction, ici anonyme (sans nom), est définie directement dans la valeur de l'attribut. On utilise une fonction anonyme car son nom n'étant utilisé nulle part, il n'a pas besoin d'être indiqué.

Sur cet exemple, on voit bien que la valeur de l'attribut `onClick` est une fonction de callback qui sera appelée lors du déclenchement de l'événement.

Le composant est créé via une classe

Transformons la fonction `ButtonMessage()` en classe `ButtonMessage`.

Gérer le clic sur le bouton défini dans une classe

```
class ButtonMessage extends React.Component {
  constructor(props) {
    super(props);
  }
  render() {
    return (
      <button onClick={console.log("clic sur le bouton")}>Cliquez ici</button>
    )
  }
}

ReactDOM.render(<ButtonMessage/>, document.getElementById("app"));
```

Le bouton est défini en JSX dans la méthode `render()` de la classe. L'attribut `onClick` est également utilisé, comme lorsque l'on avait défini le composant sous forme de fonction.

Toutefois, les remarques que l'on avait mentionnées dans la section précédente sont toujours valables. L'instruction définie dans l'attribut `onClick` est exécutée lors de l'affichage du composant, et le clic sur le bouton n'est donc pas pris en compte.

Il faut donc également passer par une fonction intermédiaire, et indiquer sa référence dans l'attribut `onClick`. On appelle cette fonction intermédiaire `traiterClick()` comme précédemment.

Gérer le clic sur le bouton en passant par une fonction intermédiaire (callback)

```
function traiterClick() {
  console.log("clic sur le bouton");
}

class ButtonMessage extends React.Component {
  constructor(props) {
    super(props);
  }
  render() {
    return (
      <button onClick={traiterClick}>Cliquez ici</button>
    )
  }
}

ReactDOM.render(<ButtonMessage/>, document.getElementById("app"));
```

La fonction de traitement du clic est ici définie à l'extérieur de la classe, mais il serait préférable de la définir à l'intérieur de celle-ci.

Figure 5–3

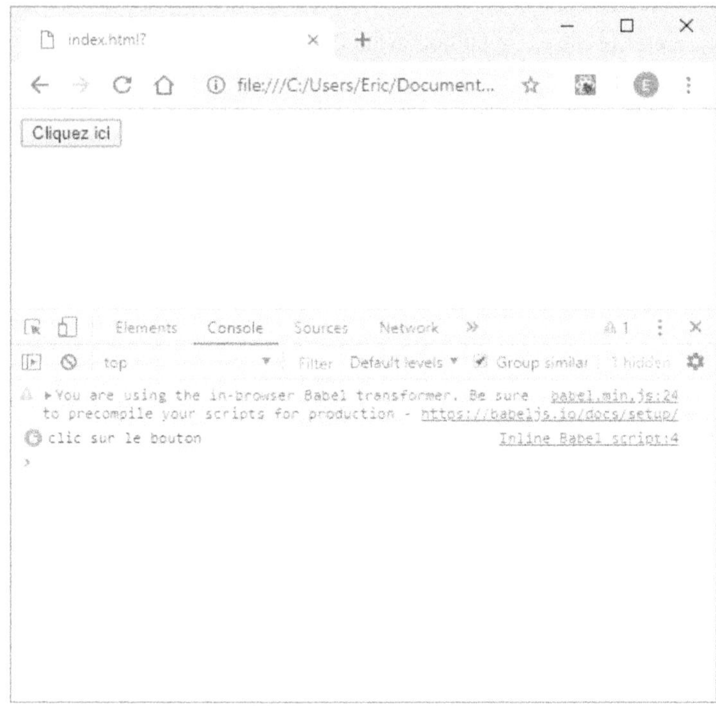

Le clic sur le bouton est bien pris en compte.

Améliorons le programme précédent afin que la fonction de traitement soit définie à l'intérieur de la classe, et non pas à l'extérieur.

Définir la fonction de traitement du clic dans la classe du composant

```
class ButtonMessage extends React.Component {
  constructor(props) {
    super(props);
  }
  traiterClick() {
    console.log("clic sur le bouton");
  }
  render() {
    return (
      <button onClick={this.traiterClick}>Cliquez ici</button>
    )
  }
}

ReactDOM.render(<ButtonMessage/>, document.getElementById("app"));
```

L'accès à la méthode `traiterClick()` interne à la classe se fait via l'objet `this`, d'où l'utilisation de l'instruction `this.traiterClick` dans l'attribut `onClick`.

Accès à l'objet this depuis une fonction de traitement

Considérons l'exemple précédent dans lequel le composant est défini sous forme de classe, et où la fonction de traitement du clic `traiterClick()` est une méthode interne à la classe.

On souhaite maintenant afficher, à chaque clic, le contenu de l'objet `props` défini par React dans chaque composant. On peut accéder à cet objet dans les méthodes de la classe au moyen de `this.props`, `this` étant l'objet associé au composant React ici créé.

Afficher le contenu de l'objet props lors d'un clic sur le bouton

```
class ButtonMessage extends React.Component {
  constructor(props) {
    super(props);
  }
  traiterClick() {
    console.log(this.props);  // Afficher l'objet this.props
  }
  render() {
    return (
      <button onClick={this.traiterClick}>Cliquez ici</button>
    )
  }
}

ReactDOM.render(<ButtonMessage/>, document.getElementById("app"));
```

Par rapport au programme précédent, nous avons juste remplacé le texte du message à afficher par le contenu de l'objet `this.props`.

Après avoir cliqué sur le bouton, le résultat n'est vraiment pas celui attendu (figure 5-4).

Le message d'erreur indique que l'on essaye d'accéder à la propriété `props` d'une variable qui a la valeur `undefined`. Cela signifie que l'objet `this` auquel on essaye d'accéder dans la fonction de traitement du clic `traiterClick()` vaut `undefined`.

Pourtant, la méthode `traiterClick()` est bien une méthode interne à la classe du composant, donc `this` devrait être définie et ne pas valoir `undefined`. Cela serait le cas si cette méthode n'était pas une fonction de callback (appelée suite à un événement), ce qui lui fait perdre la valeur de `this`.

Il faut donc trouver une solution qui permettrait de conserver la valeur de `this` dans la méthode `traiterClick()`, qui doit correspondre à la valeur de l'élément JSX `<ButtonMessage>` instancié. Pour cela, différentes solutions sont possibles, examinées ci-après.

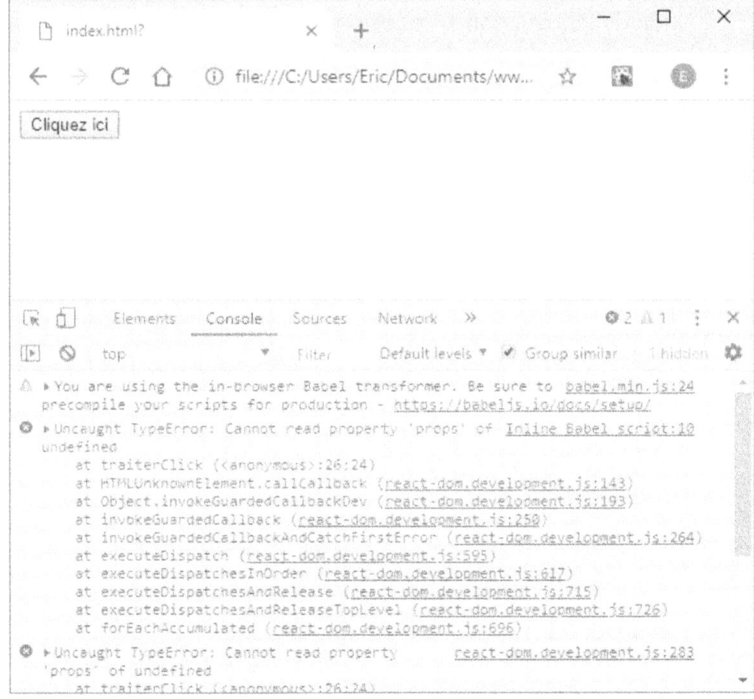

Figure 5–4

Conserver la valeur de this au moyen de la méthode bind(this) lors de l'appel

La méthode `bind()` définie dans JavaScript permet de spécifier la valeur de `this` qui sera associée à une méthode (la méthode est celle sur laquelle `bind()` est utilisée).

Associer la valeur de this lors de l'appel de la fonction traiterClick()

```
traiterClick.bind(this);
```

Lorsque la fonction `traiterClick()` définie plus haut se déclenchera, la valeur `this` qui sera utilisée par celle-ci sera celle définie en arguments de la méthode `bind()`. Si `this` correspond à un élément JSX `<ButtonMessage>`, ce sera parfait !

En utilisant ce concept dans la classe `ButtonMessage`, on écrit le code qui suit.

Utiliser bind(this) lors de l'appel

```
class ButtonMessage extends React.Component {
  constructor(props) {
    super(props);
  }
  traiterClick() {
    console.log(this.props);
  }
  render() {
    return (
      <button onClick={this.traiterClick.bind(this)}>Cliquez ici</button>
    )
  }
}

ReactDOM.render(<ButtonMessage/>, document.getElementById("app"));
```

La valeur de l'attribut `onClick` est toujours la fonction de callback `traiterClick()`, mais on indique par `bind(this)` que le `this` à utiliser dans celle-ci est celui de la classe `ButtonMessage`.

Figure 5–5

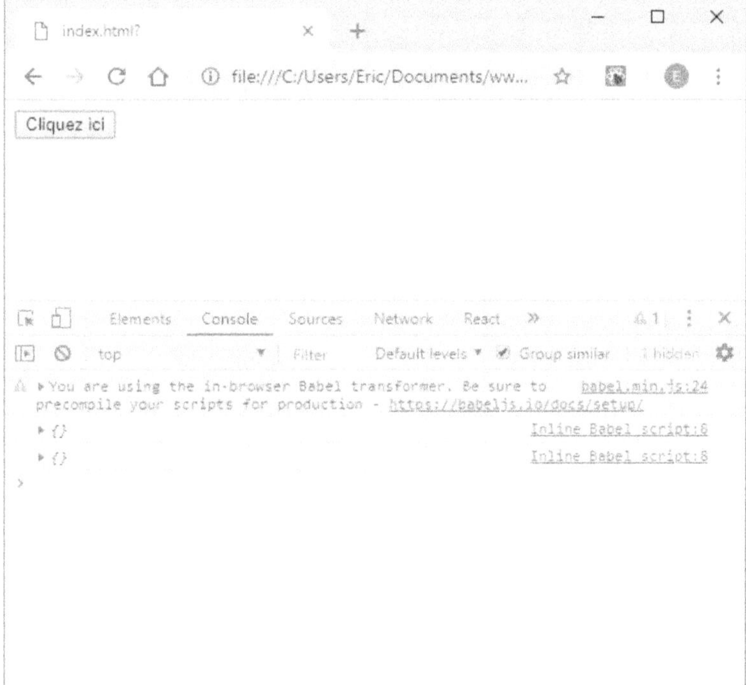

Dès qu'on clique sur le bouton, le contenu de l'objet props associé à l'élément React <ButtonMessage> s'affiche (ici, un objet vide car aucune props n'est transmise par cet élément).

Conserver la valeur de this au moyen de la méthode bind() dans le constructeur

Plutôt que d'utiliser la méthode bind(this) lors de l'appel de la méthode traiterClick() dans les attributs de l'élément React, on écrit la méthode bind(this) dans le constructeur. Cela centralise tous les futurs appels en leur associant le bon this définitivement (on ne risque plus d'oublier de l'écrire dans une valeur d'attribut).

Utiliser bind(this) dans le constructeur

```
class ButtonMessage extends React.Component {
  constructor(props) {
    super(props);
    this.traiterClick = this.traiterClick.bind(this);
  }
  traiterClick() {
    console.log(this.props);
  }
  render() {
    return (
      <button onClick={this.traiterClick}>Cliquez ici</button>
    )
  }
}

ReactDOM.render(<ButtonMessage msg="Hello"/>, document.getElementById("app"));
```

L'instruction bind(this) a été déportée dans le constructeur. Elle sera exécutée pour chaque création d'élément <ButtonMessage>.

Un attribut msg="Hello" a été ajouté dans <ButtonMessage> afin de l'afficher dans this.props.

Figure 5–6

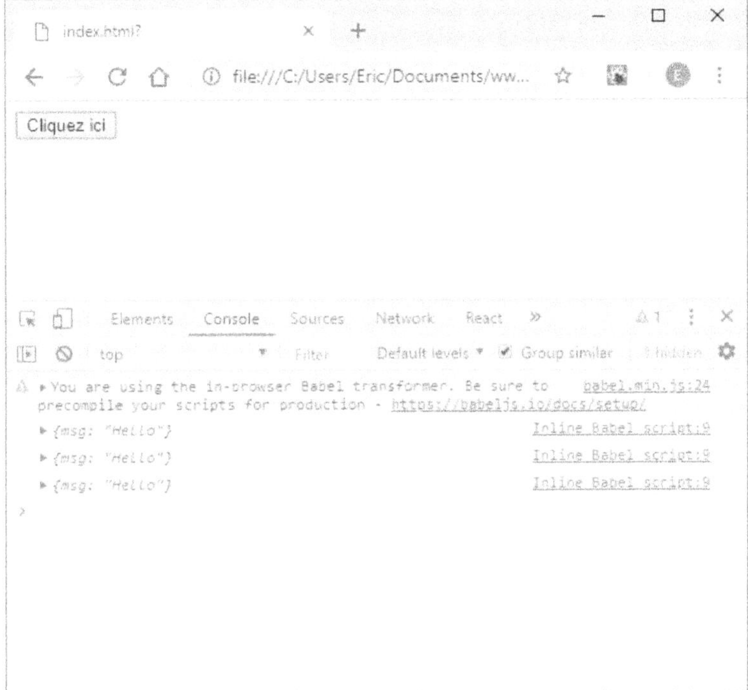

Conserver la valeur de this au moyen de la nouvelle définition des fonctions lors de l'appel

Rappelons-nous que la nouvelle définition des fonctions avec les caractères => permettait également de ne pas bloquer la valeur de `this`. On peut l'utiliser ici lorsque l'on écrit la valeur de l'attribut `onClick`.

Utiliser la définition des fonctions avec les caractères => lors de l'appel

```
class ButtonMessage extends React.Component {
  constructor(props) {
    super(props);
  }
  render() {
    return (
      <button onClick={() => {console.log(this.props);}}>Cliquez ici</button>
    )
  }
}

ReactDOM.render(<ButtonMessage msg="Hello"/>, document.getElementById("app"));
```

La méthode `traiterClick()` n'existe plus car son contenu est directement inscrit dans la valeur de l'attribut `onClick` (en utilisant la notation avec les caractères =>).

Figure 5–7

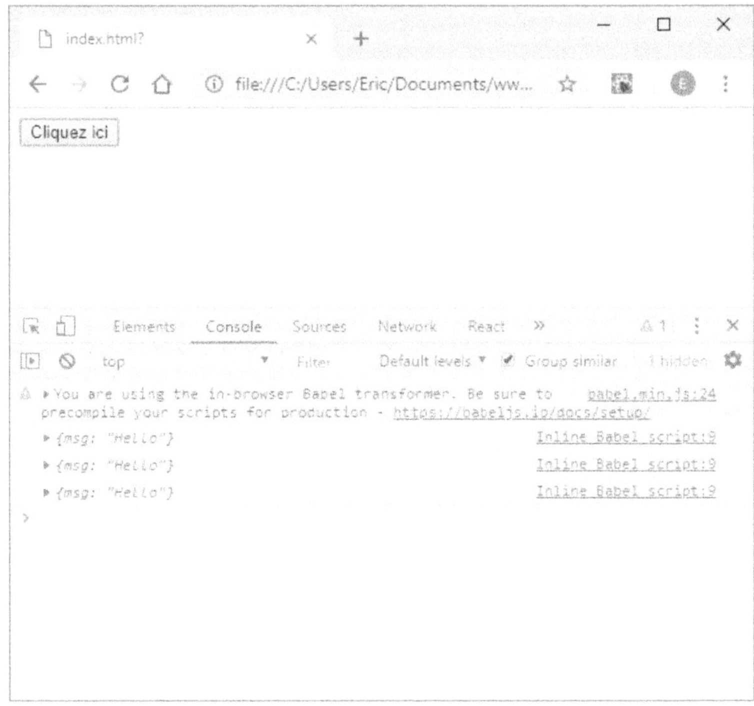

La valeur `this` n'est plus perdue grâce à la nouvelle définition des fonctions avec les caractères =>.

Conserver la valeur de this au moyen de la nouvelle définition des fonctions dans une classe

La nouvelle définition des fonctions avec les caractères => peut également être utilisée dans la définition des fonctions de la classe. Cela permet de conserver la valeur de `this` dans la méthode qui utilise cette forme de définition.

Utiliser la définition des fonctions avec les caractères => lors de l'appel

```
class ButtonMessage extends React.Component {
  constructor(props) {
    super(props);
  }
  traiterClick = () => {
    console.log(this.props);
  }
```

```
  render() {
    return (
      <button onClick={this.traiterClick}>Cliquez ici</button>
    )
  }
}

ReactDOM.render(<ButtonMessage msg="Hello"/>, document.getElementById("app"));
```

La méthode `traiterClick()` est maintenant définie au moyen de la nouvelle notation avec les caractères `=>`.

La méthode `bind()` n'est plus nécessaire et a donc disparu.

Figure 5–8

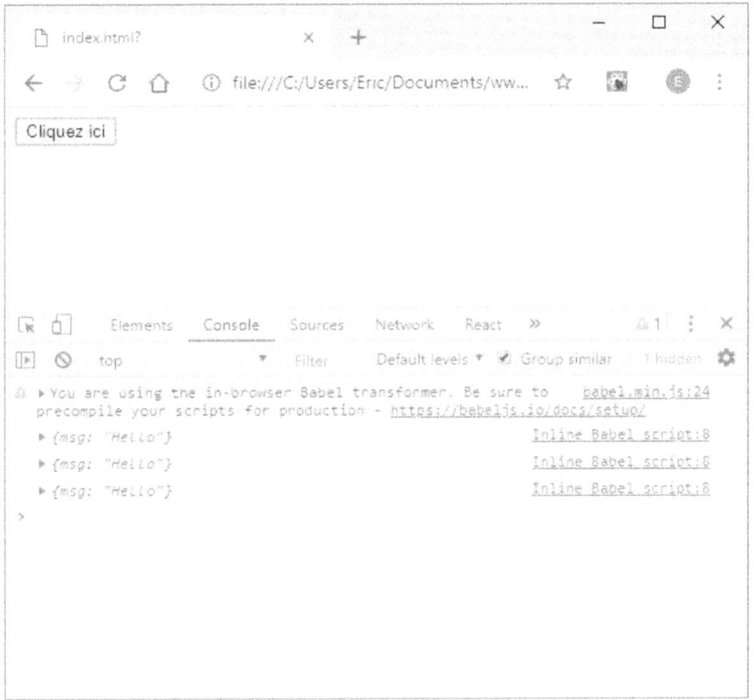

L'utilisation de la définition des méthodes d'une classe avec les caractères `=>` permet de conserver la valeur de `this` dans la fonction de callback.

Quelle solution choisir pour conserver le this dans une fonction de callback ?

Nous avons présenté quatre solutions possibles pour conserver la valeur du `this` dans les fonctions de traitement lorsqu'il était perdu. Parmi ces quatre solutions, la première qui intègre `bind(this)` dans la valeur de l'attribut et la deuxième qui utilise `bind(this)` dans le constructeur, sont celles qui sont les plus utilisées.

Les autres solutions, bien que fonctionnelles, sont cependant moins utilisées. Pour notre part, nous préférons la première solution car elle est la moins verbeuse et elle évite de dupliquer le nom de la méthode à deux endroits (lors de l'appel et dans le constructeur).

6

Cas pratique : gérer les éléments d'une liste

Dans ce chapitre, nous allons voir comment utiliser React pour modifier une liste d'éléments. Cela va consister à rendre possible les actions suivantes :

- Insertion d'un élément dans la liste : chaque élément inséré est libellé selon sa position dans la liste (`"Element1"`, puis `"Element2"`, etc.). La liste est vide au départ.
- Suppression d'un élément dans la liste : pour permettre la suppression d'un élément, un bouton *Supprimer* est ajouté à la suite du texte de l'élément. Le clic sur ce bouton supprime l'élément correspondant.
- Modification d'un élément dans la liste : suite au double-clic sur le texte d'un élément, un champ de saisie est affiché, contenant le texte de l'élément. Le texte affiché dans le champ de saisie est modifiable, et doit être validé en appuyant sur la touche *Entrée*. Le champ de saisie est alors remplacé par le texte saisi dans le champ.

Examinons maintenant ces différentes actions.

Insertion d'un élément dans la liste

Un bouton *Insérer* permet d'insérer un élément dans la liste, laquelle est vide au départ. L'élément inséré possède le libellé `Element1` pour le premier, `Element2` pour le deuxième, et ainsi de suite.

Pour réaliser cela, on va utiliser trois composants React :

- Un composant `App` gérant l'application dans son ensemble : affichage du bouton *Insérer* et de la liste des éléments insérés.
- Un composant `ListeElements` affichant la liste des éléments de la liste. On lui transmet la propriété `elems` (tableau des éléments à afficher) dans l'objet `props`.
- Un composant `Element` affichant un élément de la liste. On lui transmet la propriété `txt` (texte de l'élément à afficher) dans l'objet `props`.

La liste des éléments pouvant être modifiée à tout instant, elle sera mise dans le state (`this.state.elems`). Celui-ci sera mis à jour à chaque clic sur le bouton *Insérer*. Le state est géré au niveau du composant `App` afin d'être accessible lors du clic sur le bouton *Insérer* (le bouton est également au niveau du composant `App`).

De plus, n'oublions pas que le but est aussi de permettre la suppression et la modification des éléments insérés. Pour cela, le mieux est d'utiliser un identifiant unique pour chaque élément inséré, qui sera attribué via une méthode `getUniqueKey()` définie dans la classe `App`. Cet identifiant sera utilisé pour indiquer l'élément à modifier ou à supprimer. La méthode `getUniqueKey()` consiste à retourner un nombre aléatoire entre 0 et 1, en utilisant la méthode `Math.random()` de JavaScript.

Remarquons que l'on ne peut pas utiliser l'index de l'élément dans la liste comme clé unique, car en fonction des insertions et des suppressions, cet index peut varier (et sa mise à jour serait plus complexe que de définir une clé unique comme ici).

Commençons par voir comment insérer un élément dans la liste.

Insertion d'un élément dans la liste

```
<html>

<head>

<script crossorigin
    src="https://unpkg.com/react@16/umd/react.development.js"></script>
<script crossorigin
    src="https://unpkg.com/react-dom@16/umd/react-dom.development.js"></script>

<script src="https://unpkg.com/babel-standalone@6/babel.min.js"></script>

</head>

<body>
  <div id="app"></div>
</body>

<script type="text/babel">

class Element extends React.Component {
  constructor(props) {
    super(props);
```

```
    this.ukey = props.ukey;
  }
  render() {
    return (
      <li>{this.props.txt}</li>
    )
  }
}

class ListeElements extends React.Component {
  constructor(props) {
    super(props);
  }
  render() {
    return (
      <ul>
      {
        this.props.elems.map((elem, index) => {
          var { ukey, txt } = elem;
          return <Element key={ukey} ukey={ukey} txt={txt} />
        })
      }
      </ul>
    )
  }
}

class App extends React.Component {
  constructor(props) {
    super(props);
    this.state = { elems : [] };  // Tableau d'objets { txt, ukey }
  }
  getUniqueKey() {   // Retourner une clé unique
    var key = Math.random() + "";   // Retourner une chaîne de caractères
    return key;
  }
  insertElem() {
    var elems = this.state.elems;
    var txt = "Element" + (elems.length + 1);
    var ukey = this.getUniqueKey();   // Clé unique associée à l'élément
    var elem = { txt : txt, ukey : ukey };
    elems.push(elem);
    this.setState({ elems : elems });
  }
  render() {
    return (
      <div>
        <button onClick={this.insertElem.bind(this)}>Insérer</button>
        <ListeElements elems={this.state.elems} />
      </div>
    )
  }
}
```

```
ReactDOM.render(<App />, document.getElementById("app"));

</script>

</html>
```

Une fois que l'on sait quels sont les composants à écrire, les propriétés à utiliser pour chaque composant (via leur objet props), et le state qui sera utilisé (et dans quel composant le mettre), l'écriture des composants est plus aisée.

Remarquez que this.state.elems est un tableau des éléments insérés, chaque élément étant repéré par son texte (propriété txt) et sa clé unique (propriété ukey). La clé unique dans chaque élément servira à identifier l'élément dans le state.

Le composant <Element> inséré dans le composant <ListeElements> possède les deux propriétés key et ukey ayant la même valeur : key est utilisé en interne par React (sinon une erreur se produit comme expliqué dans les chapitres précédents), tandis que ukey est la clé unique utilisée par notre programme. Celui-ci ne peut pas utiliser key de façon directe (en dehors de son initialisation) sinon React produit une erreur, d'où l'utilisation de la propriété ukey.

Remarquez l'utilisation de bind(this) sur la méthode insertElem(), afin que cette dernière puisse accéder à this.state comme vu dans le chapitre précédent.

Figure 6–1

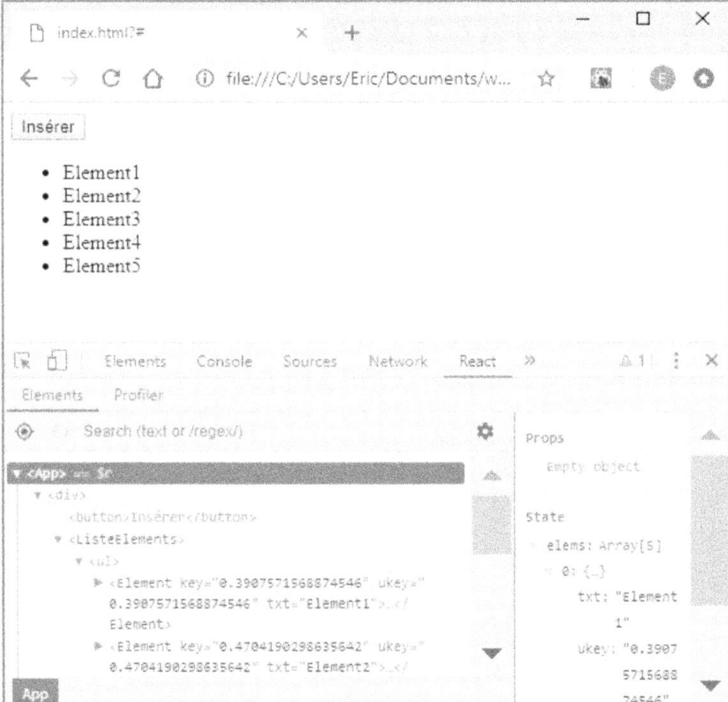

Chaque clic sur le bouton *Insérer* ajoute un élément à la liste (ici, cinq éléments insérés).

Styler les éléments de liste lors du passage de la souris

La liste précédente ne permet aucune interaction (pour l'instant) avec l'utilisateur. Commençons par montrer sur quel élément est positionnée la souris, en mettant cet élément en italique et en couleur rouge.

Il suffit de modifier le composant `Element`, qui permet d'afficher chacun des éléments de la liste.

Comme on doit gérer les événements liés à la souris, on utilise les propriétés `onMouseOver` et `onMouseOut` permettant de savoir si la souris entre sur un élément (`onMouseOver`) ou en sort (`onMouseOut`). Le style de l'élément devant être modifié (couleur et mise en italique), ce style sera mis dans le state associé à chacun des éléments de liste. Le state sera modifié dans les deux événements liés à la souris.

On aura donc le state global associé au composant `App` (contenant la liste des éléments de liste dans `this.state.elems`, `this` faisant ici référence au composant `App`), et un state pour chaque élément de liste (contenant le style de chaque élément dans `this.state.style`, `this` faisant ici référence au composant `Element`).

On transmet donc au composant `Element` une propriété supplémentaire appelée `style` qui permettra de connaître le style à afficher pour cet élément de liste.

Composant Element modifiant le style de l'élément lors du passage de la souris

```
class Element extends React.Component {
  constructor(props) {
    super(props);
    this.ukey = props.ukey;
    this.state = { style : {} };
  }
  mouseOver() {
    var style = { color : "red", fontStyle : "italic" };
    this.setState({style : style });
  }
  mouseOut() {
    var style = { color : "", fontStyle : "" };
    this.setState({style : style });
  }
  render() {
    return (
      <li style={this.state.style}
          onMouseOver={this.mouseOver.bind(this)}
          onMouseOut={this.mouseOut.bind(this)} >
        {this.props.txt}
      </li>
    )
  }
}
```

Le style de l'élément est initialisé dans le state et correspond lors de l'initialisation à un objet vide `{}`. Le state est modifié dans les méthodes `mouseOver()` et `mouseOut()` appelées lors des événements `onMouseOver` et `onMouseOut` positionnés sur l'élément React `<li>`.

Les autres composants `App` et `ListeELements` ne sont pas modifiés.

Figure 6–2

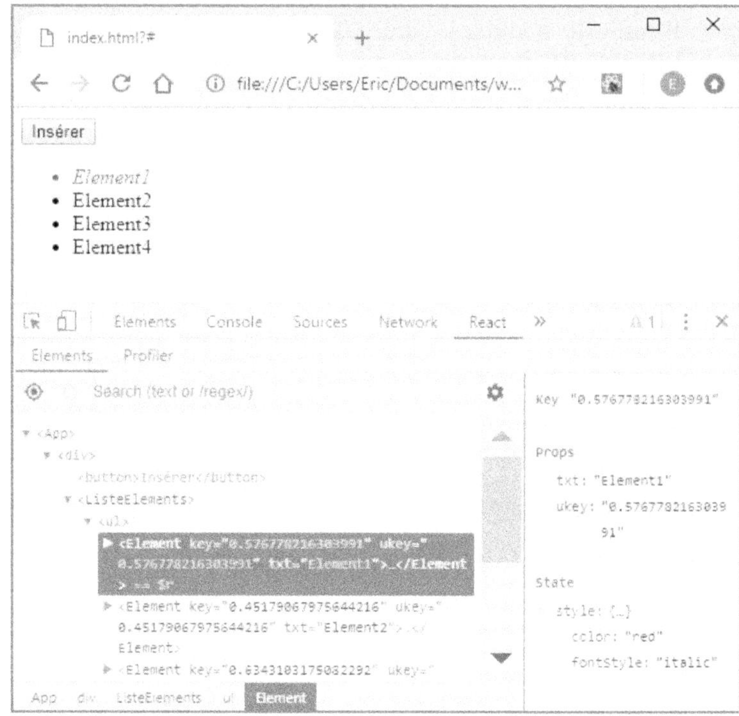

La souris est ici positionnée sur le premier élément inséré, qui est en italique et rouge.

Suppression d'un élément dans la liste (première version)

Afin de permettre la suppression d'un élément dans la liste, on positionne un bouton *Supprimer* à la suite de chacun des éléments dans la liste. Le clic sur un bouton *Supprimer* doit supprimer l'élément correspondant.

Pour réaliser cela, on modifie le state de chacun des éléments de la liste, c'est-à-dire que l'on ajoute la propriété `removed` dans l'objet `state` associé à la classe `Element`. Cette propriété `removed` vaut initialement `false`, indiquant que l'élément n'est pas supprimé. Lors d'un clic sur le bouton *Supprimer* associé à un élément de liste, la propriété `removed` est mise à `true` dans le state, ce qui permet de ne pas afficher cet élément lors du `render()`.

Le composant `Element` est modifié pour permettre la suppression de chaque élément de liste.

Suppression d'un élément dans la liste

```
class Element extends React.Component {
  constructor(props) {
    super(props);
    this.ukey = props.ukey;
    this.state = { style : {}, removed : false };
  }
  mouseOver() {
    var style = { color : "red", fontStyle : "italic" };
    this.setState({style : style });
  }
  mouseOut() {
    var style = { color : "", fontStyle : "" };
    this.setState({style : style });
  }
  removeElem() {
    this.setState({removed : true });
  }
  render() {
    return (
      this.state.removed ? null :
      <li style={this.state.style}
          onMouseOver={this.mouseOver.bind(this)}
          onMouseOut={this.mouseOut.bind(this)} >
        <span>{this.props.txt}</span>
        <button style={{margin:"10px", fontSize:"10px"}}
                onClick={this.removeElem.bind(this)}>
          Supprimer
        </button>
      </li>
    )
  }
}
```

Un bouton a été ajouté dans chaque élément de liste, lequel active la méthode `removeElem()` définie dans la classe. Cette méthode modifie le state en positionnant sa propriété `removed` à la valeur `true`, ce qui provoque le rafraîchissement du composant.

Dans le cas où `this.state.removed` vaut `true`, la méthode `render()` n'affiche pas d'éléments React, car elle retourne `null` (permettant ainsi de ne pas afficher l'élément supprimé).

Après plusieurs insertions et suppressions dans la liste, on obtient par exemple l'affichage illustré par la figure 6-3.

On voit que les éléments de liste supprimés ne sont effectivement plus affichés dans la page HTML. Les éléments React sont quant à eux encore présents, comme on peut le voir dans l'onglet *React*. C'est pourquoi nous allons maintenant étudier une autre méthode pour supprimer un élément dans la liste, qui permettra de rafraîchir la liste des éléments dans le state global situé dans le composant <App>.

Figure 6–3

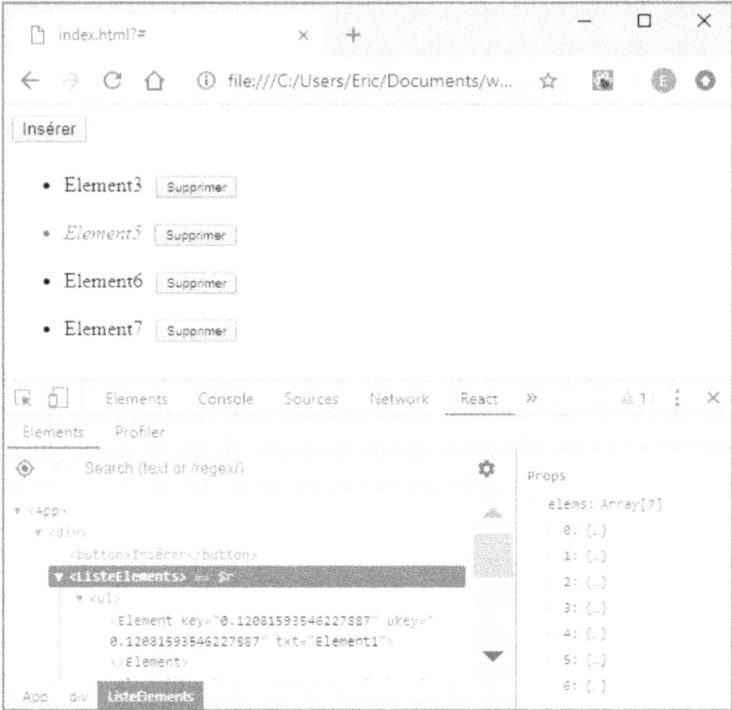

Suppression d'un élément dans la liste (deuxième version)

La suppression d'un élément de la liste, comme nous venons de l'étudier dans les paragraphes précédents est effectuée visuellement (l'élément a été supprimé visuellement de la liste affichée). Cependant, la liste des éléments React n'est pas modifiée dans le state (dans `this.state.elems` du composant `App`). On écrit ici une nouvelle version du programme qui permet la mise à jour de cette propriété du state.

L'intérêt ici est surtout de montrer comment mettre à jour le state (`this.state.elems`) d'un composant parent (ici, `App`) depuis un composant enfant (ici, `Element`). En effet, on sait pour l'instant mettre à jour le state du composant dans lequel on se trouve (par `this.setState()`), mais pas le state d'un composant parent...

Le principe va consister à permettre à la classe `Element` (ici considérée comme enfant) d'avoir accès à la classe `App` (ici considérée comme parent). En ayant accès à la classe `App`, la classe `Element` aura donc également accès au state de la classe `App` (et aux autres méthodes de la classe `App`).

Comment permettre à un composant enfant tel que `Element` d'avoir accès à l'instance d'un composant parent tel que `App` ? La réponse se trouve dans l'objet `props`, qui est automatiquement transmis par React d'un composant parent vers un composant enfant. Il suffit de créer depuis le composant `App` une propriété, ici nommée `app`, qui sera transmise aux composants enfants (`ListeElements` puis `Element`), afin que finalement le composant `Element` l'utilise.

Mettons en œuvre cette solution. Tous les composants sont ici modifiés, donc leur code est indiqué intégralement. Pour l'instant, afin de permettre une bonne compréhension du code à écrire, on se limite à écrire des traces avec `console.log()` dans les différentes méthodes implémentées.

Suppression d'un élément dans la liste (en utilisant le state du parent)

```
class Element extends React.Component {
  constructor(props) {
    super(props);
    this.ukey = props.ukey;
    this.state = { style : {}, removed : false };
  }
  mouseOver() {
    var style = { color : "red", fontStyle : "italic" };
    this.setState({style : style });
  }
  mouseOut() {
    var style = { color : "", fontStyle : "" };
    this.setState({style : style });
  }
  render() {
    return (
      this.state.removed ? null :
      <li style={this.state.style}
          onMouseOver={this.mouseOver.bind(this)}
          onMouseOut={this.mouseOut.bind(this)} >
        <span>{this.props.txt}</span>
        <button style={{margin:"10px", fontSize:"10px"}}
                onClick={this.props.app.removeElem}
        >
          Supprimer
        </button>
      </li>
    )
  }
}

class ListeElements extends React.Component {
  constructor(props) {
    super(props);
  }
  render() {
    return (
      <ul>
      {
```

```
        this.props.elems.map((elem, index) => {
          var { ukey, txt } = elem;
          return <Element key={ukey} ukey={ukey} txt={txt} app={this.props.app} />
        })
      }
      </ul>
    )
  }
}

class App extends React.Component {
  constructor(props) {
    super(props);
    this.state = { elems : [] };  // Tableau d'objets { txt, ukey }
  }
  getUniqueKey() {
    var key = Math.random() + "";
    return key;
  }
  insertElem() {
    var elems = this.state.elems;
    var txt = "Element" + (elems.length + 1);
    var ukey = this.getUniqueKey();
    var elem = { txt : txt, ukey : ukey };
    elems.push(elem);
    this.setState({ elems : elems });
  }
  removeElem() {
    console.log("removeElem");   // Élément à supprimer
  }
  render() {
    return (
      <div>
        <button onClick={this.insertElem.bind(this)}>Insérer</button>
        <ListeElements elems={this.state.elems} app={this} />
      </div>
    )
  }
}

ReactDOM.render(<App />, document.getElementById("app"));
```

La modification principale vient de la transmission de la propriété `app` (qui vaut `this` dans le composant `App`) aux composants `ListeElements` et `Element` (dans ces deux derniers composants, cette propriété est donc accessible via `this.props.app`).

Lors du clic sur le bouton *Supprimer* dans la classe `Element`, on écrit `onClick={this.props.app.removeElem}`, ce qui permet d'activer la méthode `removeElem()` définie dans la classe `App`.

Voyons sur la figure 6-4 ce que cela indique en cliquant sur le bouton *Insérer* puis *Supprimer*.

Figure 6–4

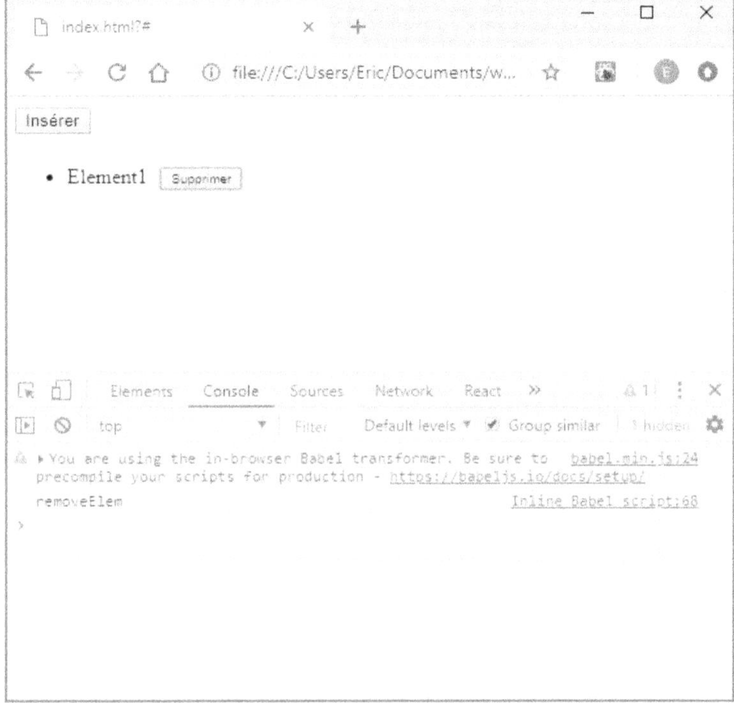

Lors du clic sur le bouton *Supprimer*, la méthode `removeElem()` définie dans le composant `App` est bien appelée depuis le composant `Element`. Mais comment indiquer quel est l'élément à supprimer (car pour l'instant, on ne fait qu'afficher du texte...) ?

Le but est maintenant d'indiquer l'élément de la liste à supprimer, afin que la méthode `removeElem()` le supprime.

Le premier réflexe que l'on pourrait avoir serait d'indiquer l'élément à supprimer (ici, `this`) en paramètre de la méthode `removeElem()`. On serait donc tenté d'écrire quelque chose qui ressemblerait au code suivant.

Indiquer l'élément à supprimer lors de l'appel à removeElem()

```
class Element extends React.Component {
  constructor(props) {
    super(props);
    this.ukey = props.ukey;
    this.state = { style : {}, removed : false };
  }
  mouseOver() {
    var style = { color : "red", fontStyle : "italic" };
    this.setState({style : style });
  }
```

```
  mouseOut() {
    var style = { color : "", fontStyle : "" };
    this.setState({style : style });
  }
  render() {
    return (
      this.state.removed ? null :
      <li style={this.state.style}
          onMouseOver={this.mouseOver.bind(this)}
          onMouseOut={this.mouseOut.bind(this)} >
        <span>{this.props.txt}</span>
        <button style={{margin:"10px", fontSize:"10px"}}
                onClick={this.props.app.removeElem(this)}
        >
          Supprimer
        </button>
      </li>
    )
  }
}
```

L'élément à supprimer (`this` dans ce cas, car on est dans la classe `Element`) est indiqué en paramètre lors de l'appel de la méthode `removeElem()` lors du clic.

Toutefois, ceci ne fonctionnera pas car on ne peut pas indiquer un appel de fonction lors de la définition d'un événement dans des propriétés comme `onClick`, car React provoque l'appel direct de cette fonction (comme on l'a vu en début dans le chapitre précédent lorsqu'on avait écrit `onClick={console.log("...")}`).

Ainsi, la seule manière de transmettre à `removeElem()` l'élément à supprimer est de le lui indiquer via un `bind()` lors de la définition du `onClick` dans la classe `Element`.

Écrivons donc la définition du bouton (`button`) du composant `Element` sous la forme suivante, en utilisant `bind()` pour indiquer le `this` à utiliser.

Définition du bouton de suppression dans la classe Element

```
        <button style={{margin:"10px", fontSize:"10px"}}
                onClick={this.props.app.removeElem.bind(this)}
        >
```

La méthode `bind(this)` indique ici que `removeElem()` (définie dans `App` car on indique `this.props.app` devant l'appel) doit utiliser le `this` indiqué dans le `bind()`, c'est-à-dire l'objet de classe `Element` dans lequel on est actuellement situé.

Cette nouvelle définition avec `bind(this)` lors de l'écriture de la méthode permet de ne pas avoir à indiquer un paramètre à la méthode `removeElem()` (ce paramètre serait bien sûr l'élément à supprimer) car elle peut utiliser le `this` qu'on lui a indiqué ici.

Écrivons maintenant la méthode `removeElem()` en affichant l'objet `this` qui lui est associé.

Méthode removeElem() qui affiche l'objet this qu'elle utilise

```
removeElem() {
  console.log(this);    // Élément à supprimer
}
```

L'objet `this` utilisé dans la méthode `removeElem()` est celui défini lors de l'écriture de l'attribut `onClick` du bouton (`button`) dans la classe `Element`, grâce au `bind(this)` effectué.

Exécutons ce programme en insérant et en supprimant quelques éléments (figure 6-5).

Figure 6–5

Trois éléments ont été insérés, puis deux ont été supprimés comme on peut le voir dans la console. De plus, ce sont bien des objets `Element` que l'on récupère avec l'objet `this` dans la méthode `removeElem()`.

À ce stade, on pourrait penser que la solution a été trouvée ! Malheureusement, ce n'est pas (encore) le cas.

En effet, n'oublions pas que le but de tout cela est de permettre l'accès au state du composant `App`, depuis la méthode `removeElem()` définie dans ce même composant (pour avoir accès à `this.state.elems` et le mettre à jour). Mais ce n'est maintenant plus possible car `this.state` fait référence au state défini dans la classe `Element` (ce qui est normal car `this` vaut un objet de classe `Element` à cause du `bind()` effectué précédemment) et il faudrait ici (dans la méthode removeElem() définie dans le composant App) plutôt accéder au state défini dans la classe App (lequel définit this.state.elems). C'est l'histoire du serpent qui se mord la queue (this doit valoir l'objet de classe Element, et en même temps l'objet de classe App)...

Néanmoins, la solution n'est pas si lointaine que cela ! Il suffit que dans la définition de la propriété onClick écrite dans le bouton (button), on ne fasse plus le bind() à cet endroit (le bind() à cet emplacement conduit à une situation sans solution comme on vient de le voir). Pour cela, on utilise une méthode intermédiaire (ici appelée handlerRemoveElem(), le préfixe handler signifiant qu'elle est intermédiaire) définie dans la classe Element (classe qui utilise le composant <button>) qui sera celle qui appellera la méthode removeElem() définie dans la classe App, en lui indiquant en paramètre l'élément à supprimer (ici, objet this de classe Element).

Nous indiquons la totalité du code des composants afin de bien visualiser les changements effectués.

Utilisation de la méthode intermédiaire handlerRemoveElem() pour supprimer l'élément dans la liste

```
class Element extends React.Component {
  constructor(props) {
    super(props);
    this.ukey = props.ukey;
    this.state = { style : {}, removed : false };
  }
  mouseOver() {
    var style = { color : "red", fontStyle : "italic" };
    this.setState({style : style });
  }
  mouseOut() {
    var style = { color : "", fontStyle : "" };
    this.setState({style : style });
  }
  handlerRemoveElem() {
    this.props.app.removeElem(this);   // this : objet de classe Element
  }
  render() {
    return (
      this.state.removed ? null :
      <li style={this.state.style}
          onMouseOver={this.mouseOver.bind(this)}
          onMouseOut={this.mouseOut.bind(this)} >
        <span>{this.props.txt}</span>
        <button style={{margin:"10px", fontSize:"10px"}}
                onClick={this.handlerRemoveElem.bind(this)}
        >
          Supprimer
        </button>
      </li>
    )
  }
}
```

```
class ListeElements extends React.Component {
  constructor(props) {
    super(props);
  }
  render() {
    return (
      <ul>
      {
        this.props.elems.map((elem, index) => {
          var { ukey, txt } = elem;
          return <Element key={ukey} ukey={ukey} txt={txt} app={this.props.app} />
        })
      }
      </ul>
    )
  }
}

class App extends React.Component {
  constructor(props) {
    super(props);
    this.state = { elems : [] };  // Tableau d'objets { txt, ukey }
  }
  getUniqueKey() {
    var key = Math.random() + "";
    return key;
  }
  insertElem() {
    var elems = this.state.elems;
    var txt = "Element" + (elems.length + 1);
    var ukey = this.getUniqueKey();
    var elem = { txt : txt, ukey : ukey };
    elems.push(elem);
    this.setState({ elems : elems });
  }
  removeElem(objElem) {      // Objet de classe Element
    console.log(objElem);    // Élément à supprimer
  }
  render() {
    return (
      <div>
        <button onClick={this.insertElem.bind(this)}>Insérer</button>
        <ListeElements elems={this.state.elems} app={this} />
      </div>
    )
  }
}

ReactDOM.render(<App />, document.getElementById("app"));
```

La méthode `handlerRemoveElem()` est maintenant celle qui appelle la méthode `removeElem()` définie dans la classe `App`.

La méthode `removeElem()` possède maintenant un paramètre `objElem` indiquant l'élément à supprimer (ici, un objet de classe `Element`).

Figure 6–6

Les objets de classe `Element` sont affichés dans la console suite aux clics sur les boutons *Supprimer* correspondants. Le fonctionnement est donc correct.

Il reste maintenant à implémenter la gestion du state dans la classe `App` afin de supprimer l'élément dans la liste lors du clic sur le bouton *Supprimer*. La méthode `filter()` de la classe `Array` de JavaScript permet (via une fonction de callback) de retourner un nouveau tableau à partir d'un tableau initial. Il suffit d'indiquer pour chaque élément du tableau d'origine si on le conserve (la fonction de callback doit retourner `true` dans ce cas) ou si on le supprime (ne rien retourner ou retourner `false`).

La méthode `removeElem(objElem)` du composant `App` s'écrit alors comme ceci.

Méthode removeElem(objElem) mettant à jour le state (this.state.elems)

```
removeElem(objElem) {      // Objet de classe Element
  var elems = this.state.elems;
  elems = elems.filter(function(elem) {
    if (objElem.ukey != elem.ukey) return true;  // Conserver l'élément
  });
  this.setState({ elems : elems });
}
```

On filtre l'élément à supprimer via la clé unique (propriété `ukey`). On conserve tous les éléments sauf celui qui a la même clé que celui à supprimer (transmis en paramètres).

Figure 6–7

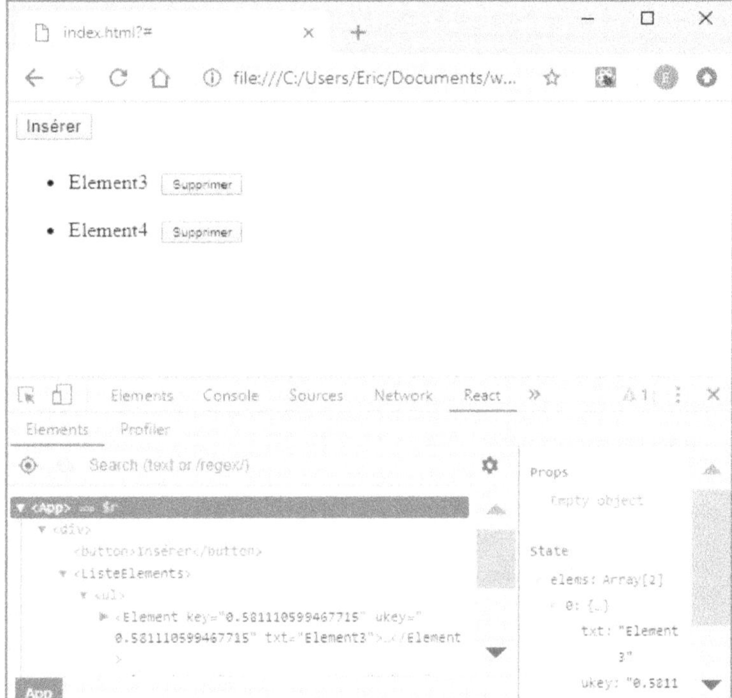

Après insertion et suppression de quelques éléments de la liste, on peut voir que l'objet `this.state.elems` est mis à jour (et l'affichage de la liste en tient compte grâce à React qui met à jour l'affichage en fonction du state).

Le but de cet exemple était de montrer comment on peut mettre à jour le state d'un composant parent, ce qui est un cas fréquent lors de l'utilisation de React. On transmet le composant parent (en fait son instance correspondant à l'objet React) via l'objet `props`, puis on implémente dans le composant enfant une méthode `handlerXXX()` qui effectue l'appel de la méthode `XXX()` associée du composant parent.

Modification d'un élément dans la liste

On souhaite maintenant pouvoir modifier le texte de chaque élément dans la liste. Les éléments insérés sont toujours mis sous la forme `Element1`, `Element2`, etc., mais si on double-clique sur un élément, il se transforme maintenant en un champ de saisie que l'on peut modifier. L'appui sur la touche *Entrée* permet de valider la saisie et de revenir en mode visualisation.

Pour réaliser cela, procédons par étapes.

1. La première étape va consister à afficher un champ de saisie lors du double-clic sur un élément de la liste. Le champ de saisie sera initialisé avec la valeur de l'élément sur lequel on a cliqué.
2. Ensuite, on verra comment prendre en compte la saisie dans le champ.
3. Enfin, on terminera en confirmant la saisie lors de l'appui sur la touche *Entrée*.

Prise en compte du double-clic et transformation de l'élément en champ de saisie

React met à notre disposition la propriété `onDoubleClick` qui permet d'effectuer un traitement lors d'un double-clic sur un élément. Le principe de fonctionnement est le même que pour un simple clic.

Comment transformer un élément de texte figé (ici, un élément `<span>`) en un élément `<input>` permettant de saisir de nouvelles informations ? Comme d'habitude, il faut modifier le state de l'élément affiché. On introduit donc dans le state de la classe `Element` (qui permet d'afficher un élément de liste) un champ indiquant si l'élément est en cours de modification (dans ce cas, on l'affichera sous la forme d'un `<input>`) ou non (dans ce cas, on l'affichera sous la forme d'un `<span>`, ce que l'on a fait jusqu'à présent).

Appelons `modifyOn` cette propriété du state qui gère cet état. Par défaut, elle est initialisée à `false` (pour afficher sous forme de `<span>` au début). Cette propriété passe à `true` lors du double-clic sur l'élément de liste, provoquant ainsi un rafraîchissement de l'élément de liste (qui devient alors un élément `<input>`). Si cette propriété `modifyOn` du state était initialisée à `true`, cela provoquerait l'affichage initial de la liste sous forme de champs de saisie au lieu des éléments figés traditionnels.

La classe `Element` est modifiée pour prendre en compte ces nouveautés.

Transformation en champ de saisie d'un élément texte

```
class Element extends React.Component {
  constructor(props) {
    super(props);
    this.ukey = props.ukey;
    this.state = { style : {}, removed : false, modifyOn : false };
  }
```

```
  mouseOver() {
    var style = { color : "red", fontStyle : "italic" };
    this.setState({style : style });
  }
  mouseOut() {
    var style = { color : "", fontStyle : "" };
    this.setState({style : style });
  }
  handlerRemoveElem() {
    this.props.app.removeElem(this);    // this : objet de classe Element
  }
  modifyElem() {
    this.setState({ modifyOn : true });
  }
  render() {
    return (
      this.state.removed ? null :
      <li style={this.state.style}
          onMouseOver={this.mouseOver.bind(this)}
          onMouseOut={this.mouseOut.bind(this)}
          onDoubleClick={this.modifyElem.bind(this)} >
        { this.state.modifyOn ?
          <input type="text" value={this.props.txt}/> :
          <span>{this.props.txt}</span>
        }
        <button style={{margin:"10px", fontSize:"10px"}}
                onClick={this.handlerRemoveElem.bind(this)}
        >
          Supprimer
        </button>
      </li>
    )
  }
}
```

Un événement onDoubleClick est pris en compte sur l'élément <li>, qui appellera la méthode modifyElem() qui effectue la mise à true de la propriété modifyOn du state.

De plus, lors de l'affichage de l'élément de liste (méthode render()), on teste la valeur de modifyOn afin de savoir si l'on affiche l'élément sous forme de <input> (si this.state.modifyOn est à true) ou sous forme de <span> (si this.state.modifyOn est à false).

Après avoir inséré quelques éléments et double-cliqué sur certains, on obtient l'affichage de la figure 6-8.

Les éléments de liste sur lesquels on a double-cliqué sont transformés en champs de saisie, initialisés avec le contenu de l'élément (ici, this.props.txt).

Cependant, la saisie dans chaque champ n'est pas prise en compte... C'est l'étape suivante !

Figure 6–8

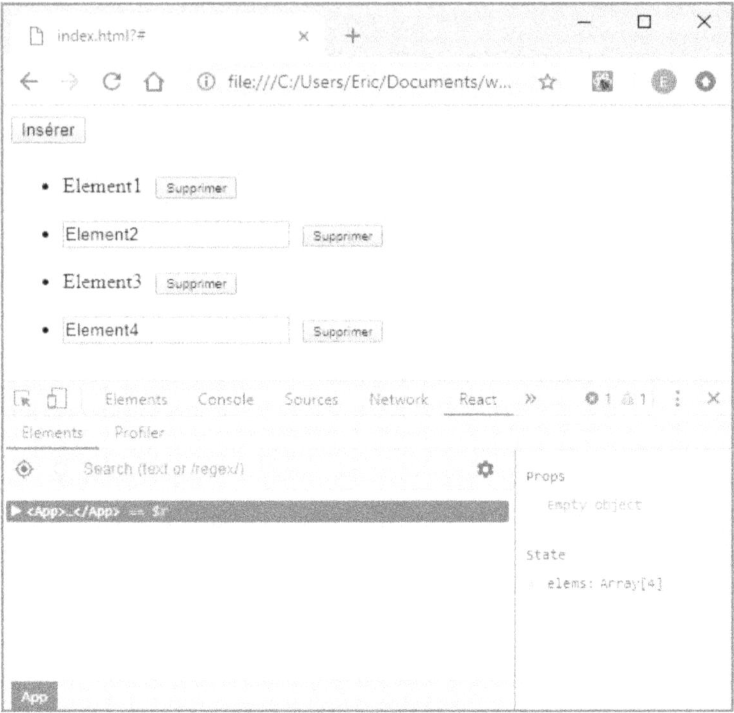

Saisie dans le champ

À ce stade de notre développement, les champs de saisie s'affichent lors d'un double-clic, mais ne sont pas modifiables. Pourquoi ? En fait, chaque champ de saisie est maintenant géré par React, et par conséquent, son comportement n'est pas du tout le même que celui d'un champ de saisie traditionnel en HTML. En effet, il est notamment non modifiable par défaut, et pour pouvoir le modifier, il faudrait effectuer un nouveau `render()`, ce qui ne peut se faire... qu'en modifiant le state !

Vous remarquerez que React nous donne quelques pistes de solution, grâce au message d'erreur affiché dans la console : il nous conseille d'implémenter l'événement `onChange` afin que le champ de saisie ne soit plus en lecture seule *(read-only)*. La méthode associée à l'événement `onChange` sera appelée chaque fois qu'une touche est enfoncée, tandis que le texte introduit dans le champ pourra être récupéré au moyen de `event.target.value` (`event` étant le paramètre événement transmis dans la méthode `handlerChange(event)` associée à l'événement `onChange`).

Réalisons ces modifications dans le composant `Element` en affichant pour le moment le texte saisi dans la console (au moyen de `console.log(event.target.value)`).

Implémenter l'événement onChange pour gérer le champ de saisie

```
class Element extends React.Component {
  constructor(props) {
    super(props);
    this.ukey = props.ukey;
    this.state = { style : {}, removed : false, modifyOn : false };
  }
  mouseOver() {
    var style = { color : "red", fontStyle : "italic" };
    this.setState({style : style });
  }
  mouseOut() {
    var style = { color : "", fontStyle : "" };
    this.setState({style : style });
  }
  handlerRemoveElem() {
    this.props.app.removeElem(this);   // this : objet de classe Element
  }
  modifyElem() {
    this.setState({ modifyOn : true });
  }
  handlerChange(event) {
    console.log(event.target.value);   // Afficher le texte saisi
  }
  render() {
    return (
      this.state.removed ? null :
      <li style={this.state.style}
          onMouseOver={this.mouseOver.bind(this)}
          onMouseOut={this.mouseOut.bind(this)}
          onDoubleClick={this.modifyElem.bind(this)} >
        { this.state.modifyOn ?
          <input type="text" value={this.props.txt}
                 onChange={this.handlerChange.bind(this)}/> :
          <span>{this.props.txt}</span>
        }
        <button style={{margin:"10px", fontSize:"10px"}}
                onClick={this.handlerRemoveElem.bind(this)}
        >
          Supprimer
        </button>
      </li>
    )
  }
}
```

La seule modification effectuée est l'implémentation de l'événement onChange lors de la saisie.

On tente de modifier le contenu de `Element1` en tapant `a`, puis `b`, puis `c` dans le champ (figure 6-9).

Figure 6–9

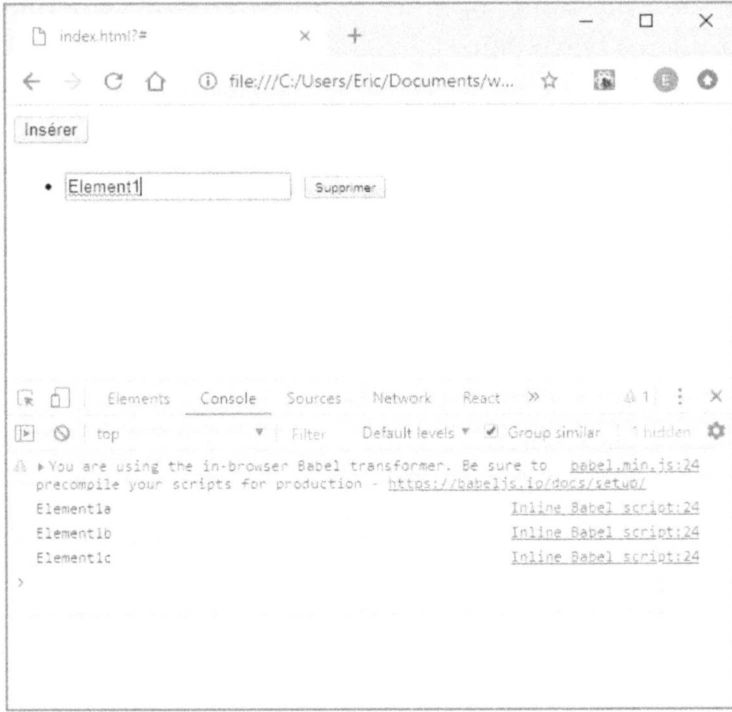

Le contenu du champ n'est pas modifié malgré la saisie, et seul le dernier caractère introduit est récupéré dans `event.target.value` à chaque saisie de caractère. Bien que cela soit étrange, c'est normal vu le fonctionnement interne de React, qui ne peut modifier l'affichage que lors d'un changement de state, ce qui n'a pas encore été effectué.

Il faut donc ajouter dans le state la valeur de l'élément dans le champ de saisie, de façon à ce que lors de chaque modification du champ, cette nouvelle valeur soit répercutée dans l'attribut `value` de l'élément `<input>`. Pour cela, il faut de plus que la valeur affichée ne provienne plus de `this.props.txt` (qui est la valeur initiale du champ) mais de `this.state.txt` (qui est la valeur réelle du champ à chaque instant, à condition que le state soit mis à jour à chaque frappe sur le clavier). On introduit pour cela une nouvelle propriété `txt` dans le state de la classe `Element`, qui contiendra en permanence la valeur saisie dans le champ.

Gérer la valeur saisie dans le champ par le state

```
class Element extends React.Component {
  constructor(props) {
    super(props);
    this.ukey = props.ukey;
```

```
    this.state = {
      style : {},
      removed : false,
      modifyOn : false,
      txt : props.txt
    };
  }
  mouseOver() {
    var style = { color : "red", fontStyle : "italic" };
    this.setState({style : style });
  }
  mouseOut() {
    var style = { color : "", fontStyle : "" };
    this.setState({style : style });
  }
  handlerRemoveElem() {
    this.props.app.removeElem(this);   // this : objet de classe Element
  }
  modifyElem() {
    this.setState({ modifyOn : true });
  }
  handlerChange(event) {
    console.log(event.target.value);
    this.setState({ txt : event.target.value });  // Afficher le texte saisi
  }
  render() {
    return (
      this.state.removed ? null :
      <li style={this.state.style}
          onMouseOver={this.mouseOver.bind(this)}
          onMouseOut={this.mouseOut.bind(this)}
          onDoubleClick={this.modifyElem.bind(this)} >
        { this.state.modifyOn ?
          <input type="text" value={this.state.txt}
                 onChange={this.handlerChange.bind(this)}/> :
          <span>{this.state.txt}</span>
        }
        <button style={{margin:"10px", fontSize:"10px"}}
                onClick={this.handlerRemoveElem.bind(this)}
        >
          Supprimer
        </button>
      </li>
    )
  }
}
```

On introduit la propriété txt dans le state, initialisée à partir de this.props.txt. Pour que cette valeur soit affichée dans le champ, on l'indique dans l'attribut value de l'élément <input> et dans le contenu du <span> associé.

Cette valeur est mise à jour par `this.setState()` lors du traitement de l'événement `onChange`.

Comme précédemment, on tape dans le champ de saisie les caractères `abcde` (figure 6-10).

Figure 6–10

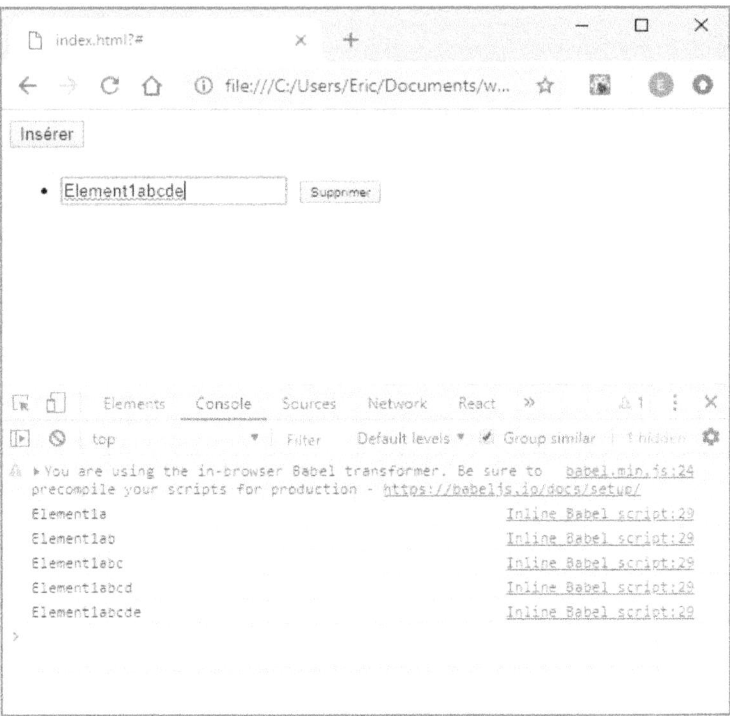

Les caractères tapés dans le champ sont maintenant visibles, tandis que la `Console` montre l'évolution du texte au fur et à mesure de la saisie. Il reste maintenant à gérer l'appui sur la touche *Entrée* qui permet de valider le texte saisi.

Confirmation de la modification en appuyant sur la touche Entrée

Il est maintenant nécessaire de détecter l'appui sur la touche *Entrée*. En consultant la documentation de React sur les événements (voir la page https://reactjs.org/docs/events.html), on voit que l'on peut utiliser `event.charCode` qui contient le code de la touche appuyée. Mais pour cela, la documentation indique qu'il faut utiliser l'un des trois événements suivants :

- `onKeyDown` : se produit lorsque la touche est enfoncée ;
- `onKeyUp` : se produit lorsque la touche est relevée (après avoir été enfoncée) ;
- `onKeyPress` : indique que la touche a été pressée.

L'événement final `onKeyPress` peut être utilisé dans notre cas (mais les deux autres auraient également pu l'être). Implémentons cet événement sur l'élément `<input>` du champ de saisie.

Remarque

event.charCode n'est pas initialisé si vous l'utilisez dans l'événement onChange, d'où l'obligation d'utiliser l'un des trois événements précédents (qui eux l'initialisent).

Le traitement va consister à modifier le state de l'élément afin de transformer le champ de saisie en champ statique (mise de this.state.modifyOn à false), puis à mettre à jour le state.elems du composant <App> afin de lui indiquer le nouveau texte saisi. Pour cela, on crée une méthode modifyElem(objElem, newValue) définie dans le composant <App> qui mettra à jour this.state.elems avec le nouveau texte de l'élément. La méthode modifyElem() est appelée depuis la classe Element grâce à la propriété app stockée dans la classe Element (appelée via this.props.app.modifyElem()).

Traitement de la touche Entrée dans le champ de saisie

```
class Element extends React.Component {
  constructor(props) {
    super(props);
    this.ukey = props.ukey;
    this.state = {
      style : {},
      removed : false,
      modifyOn : false,
      txt : props.txt
    };
  }
  mouseOver() {
    var style = { color : "red", fontStyle : "italic" };
    this.setState({style : style });
  }
  mouseOut() {
    var style = { color : "", fontStyle : "" };
    this.setState({style : style });
  }
  handlerRemoveElem() {
    this.props.app.removeElem(this);    // this : objet de classe Element
  }
  modifyElem() {
    this.setState({ modifyOn : true });
  }
  handlerChange(event) {
    console.log(event.target.value);    // Afficher le texte saisi
    this.setState({ txt : event.target.value });
  }
  handlerKeyPress(event) {
    if (event.charCode == 13) {   // Touche Entrée
      this.setState({ modifyOn : false });
      this.props.app.modifyElem(this, event.target.value);
    }
  }
```

```
  render() {
    return (
      this.state.removed ? null :
      <li style={this.state.style}
          onMouseOver={this.mouseOver.bind(this)}
          onMouseOut={this.mouseOut.bind(this)}
          onDoubleClick={this.modifyElem.bind(this)} >
        { this.state.modifyOn ?
          <input type="text" value={this.state.txt}
                 onChange={this.handlerChange.bind(this)}
                 onKeyPress={this.handlerKeyPress.bind(this)}/> :
          <span>{this.state.txt}</span>
        }
        <button style={{margin:"10px", fontSize:"10px"}}
                onClick={this.handlerRemoveElem.bind(this)}
        >
          Supprimer
        </button>
      </li>
    )
  }
}

class ListeElements extends React.Component {
  constructor(props) {
    super(props);
  }
  render() {
    return (
      <ul>
      {
        this.props.elems.map((elem, index) => {
          var { ukey, txt } = elem;
          return <Element key={ukey} ukey={ukey} txt={txt} app={this.props.app} />
        })
      }
      </ul>
    )
  }
}

class App extends React.Component {
  constructor(props) {
    super(props);
    this.state = { elems : [] };  // Tableau d'objets { txt, ukey }
  }
  getUniqueKey() {
    var key = Math.random() + "";
    return key;
  }
  insertElem() {
    var elems = this.state.elems;
```

```
    var txt = "Element" + (elems.length + 1);
    var ukey = this.getUniqueKey();
    var elem = { txt : txt, ukey : ukey };
    elems.push(elem);
    this.setState({ elems : elems });
  }
  removeElem(objElem) {     // Objet de classe Element
    var elems = this.state.elems;
    elems = elems.filter(function(elem) {
      if (objElem.ukey != elem.ukey) return true;  // Conserver l'élément
    });
    this.setState({ elems : elems });
  }
  modifyElem(objElem, newValue) {     // Objet de classe Element
    var elems = this.state.elems;
    elems = elems.map(function(elem) {
      var { txt, ukey } = elem;
      if (objElem.ukey == ukey) elem.txt = newValue;   // Modifier l'élément
      return elem;
    });
    this.setState({ elems : elems });
  }
  render() {
    return (
      <div>
        <button onClick={this.insertElem.bind(this)}>Insérer</button>
        <ListeElements elems={this.state.elems} app={this} />
      </div>
    )
  }
}

ReactDOM.render(<App />, document.getElementById("app"));
```

La détection de la touche *Entrée* est effectuée dans la méthode `handlerKeyPress()`, appelée à chaque appui sur une touche du clavier. Cette méthode appelle la méthode `modifyElem()` définie dans la classe `App` de la même façon que la méthode `removeElem()` était appelée lors d'une suppression.

Après insertion et modification de certains éléments (y compris une suppression), nous obtenons l'affichage de la figure 6-11.

L'onglet *React* permet de vérifier que les states sont bien mis à jour par React (même si on peut également le voir grâce à l'affichage dans la page, car il reflète le contenu du state).

Figure 6–11

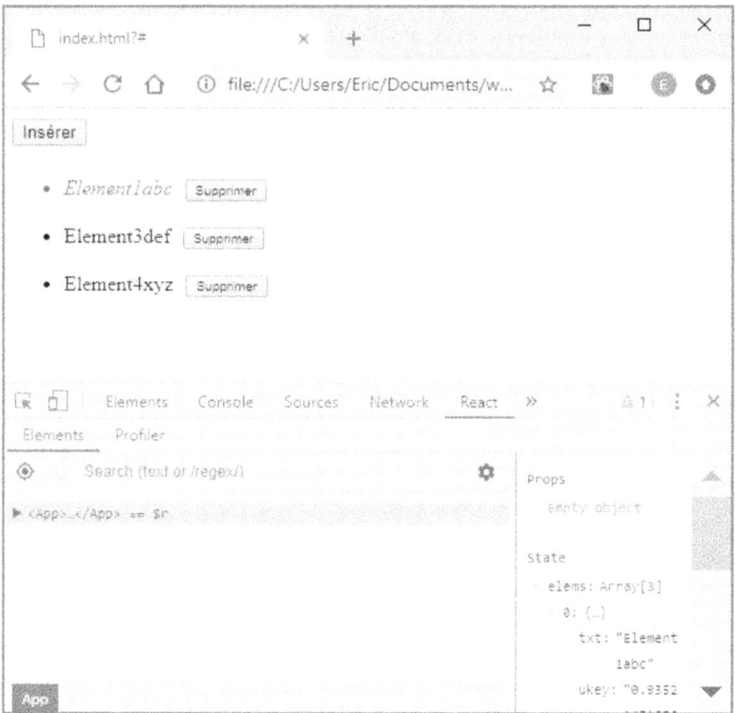

Agrandissement de la fenêtre

Le but sera de gérer l'agrandissement de la fenêtre du navigateur afin de modifier la taille de la police de caractères qui augmentera à mesure de l'agrandissement (ou réduira si la fenêtre se rétrécit).

L'intérêt ici est de montrer comment implémenter un événement que React ne prend pas en charge, dans ce cas l'événement `resize` géré sur l'objet `window` du navigateur. Cet événement est pris en charge en HTML, mais React ne fournit pas la propriété `onResize` permettant de le gérer. On doit donc l'implémenter nous-même...

Pour implémenter un nouvel événement non géré par React, on utilise directement les méthodes de JavaScript `addEventListener()` et `removeEventListener()`. Ces méthodes serviront ici à gérer l'événement `resize` reçu par l'objet `window` :

- La méthode `window.addEventListener()` sera implémentée dans la méthode `componentDidMount()` définie dans le composant <App>. La méthode `window.addEventListener("resize", callback)` permet d'attacher une fonction de callback lors de la réception de l'événement `resize` par l'objet `window`. La méthode `addEventListener()` est implémentée dans la méthode `componentDidMount()` de la classe `App` et elle est donc appelée lors de la création du composant <App>.

- La méthode window.removeEventListener() sera implémentée dans la méthode componentWillUnmount() définie dans le composant <App>. La méthode window.removeEventListener("resize", callback) permet de ne plus prendre en compte la fonction de callback associée lors de l'événement resize. La méthode removeEventListener() est implémentée dans la méthode componentWillUnmount() de la classe App et elle est donc appelée lors de la destruction du composant <App>.

Remarque

Pour éviter des problèmes de gestion de la mémoire, il faut qu'à chaque appel à une méthode addEventListener() soit associé un appel à la méthode removeEventListener() correspondante.

Le traitement à effectuer dans la fonction de callback (appelée lors de l'événement resize) va consister à modifier la taille de la police de caractères utilisée pour écrire les éléments de la liste. Pour l'instant, nous n'avons pas géré cette taille de la police car nous avons utilisé la taille par défaut définie dans le navigateur. Comment prendre en compte une nouvelle taille de police de caractères pour afficher la liste ? Tout simplement en modifiant le state utilisé dans la classe App (sachant que la liste des éléments affichés est déjà dans le state de la classe App (this.state.elems)).

Le style de la liste (mis dans this.state.style de la classe App) sera transmis dans l'objet props aux différents composants utilisés, c'est-à-dire <ListeElements> puis <Element>. Le composant <Element> est celui qui finalement utilisera le style de la liste pour afficher chaque élément.

Gérer l'événement resize sur la fenêtre

```
class Element extends React.Component {
  constructor(props) {
    super(props);
    this.ukey = props.ukey;
    this.state = {
      style : { ...this.props.style },
      removed : false,
      modifyOn : false,
      txt : props.txt
    };
  }
  mouseOver() {
    var style = { ...this.state.style, color : "red", fontStyle : "italic" };
    this.setState({style : style });
  }
  mouseOut() {
    var style = { ...this.state.style, color : "", fontStyle : "" };
    this.setState({style : style });
  }
  handlerRemoveElem() {
    this.props.app.removeElem(this);    // this : objet de classe Element
  }
```

```
  modifyElem() {
    this.setState({ modifyOn : true });
  }
  handlerChange(event) {
    console.log(event.target.value);   // Afficher le texte saisi
    this.setState({ txt : event.target.value });
  }
  handlerKeyPress(event) {
    if (event.charCode == 13) {
      this.setState({ modifyOn : false });
      this.props.app.modifyElem(this, event.target.value);
    }
  }
  render() {
    return (
      this.state.removed ? null :
      <li style={this.state.style}
          onMouseOver={this.mouseOver.bind(this)}
          onMouseOut={this.mouseOut.bind(this)}
          onDoubleClick={this.modifyElem.bind(this)} >
        { this.state.modifyOn ?
          <input type="text" value={this.state.txt}
                 onChange={this.handlerChange.bind(this)}
                 onKeyPress={this.handlerKeyPress.bind(this)}/> :
          <span>{this.state.txt}</span>
        }
        <button style={{margin:"10px", fontSize:"10px"}}
                onClick={this.handlerRemoveElem.bind(this)}
        >
          Supprimer
        </button>
      </li>
    )
  }
}

class ListeElements extends React.Component {
  constructor(props) {
    super(props);
  }
  render() {
    return (
      <ul>
      {
        this.props.elems.map((elem, index) => {
          var { ukey, txt } = elem;
          return <Element key={ukey} ukey={ukey} txt={txt}
                          app={this.props.app} style={this.props.style}  />
        })
      }
      </ul>
    )
  }
}
```

```
class App extends React.Component {
  constructor(props) {
    super(props);
    this.state = {
      elems : [],   // Tableau d'objets { txt, ukey }
      style : { fontSize : this.getFontSize() }
    };
  }
  getUniqueKey() {
    var key = Math.random() + "";
    return key;
  }
  insertElem() {
    var elems = this.state.elems;
    var txt = "Element" + (elems.length + 1);
    var ukey = this.getUniqueKey();
    var elem = { txt : txt, ukey : ukey };
    elems.push(elem);
    this.setState({ elems : elems });
  }
  removeElem(objElem) {     // Objet de classe Element
    var elems = this.state.elems;
    elems = elems.filter(function(elem) {
      if (objElem.ukey != elem.ukey) return true;  // Conserver l'élément
    });
    this.setState({ elems : elems });
  }
  modifyElem(objElem, newValue) {    // Objet de classe Element
    var elems = this.state.elems;
    elems = elems.map(function(elem) {
      var { txt, ukey } = elem;
      if (objElem.ukey == ukey) elem.txt = newValue;   // Modifier l'élément
      return elem;
    });
    this.setState({ elems : elems });
  }
  getFontSize() {  // Retourne fontSize en fonction de la hauteur de la fenêtre
    var fontSize;
    if (window.innerHeight < 150) fontSize = 12;
    else if (window.innerHeight < 200) fontSize = 13;
    else if (window.innerHeight < 250) fontSize = 15;
    else if (window.innerHeight < 300) fontSize = 16;
    else if (window.innerHeight < 350) fontSize = 18;
    else if (window.innerHeight < 400) fontSize = 20;
    else if (window.innerHeight < 450) fontSize = 22;
    else if (window.innerHeight < 500) fontSize = 24;
    else if (window.innerHeight < 550) fontSize = 30;
    else fontSize = 40;
    return fontSize + "px";
  }
```

```
  handlerResize(event) {
    var fontSize = this.getFontSize();
    this.setState({ style : { fontSize : fontSize }});
  }
  componentDidMount() {
    window.addEventListener("resize", this.handlerResize.bind(this));
  }
  componentWillUnmount() {
    window.removeEventListener("resize", this.handlerResize);
  }
  render() {
    return (
      <div>
        <button onClick={this.insertElem.bind(this)}>Insérer</button>
        <ListeElements elems={this.state.elems} app={this}
                       style={this.state.style} />
      </div>
    )
  }
}

ReactDOM.render(<App />, document.getElementById("app"));
```

La méthode `getFontSize()` définie dans la classe `App` permet de récupérer une taille de police en fonction de la hauteur de la fenêtre. Cette taille sera répercutée dans la propriété `style` du state associé à la classe `App`.

Ce style est transmis en tant que propriété (`props.style`) lors de la création du composant `<ListeElements>`, puis transféré de la même façon lors de la création des composants `<Element>`.

> **Remarque**
>
> L'emploi de l'opérateur ... permet de déstructurer un objet et de regrouper ses propriétés au sein d'un nouvel objet. En effet, la classe `Element` gère déjà une propriété `style` dans son state, et les nouveaux styles transmis doivent être concaténés avec ceux existants, et non pas les remplacer. L'opérateur ... permet de réaliser cette opération de façon très simple.

Exécutons ce programme et agrandissons la fenêtre du navigateur (au-delà de 200 pixels de haut, ce qui devrait produire une hauteur des caractères d'au moins 15 pixels).

On constate que la taille initiale des éléments de liste est bien différente de celle définie par défaut (caractères plus petits), et on voit également que la propriété `fontSize` définie dans le state de la classe `App` varie en fonction de la hauteur de la fenêtre et indique ici `"15px"`.

Toutefois, la taille des caractères à l'écran ne varie pas... (figure 6-12)

Observons la valeur de l'objet `props` associé à un objet de classe `Element` au moyen de l'onglet *React*. Il suffit d'ouvrir chacun des composants affichés dans la partie gauche de l'onglet *React* et de sélectionner un composant `<Element>` (le premier de la liste sur la figure 6-13).

Figure 6–12

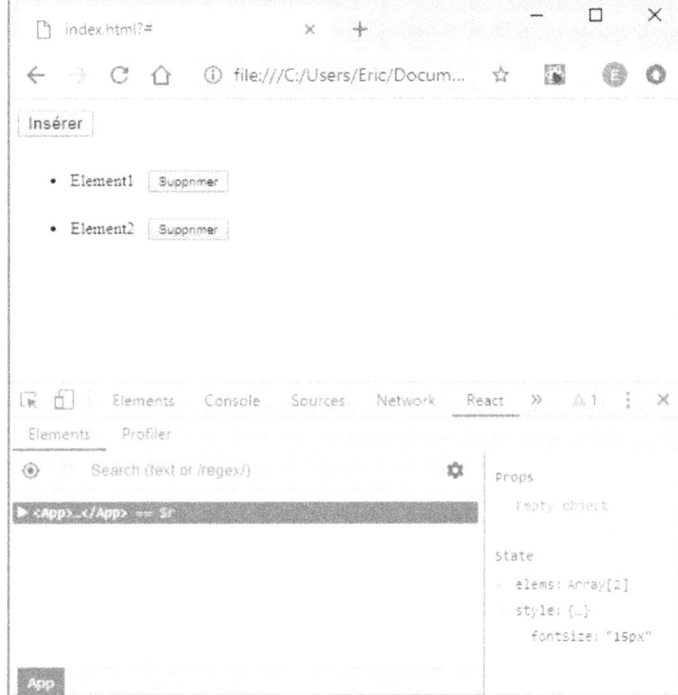

Figure 6–13

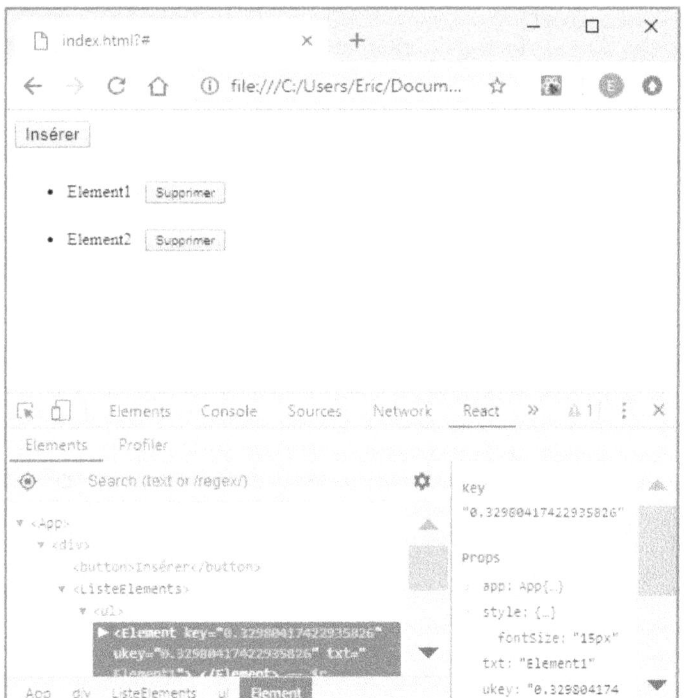

La propriété fontSize dans le style associé à l'objet props indique bien "15px" (ce qui est ici la valeur correcte que l'on retrouve dans le state du composant App), mais visiblement cette propriété fontSize n'est pas répercutée à l'écran. Pourquoi ?

En fait, la valeur de l'objet props n'est pas répercutée à l'écran, car le composant <Element> est déjà créé. React définit la méthode componentWillReceiveProps(props) afin de pouvoir traiter le cas où un composant déjà créé reçoit de nouvelles props, ce qui est le cas ici.

Implémentons cette méthode dans le composant <Element> et effectuons un appel à setState() en indiquant le nouveau style (inclus dans l'objet props transmis en paramètres).

Utiliser componentWillReceiveProps() pour mettre à jour le state

```
class Element extends React.Component {
  constructor(props) {
    super(props);
    this.ukey = props.ukey;
    this.state = {
      style : { ...this.props.style },
      removed : false,
      modifyOn : false,
      txt : props.txt
    };
  }
  mouseOver() {
    var style = { ...this.state.style, color : "red", fontStyle : "italic" };
    this.setState({style : style });
  }
  mouseOut() {
    var style = { ...this.state.style, color : "", fontStyle : "" };
    this.setState({style : style });
  }
  handlerRemoveElem() {
    this.props.app.removeElem(this);    // this : objet de classe Element
  }
  modifyElem() {
    this.setState({ modifyOn : true });
  }
  handlerChange(event) {
    console.log(event.target.value);    // Afficher le texte saisi
    this.setState({ txt : event.target.value });
  }
  handlerKeyPress(event) {
    if (event.charCode == 13) {
      this.setState({ modifyOn : false });
      this.props.app.modifyElem(this, event.target.value);
    }
  }
  componentWillReceiveProps(props) {
    this.setState({ style : props.style });
  }
```

```
  render() {
    return (
      this.state.removed ? null :
      <li style={this.state.style}
          onMouseOver={this.mouseOver.bind(this)}
          onMouseOut={this.mouseOut.bind(this)}
          onDoubleClick={this.modifyElem.bind(this)} >
        { this.state.modifyOn ?
          <input type="text" value={this.state.txt}
                 onChange={this.handlerChange.bind(this)}
                 onKeyPress={this.handlerKeyPress.bind(this)}/> :
          <span>{this.state.txt}</span>
        }
        <button style={{margin:"10px", fontSize:"10px"}}
                onClick={this.handlerRemoveElem.bind(this)}
        >
          Supprimer
        </button>
      </li>
    )
  }
}

class ListeElements extends React.Component {
  constructor(props) {
    super(props);
  }
  render() {
    return (
      <ul>
      {
        this.props.elems.map((elem, index) => {
          var { ukey, txt } = elem;
          return <Element key={ukey} ukey={ukey} txt={txt}
                          app={this.props.app} style={this.props.style}  />
        })
      }
      </ul>
    )
  }
}

class App extends React.Component {
  constructor(props) {
    super(props);
    this.state = {
      elems : [],   // Tableau d'objets { txt, ukey }
      style : { fontSize : this.getFontSize() }
    };
  }
  getUniqueKey() {
    var key = Math.random() + "";
    return key;
```

```
}
insertElem() {
  var elems = this.state.elems;
  var txt = "Element" + (elems.length + 1);
  var ukey = this.getUniqueKey();
  var elem = { txt : txt, ukey : ukey };
  elems.push(elem);
  this.setState({ elems : elems });
}
removeElem(objElem) {     // Objet de classe Element
  var elems = this.state.elems;
  elems = elems.filter(function(elem) {
    if (objElem.ukey != elem.ukey) return true;  // Conserver l'élément
  });
  this.setState({ elems : elems });
}
modifyElem(objElem, newValue) {    // Objet de classe Element
  var elems = this.state.elems;
  elems = elems.map(function(elem) {
    var { txt, ukey } = elem;
    if (objElem.ukey == ukey) elem.txt = newValue;   // Modifier l'élément
    return elem;
  });
  this.setState({ elems : elems });
}
getFontSize() {
  var fontSize;
  if (window.innerHeight < 150) fontSize = 12;
  else if (window.innerHeight < 200) fontSize = 13;
  else if (window.innerHeight < 250) fontSize = 15;
  else if (window.innerHeight < 300) fontSize = 16;
  else if (window.innerHeight < 350) fontSize = 18;
  else if (window.innerHeight < 400) fontSize = 20;
  else if (window.innerHeight < 450) fontSize = 22;
  else if (window.innerHeight < 500) fontSize = 24;
  else if (window.innerHeight < 550) fontSize = 30;
  else fontSize = 40;
  return fontSize + "px";
}
handlerResize(event) {
  var fontSize = this.getFontSize();
  this.setState({ style : { fontSize : fontSize }});
}
componentDidMount() {
  window.addEventListener("resize", this.handlerResize.bind(this));
}
componentWillUnmount() {
  window.removeEventListener("resize", this.handlerResize);
}
render() {
  return (
    <div>
      <button onClick={this.insertElem.bind(this)}>Insérer</button>
```

```
        <ListeElements elems={this.state.elems} app={this}
                       style={this.state.style} />
      </div>
    )
  }
}

ReactDOM.render(<App />, document.getElementById("app"));
```

La seule modification est l'ajout de la méthode `componentWillReceiveProps()` dans la classe `Element`. On y effectue une mise à jour du state de l'élément.

Figure 6–14

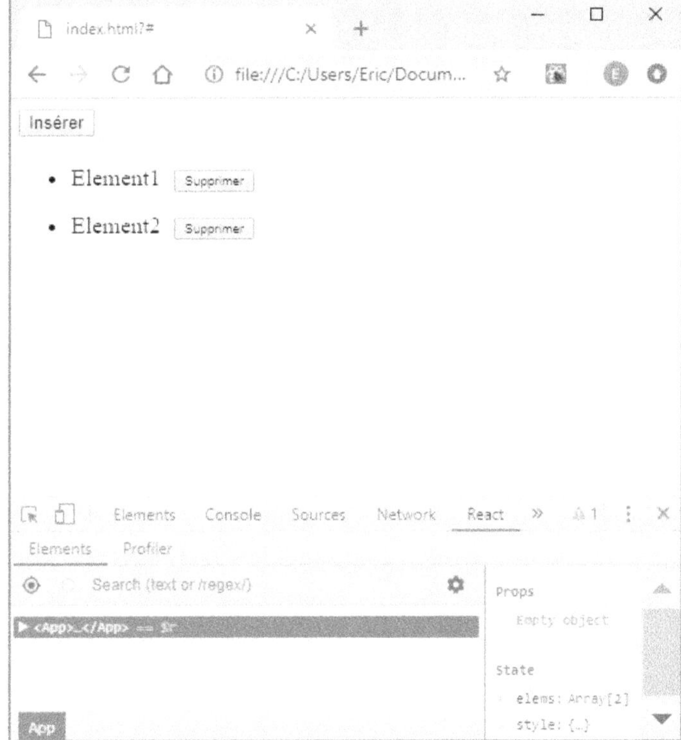

La taille des éléments varie maintenant en fonction de la hauteur de la fenêtre.

7

Gérer les formulaires avec React

Dans les chapitres précédents, nous avons utilisé deux types d'éléments HTML que nous avons appris à gérer au moyen de React : les boutons et les champs de saisie. Il existe cependant plusieurs types d'éléments HTML qui peuvent interagir dans nos pages HTML :

- les champs de saisie d'une seule ligne (éléments `<input>` de type `text`), déjà étudiés précédemment ;
- les boutons classiques (éléments `<button>` ou `<input>` de type `button`), également étudiés précédemment ;
- les champs de saisie multilignes (éléments `<textarea>`) ;
- les listes de sélection (éléments `<select>` incluant des éléments `<option>`) ;
- les boutons radio (éléments `<input>` de type `radio`) ;
- les cases à cocher (éléments `<input>` de type `checkbox`).

Dans ce chapitre, nous allons étudier ces nouveaux éléments.

Gérer les champs de saisie multilignes

Un champ de saisie multiligne se définit grâce à l'élément `<textarea>`. Créons un composant `<TextArea>` qui « améliore » l'élément `<textarea>` traditionnel.

Composant <TextArea> de base

Commençons par un composant de base permettant de créer un élément `<textarea>` classique. Il s'utilisera sous la forme suivante :

Utilisation d'un composant <TextArea> de base

```
<TextArea cols={40} rows={10} value="Tapez votre texte ici" />
```

On indique dans les attributs `cols`, `rows` et `value` :

- le nombre de colonnes du `<textarea>` (attribut `cols`) ;
- le nombre de lignes du `<textarea>` (attribut `rows`) ;
- la valeur par défaut affichée dans le champ (attribut `value`).

Comme on l'avait vu précédemment pour les champs de saisie, il faut implémenter l'événement `onChange` afin que la saisie soit prise en compte dans le champ. De plus, le state doit comporter la valeur saisie dans le champ, afin que cette valeur soit automatiquement rafraîchie lors de la saisie.

La propriété `value` définie dans le composant devra donc servir à initialiser la propriété `value` du state.

Implémentation du composant <TextArea> de base

```
<html>

<head>

<script crossorigin
    src="https://unpkg.com/react@16/umd/react.development.js"></script>
<script crossorigin
    src="https://unpkg.com/react-dom@16/umd/react-dom.development.js"></script>
<script src="https://unpkg.com/babel-standalone@6/babel.min.js"></script>

</head>

<body>
  <div id="app"></div>
</body>

<script type="text/babel">
class TextArea extends React.Component {
  constructor(props) {
    super(props);
    this.state = { value : props.value };
  }
  handlerChange(event) {
    this.setState({value : event.target.value});
  }
```

```
  render() {
    return (
      <textarea cols={this.props.cols}
                rows={this.props.rows}
                value={this.state.value}
                onChange={this.handlerChange.bind(this)}
      />
    )
  }
}

ReactDOM.render(
  <TextArea cols={40} rows={10} value="Tapez votre texte ici" />,
  document.getElementById("app")
);

</script>

</html>
```

Le fonctionnement d'un champ de saisie multiligne (<textarea>) est similaire à celui d'un champ <input> d'une seule ligne.

Après avoir affiché le composant et tapé quelques caractères dans le champ de saisie, nous obtenons l'affichage illustré par la figure 7-1.

Figure 7–1

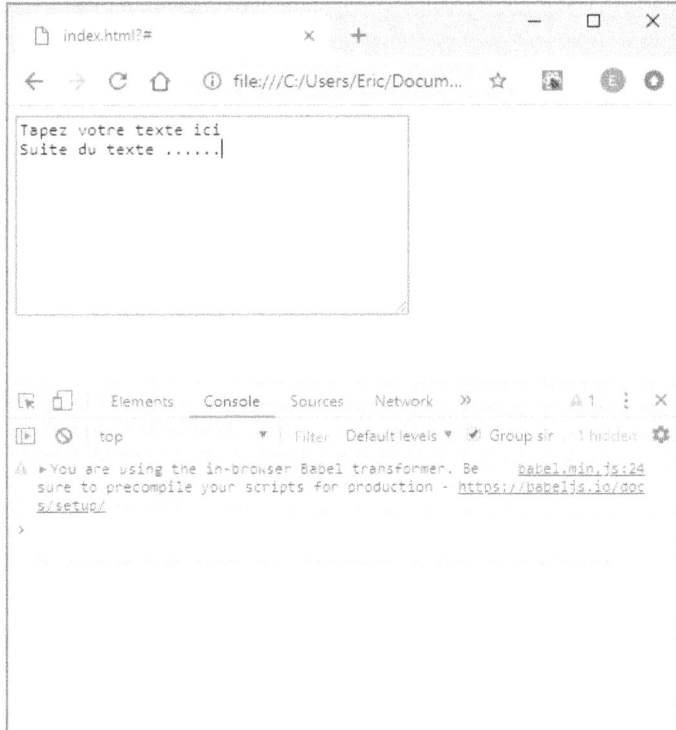

Le texte saisi s'affiche dans le champ, uniquement parce que l'événement onChange a été implémenté dans la classe et que le state gère la valeur saisie dans le champ...

Composant <TextArea> avec focus automatique

React fournit la propriété booléenne autoFocus permettant de donner ou non le focus à un champ (valeur {true} ou {false}).

Pour donner le focus à un champ <textarea> de façon automatique (lors du chargement du composant associé), il suffit d'écrire le code JSX suivant :

Donner le focus à l'élément <textarea> dès son affichage

```
<textarea autoFocus={true} />
```

Implémentons la propriété focus (valant {true} ou {false}) dans le composant <TextArea> permettant de donner le focus au champ de saisie (ou pas de focus si la valeur est {false} ou si la propriété n'est pas indiquée).

Composant <TextArea> implémentant la propriété focus

```
class TextArea extends React.Component {
  constructor(props) {
    super(props);
    this.state = { value : props.value };
  }
  handlerChange(event) {
    this.setState({value : event.target.value});
  }
  render() {
    return (
      <textarea cols={this.props.cols}
                rows={this.props.rows}
                value={this.state.value}
                onChange={this.handlerChange.bind(this)}
                autoFocus={this.props.focus}
      />
    )
  }
}

ReactDOM.render(
  <TextArea cols={40} rows={10} value="Tapez votre texte ici" focus={true} />,
  document.getElementById("app")
);
```

La propriété focus est transférée dans la propriété autoFocus de l'élément <textarea>.

Dès le lancement du programme, le champ de saisie possède le focus.

Figure 7–2

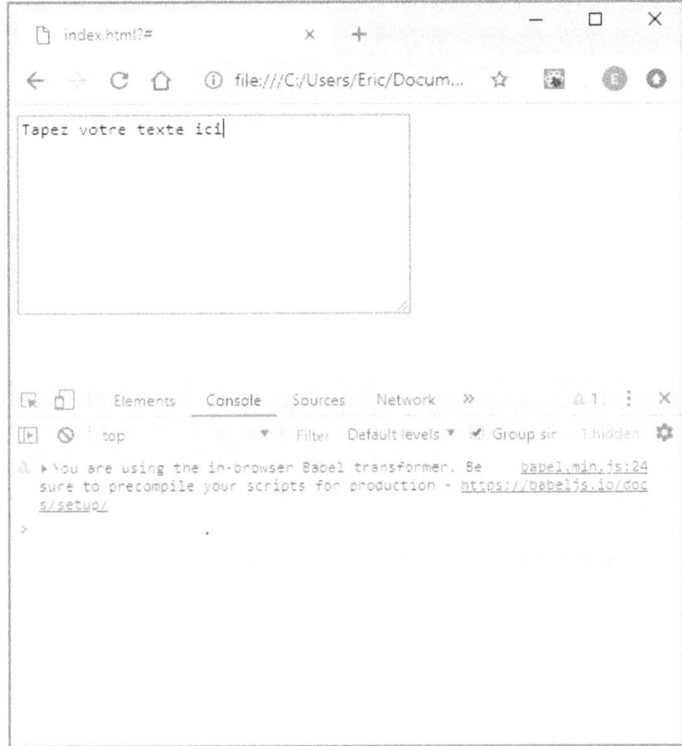

La propriété `autoFocus` est accessible pour tous les éléments React pouvant avoir le focus (donc pas uniquement les éléments `<textarea>`).

Composant <TextArea> avec effacement du champ lors de la prise du focus

On souhaite maintenant effacer le contenu du champ lorsqu'il obtient le focus. Cela permet d'être prêt à taper dans le champ sans avoir à l'effacer nous-même (par exemple, lorsqu'il contient une erreur).

Pour cela, on va utiliser l'événement `onFocus` en indiquant que `this.state.value` est vide (`""`). La mise à jour du state provoque (comme on l'a déjà vu de nombreuses fois) un rafraîchissement du composant.

Effacer le champ lorsqu'il obtient le focus

```
class TextArea extends React.Component {
  constructor(props) {
    super(props);
    this.state = { value : props.value };
  }
  handlerChange(event) {
    this.setState({value : event.target.value});
  }
  handlerFocus(event) {
    this.setState({value : ""});
  }
  render() {
    return (
      <textarea cols={this.props.cols}
                rows={this.props.rows}
                value={this.state.value}
                onChange={this.handlerChange.bind(this)}
                onFocus={this.handlerFocus.bind(this)}
                autoFocus={this.props.focus}
      />
    )
  }
}

ReactDOM.render(
  <TextArea cols={40} rows={10} value="Tapez votre texte ici" focus={false} />,
  document.getElementById("app")
);
```

L'événement onFocus est implémenté au moyen de la méthode intermédiaire handlerFocus(), dans laquelle on met à jour la propriété value du state.

Pour bien voir l'effacement du champ lorsqu'il obtient le focus, on met la propriété focus à false lors de la création du composant <TextArea>.

Affichons le composant avant qu'il obtienne le focus (figure 7-3).

La valeur par défaut du champ est encore affichée...

Nous cliquons ensuite dans le champ de saisie (figure 7-4).

Le contenu du champ de saisie est effacé dès que l'on a cliqué à l'intérieur...

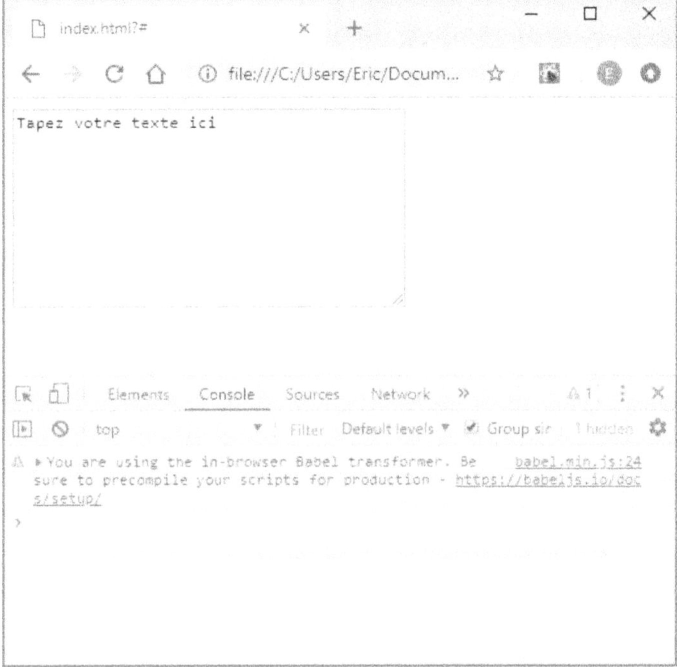

Figure 7–3

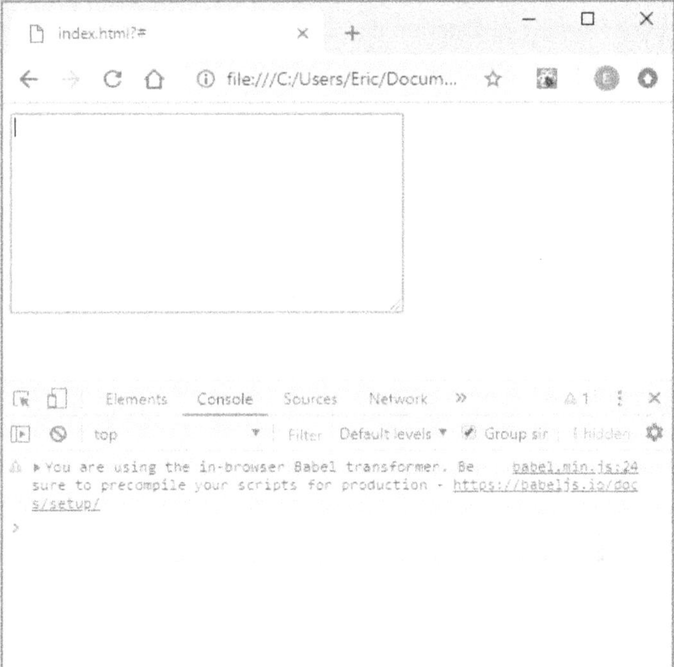

Figure 7–4

Composant <TextArea> avec fonction de traitement

Une fonctionnalité très pratique de React est de permettre le paramétrage d'une fonction de traitement dans les propriétés d'un composant. Il est ainsi possible de créer un composant en indiquant une fonction de traitement différente selon les endroits où ce composant est utilisé.

Par exemple, on souhaite activer une fonction `validTextArea(text)` lorsque l'on souhaite valider le contenu du `<textarea>`. Le composant `<TextArea>` aurait alors une nouvelle propriété appelée ici `onValid` dont la valeur serait `{validTextArea}` :

Composant <TextArea> avec la propriété onValid définie

```
<TextArea cols={40} rows={10} value="Tapez votre texte ici"
        onValid={validTextArea} />
```

La fonction `validTextArea(text)` est définie dans le code JavaScript. Elle utilise le paramètre `text` indiquant le texte qui a été saisi dans le champ `<textarea>`. Par exemple, voici sa définition :

Définition de la fonction validTextArea(text)

```
function validTextArea(text) {  // Fonction de validation
  console.log(text);    // Affichage du texte saisi dans la console
}
```

Pour l'instant, la fonction de validation ne fait qu'afficher dans la console le texte indiqué en paramètre.

Il reste à définir à quel moment la fonction de validation doit être activée. Cela pourrait être :

- lors de la sortie du champ de saisie (événement `onBlur`) ;
- lors de l'appui d'une combinaison de touches au moment de la saisie (par exemple, *Maj+Entrée*) ;
- lors du clic sur un bouton en dehors du champ de saisie (clic sur un bouton *Valider*).

Examinons ces différentes possibilités dans les paragraphes qui suivent.

Validation du champ lors de la sortie du champ

La sortie du champ de saisie est détectée avec l'événement `onBlur` sur le champ.

Validation grâce à l'événement onBlur sur le champ

```
class TextArea extends React.Component {
  constructor(props) {
    super(props);
    this.state = { value : props.value };
  }
```

```
  handlerChange(event) {
    this.setState({value : event.target.value});
  }
  handlerFocus(event) {
    this.setState({value : ""});
  }
  handlerBlur(event) {
    var value = event.target.value;
    this.props.onValid(value);  // Appel de la méthode validTextArea(value)
  }
  render() {
    return (
      <textarea cols={this.props.cols}
                rows={this.props.rows}
                value={this.state.value}
                onChange={this.handlerChange.bind(this)}
                onFocus={this.handlerFocus.bind(this)}
                onBlur={this.handlerBlur.bind(this)}
                autoFocus={this.props.focus}
      />
    )
  }
}

function validTextArea(text) {  // Fonction de validation
  console.log(text);   // Affichage du texte saisi dans la console
}

ReactDOM.render(
  <TextArea cols={40} rows={10} value="Tapez votre texte ici"
            onValid={validTextArea} />,
  document.getElementById("app")
);
```

L'événement `onBlur` est associé à la méthode intermédiaire `handlerBlur()`, qui effectue l'appel à la fonction de traitement passée dans les propriétés du composant (propriété `onValid`).

À chaque sortie du champ, le texte saisi est affiché dans la console.

Figure 7–5

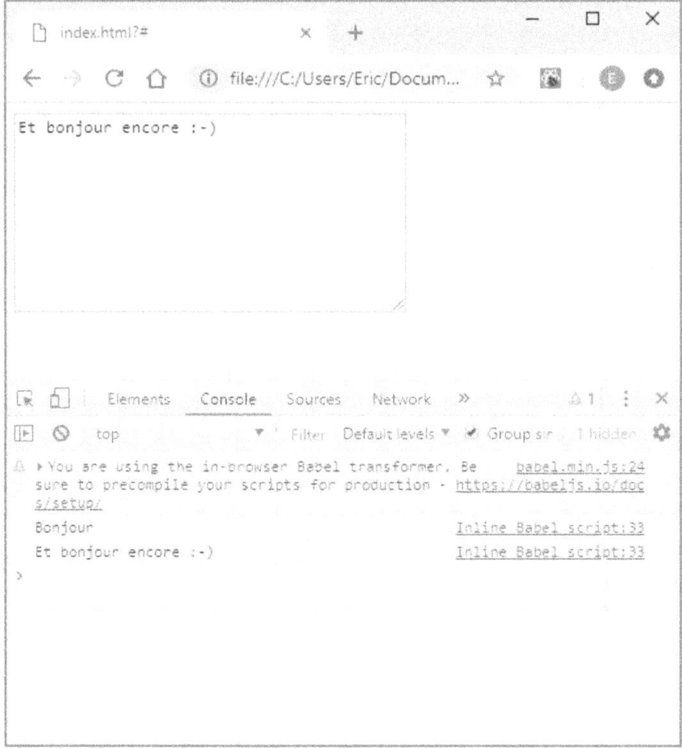

Validation du champ grâce à une combinaison de touches

Une autre forme de validation serait d'utiliser une combinaison de touches lors de la saisie, par exemple l'appui simultané sur les touches *Maj+Entrée*.

Il faut pour cela utiliser l'événement `onKeyPress` qui permet de détecter l'appui sur une touche quelconque du clavier.

Validation du champ grâce à une combinaison de touches

```
class TextArea extends React.Component {
  constructor(props) {
    super(props);
    this.state = { value : props.value };
  }
  handlerChange(event) {
    this.setState({value : event.target.value});
  }
  handlerFocus(event) {
    this.setState({value : ""});
  }
```

```
  handlerKeyPress(event) {
    if (event.shiftKey && event.charCode == 13) {  // Maj+Entrée
      var value = event.target.value;
      this.props.onValid(value);  // Appel de la méthode validTextArea(value)
    }
  }
  render() {
    return (
      <textarea cols={this.props.cols}
                rows={this.props.rows}
                value={this.state.value}
                onChange={this.handlerChange.bind(this)}
                onFocus={this.handlerFocus.bind(this)}
                onKeyPress={this.handlerKeyPress.bind(this)}
                autoFocus={this.props.focus}
      />
    )
  }
}

function validTextArea(text) {  // Fonction de validation
  console.log(text);  // Affichage du texte saisi dans la console
}

ReactDOM.render(
  <TextArea cols={40} rows={10} value="Tapez votre texte ici"
            onValid={validTextArea} />,
  document.getElementById("app")
);
```

Le principe est le même que précédemment. L'événement onKeyPress est associé à la méthode handlerKeyPress() qui détecte l'appui simultané sur les touches *Maj+Entrée*. Suite à cette détection des touches, la méthode validTextArea() est appelée via l'appel à this.props.onValid().

Validation du champ grâce à un clic sur un bouton de validation

On propose d'utiliser un bouton permettant de valider le champ de saisie. Lors du clic sur le bouton, la méthode indiquée dans l'attribut onValid est appelée (en lui transmettant le texte saisi en paramètre).

On utilisera ici deux composants React :

- le premier composant, nommé <TextArea>, correspond au composant utilisé précédemment et il permet d'autoriser la saisie dans le champ de saisie <textarea> ;
- le second composant, nommé <TextAreaWithButton>, inclut le premier composant <TextArea> et un bouton de validation <button> permettant la validation. C'est donc une agrégation de composants, chargés de coopérer ensemble.

Le nouveau composant <TextAreaWithButton> s'utilise de la façon suivante :

Utilisation du composant <TextAreaWithButton>

```
<TextAreaWithButton cols={40} rows={10} value="Tapez votre texte ici"
                    onValid={validTextArea} />
```

L'interface d'utilisation du composant `<TextAreaWithButton>` est similaire au précédent composant utilisé `<TextArea>`.

Écrivons les composants `<TextArea>` et `<TextAreaWithButton>`, en affichant pour l'instant uniquement le texte `Validation` à chaque clic sur le bouton de validation.

Validation par un bouton de validation

```
class TextArea extends React.Component {
  constructor(props) {
    super(props);
    this.state = { value : this.props.value };
  }
  handlerChange(event) {
    this.setState({value : event.target.value});
  }
  handlerFocus(event) {
    this.setState({value : ""});
  }
  render() {
    return (
      <textarea cols={this.props.cols}
                rows={this.props.rows}
                value={this.state.value}
                onChange={this.handlerChange.bind(this)}
                onFocus={this.handlerFocus.bind(this)}
      />
    )
  }
}

class TextAreaWithButton extends React.Component {
  constructor(props) {
    super(props);
  }
  handlerValid() {
    console.log("Validation");   // Afficher le texte "Validation" à chaque clic
  }
  render() {
    return (
      <div>
        <TextArea cols={this.props.cols} rows={this.props.rows}
                  value={this.props.value} />
        <br/><br/>
        <button onClick={this.handlerValid.bind(this)}>Valider</button>
```

```
        </div>
      )
    }
}

function validTextArea(text) {
  console.log(text);
}

ReactDOM.render(
  <TextAreaWithButton cols={40} rows={10} value="Tapez votre texte ici"
                      onValid={validTextArea} />,
  document.getElementById("app")
);
```

Les propriétés indiquées pour la création du composant `<TextAreaWithButton>` sont transmises au composant `<TextArea>`.

La fonction de validation `handlerValid()` est maintenant intégrée dans le composant principal `<TextAreaWithButton>`, et est activée lors du clic sur le bouton de validation.

Vérifions que l'association des deux composants fonctionne correctement pour l'instant (figure 7-6).

Figure 7–6

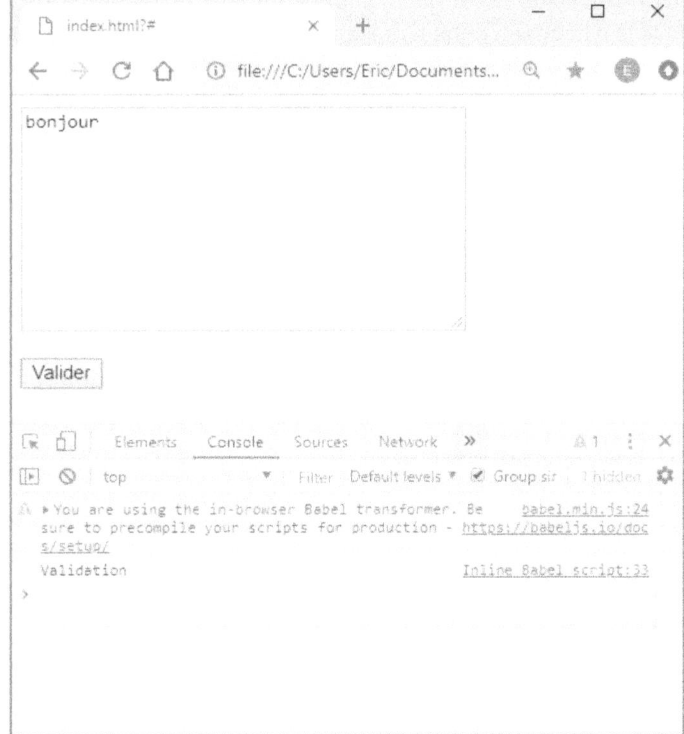

La saisie fonctionne (le champ de saisie se met à jour à chaque frappe sur le clavier) et le texte `Validation` s'affiche dans la console lorsque le bouton *Valider* est cliqué.

Il reste maintenant à récupérer le texte renseigné dans le champ de saisie pour l'afficher dans la console lors de la validation. Il faudrait dans la méthode `handlerValid()` de la classe `TextAreaWithButton` pouvoir écrire une instruction de la forme suivante :

Méthode handlerValid()

```
handlerValid() {
  // console.log("Validation");
  this.props.onValid(texte saisi);    // Valider le texte saisi
}
```

La méthode de validation est transmise dans l'objet `props` du composant `<TextAreaWithButton>`, et elle est donc appelée via `this.props.onValid()`.

Il reste toutefois à récupérer le texte saisi (accessible dans le composant `<TextArea>`), mais pas encore accessible dans le composant parent `<TextAreaWithButton>`...

Comment récupérer le texte saisi dans un composant enfant ? Le plus simple est de l'intégrer dans le state du composant parent. À chaque fois que le composant enfant constate une modification du texte saisi, il met à jour le state du composant parent (qui intègre le texte saisi dans son state). Pour qu'un composant enfant puisse mettre à jour le state du parent, il faut que le composant enfant ait accès au composant parent. Comment permettre cet accès ? Simplement en transmettant l'instance du composant parent à l'enfant dans son objet `props` (on avait déjà utilisé cette possibilité dans le chapitre précédent).

Mettre à jour le state du parent à partir du composant enfant

```
class TextArea extends React.Component {
  constructor(props) {
    super(props);
    this.state = { value : this.props.value };  // state de l'enfant
  }
  handlerChange(event) {
    this.setState({value : event.target.value});          // state de l'enfant
    this.props.app.setState({value : event.target.value}); // state du parent
  }
  handlerFocus(event) {
    this.setState({value : ""});
  }
  render() {
    return (
      <textarea cols={this.props.cols}
                rows={this.props.rows}
                value={this.state.value}
                onChange={this.handlerChange.bind(this)}
                onFocus={this.handlerFocus.bind(this)}
      />
```

```
    )
  }
}

class TextAreaWithButton extends React.Component {
  constructor(props) {
    super(props);
    this.state = { value : this.props.value };  // state du parent
  }
  handlerValid() {
    // console.log("Validation");
    this.props.onValid(this.state.value);
  }
  render() {
    return (
      <div>
        <TextArea cols={this.props.cols} rows={this.props.rows}
                  value={this.props.value} app={this} />
        <br/><br/>
        <button onClick={this.handlerValid.bind(this)}>Valider</button>
      </div>
    )
  }
}

function validTextArea(text) {
  console.log(text);
}

ReactDOM.render(
  <TextAreaWithButton cols={40} rows={10} value="Tapez votre texte ici"
                      onValid={validTextArea} />,
  document.getElementById("app")
);
```

L'instance du composant parent est transmise dans la propriété app lors de la création du composant enfant <TextArea>.

À chaque modification de la valeur saisie, le state du composant enfant est mis à jour, mais également le state du composant parent. Le composant parent peut alors utiliser son state lors de la validation sur le bouton.

Le texte saisi est affiché dans la console lors de chaque clic sur le bouton de validation.

Figure 7–7

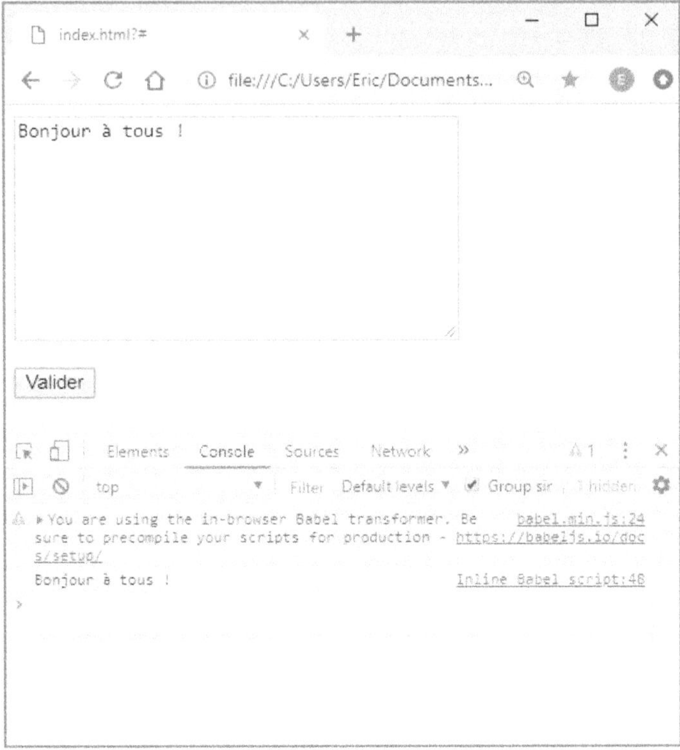

Gérer les listes de sélection

Les listes de sélection correspondent aux éléments <select> intégrant les éléments <option> décrivant les items de la liste. Par exemple, voici une liste écrite en HTML intégrant cinq éléments de liste :

Liste de sélection en HTML

```
<select>
  <option value="1">Element1</option>
  <option value="2">Element2</option>
  <option value="3">Element3</option>
  <option value="4">Element4</option>
  <option value="5">Element5</option>

</select>
```

Note

L'attribut `value` indiqué pour chaque élément de liste permet d'affecter une valeur qui sera récupérée lorsque l'élément associé sera sélectionné.

Cette liste est affichée de la façon suivante :

Figure 7–8

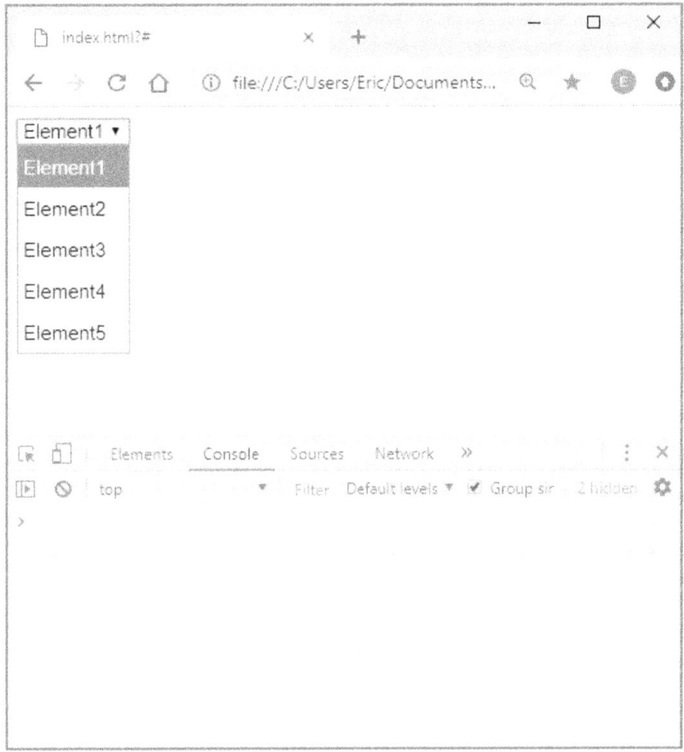

La liste de sélection a été ouverte suite à un clic sur celle-ci.

Créer la liste de sélection avec React

Utilisons React pour créer la même liste que celle affichée précédemment. On utilise pour cela un composant `<Select>` dans lequel on transmet une propriété `options` qui est un tableau indiquant la liste des éléments à afficher (sous forme de chaînes de caractères). Les éléments React sont créés avec JSX.

Créer la liste de sélection en utilisant JSX et React

```
class Select extends React.Component {
  constructor(props) {
    super(props);
  }
  render() {
    return (
      <select>
      {
```

```
        this.props.options.map(function(option, index) {
          return <option key={index+1} value={index+1}>{option}</option>
        })
      }
      </select>
    )
  }
}

ReactDOM.render(
  <Select
     options={["Element1", "Element2", "Element3", "Element4", "Element5"]}  />,
  document.getElementById("app")
);
```

L'attribut key positionné lors de la création de l'élément <option> est nécessaire car React l'utilise pour identifier de façon unique chaque élément de la liste. On utilise index+1 (au lieu de simplement index) afin de commencer la numérotation à 1 et non pas 0 (pour être similaire à la liste HTML précédente).

On affiche ensuite la liste et on sélectionne l'onglet *React* de la fenêtre (figure 7-9).

Figure 7–9

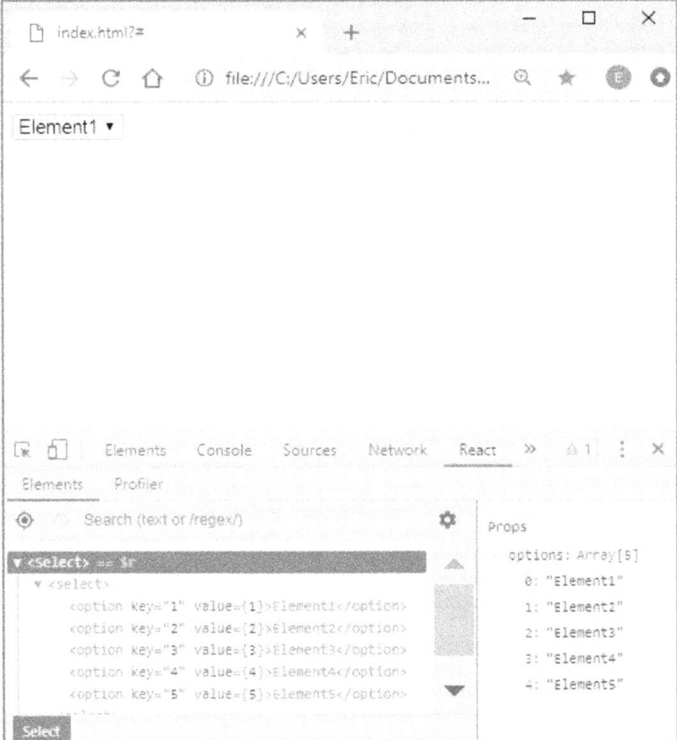

Récupérer la valeur sélectionnée dans la liste de sélection

Nous cherchons ici à récupérer dans une fonction de traitement la valeur sélectionnée dans la liste. Cela consiste à afficher dans la console l'attribut `value` de l'élément sélectionné dans la liste.

On utilise l'attribut `onChange` sur l'élément `<select>` afin d'effectuer le traitement lors de la sélection d'un nouvel élément dans la liste.

Afficher l'attribut value de l'élément sélectionné

```
class Select extends React.Component {
  constructor(props) {
    super(props);
  }
  handlerChange(event) {
    console.log(event.target.value);
  }
  render() {
    return (
      <select onChange={this.handlerChange.bind(this)}>
      {
        this.props.options.map(function(option, index) {
          return <option key={index+1} value={index+1}>{option}</option>
        })
      }
      </select>
    )
  }
}

ReactDOM.render(
  <Select
    options={["Element1", "Element2", "Element3", "Element4", "Element5"]} />,
  document.getElementById("app")
);
```

La valeur de l'élément sélectionné est récupérée au moyen de `event.target.value`.

Après avoir sélectionné plusieurs fois des éléments dans la liste, on obtient l'affichage de la figure 7-10.

Les valeurs associées aux éléments sélectionnés sont affichées dans la console.

Figure 7–10

Implémenter une fonction de traitement en attribut

On peut également indiquer une fonction de traitement dans les attributs de l'élément <Select>, par exemple en utilisant l'attribut onSelect et en lui affectant le nom d'une fonction de traitement. Cela permet d'indiquer des fonctions de traitement différentes selon les composants <Select> utilisés.

Utiliser l'attribut onSelect permettant d'affecter une fonction de traitement

```
class Select extends React.Component {
  constructor(props) {
    super(props);
  }
  handlerChange(event) {
    this.props.onSelect(event.target.value);  // Appel de onSelectElement()
  }
  render() {
    return (
      <select onChange={this.handlerChange.bind(this)}>
      {
        this.props.options.map(function(option, index) {
          return <option key={index+1} value={index+1}>{option}</option>
```

```
        })
      }
      </select>
    )
  }
}

function onSelectElement(value) {
  console.log(value);
}

ReactDOM.render(
  <Select options={["Element1", "Element2", "Element3", "Element4", "Element5"]}
          onSelect={onSelectElement}  />,
  document.getElementById("app")
);
```

La fonction de traitement onSelectElement() est indiquée dans l'attribut onSelect du composant <Select>.

Elle est appelée lors du traitement de l'événement onChange sur l'élément <select>.

Sélectionner un élément par défaut dans la liste de sélection

Le premier élément de la liste est celui qui est sélectionné par défaut. Pour en sélectionner un autre, il faut indiquer sa valeur dans l'attribut defaultValue de l'élément <select>. Par exemple, pour sélectionner l'élément de liste dont l'attribut value vaut 4, il faut écrire en JSX :

Sélectionner l'élément de liste dont l'attribut value vaut 4

```
<select defaultValue={4} >
```

Attention

Ceci fonctionne en JSX mais pas en HTML (l'attribut defaultValue est inconnu sur l'élément HTML <select>). Mais on n'écrit pas de code HTML dans les programmes React, donc tout va bien...

On indique dans l'exemple qui suit, l'élément sélectionné au moyen de l'attribut default dans le composant <Select>. La valeur de l'attribut doit correspondre à l'attribut value d'un élément mis dans la liste (si ce n'est pas le cas, le premier élément de la liste est sélectionné par défaut, comme si rien n'était indiqué).

Utiliser l'attribut default pour présélectionner un élément de la liste

```
class Select extends React.Component {
  constructor(props) {
    super(props);
  }
```

```
    render() {
      return (
        <select defaultValue={this.props.default}>
        {
          this.props.options.map(function(option, index) {
            return <option key={index+1} value={index+1}>{option}</option>
          })
        }
        </select>
      )
    }
}

ReactDOM.render(
  <Select options={["Element1", "Element2", "Element3", "Element4", "Element5"]}
          default="5" />,
  document.getElementById("app")
);
```

L'attribut `default` (ou un autre nom au besoin) est utilisé dans le composant `<Select>`, mais c'est l'attribut `defaultValue` qui doit être utilisé dans l'élément React `<select>`.

Vérifions que l'élément dont l'attribut `value` vaut 5 est bien sélectionné par défaut (figure 7-11).

Figure 7–11

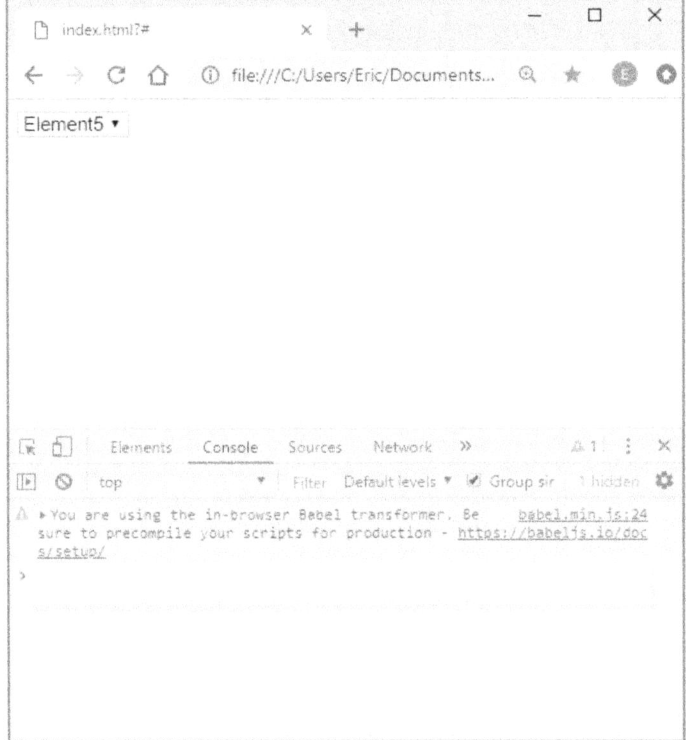

L'élément 5 est bien celui sélectionné par défaut lors de l'affichage de la liste.

Gérer les boutons radio

Utilisons les boutons radio afin d'effectuer sur ces éléments les opérations les plus usuelles :

- afficher un groupe de boutons radio (avec un seul composant ou avec deux composants React) ;
- présélectionner un bouton radio dans le groupe ;
- déclencher une action dès la sélection d'un bouton radio ou à l'aide d'un bouton externe.

Afficher un groupe de boutons radio à l'aide d'un seul composant React

Nous utilisons ici un seul composant React nommé `<RadioGroup>` qui est chargé de gérer les boutons radio qui lui sont transmis. Le composant est utilisé de la façon suivante :

Utilisation du composant RadioGroup (regroupement de boutons radio)

```
var radios = [
  { value : 1, text : "radio1" },
  { value : 2, text : "radio2" },
  { value : 3, text : "radio3" },
  { value : 4, text : "radio4" }
];

ReactDOM.render(
  <RadioGroup radios={radios} name="group1" />,
  document.getElementById("app")
);
```

Les boutons radio sont ici mis dans un tableau d'objets `{ value, text }` dans lequel la propriété `value` correspond à la valeur du bouton lorsqu'il est sélectionné, tandis que la propriété `text` représente le texte qui sera affiché pour ce bouton.

La propriété `name` indique un nom pour le groupe de ces boutons, ce qui permet l'exclusion mutuelle de ces boutons entre eux (un bouton sélectionné dans un groupe permet de désélectionner les autres boutons du même groupe). Si la propriété `name` n'est pas indiquée dans un bouton radio, ce dernier ne participera pas à l'exclusion des autres boutons radio même s'ils sont visuellement dans le même groupe.

Écrivons le composant `<RadioGroup>` permettant d'afficher ces boutons radio. Chaque bouton radio sera composé d'un élément `<label>` contenant le texte du bouton (élément `<span>`) et le bouton radio (élément `<input type="radio">`).

Composant RadioGroup permettant d'afficher les boutons radio d'un même groupe

```
class RadioGroup extends React.Component {
  constructor(props) {
    super(props);
  }
  render() {
    return (
      <div>
      {
        this.props.radios.map((radio, index) => {
          return (
            <label key={index}>
              <span>{radio.text}</span>
              <input type="radio" value={radio.value} name={this.props.name} />
              <br/>
            </label>
          )
        })
      }
      </div>
    )
  }
}

var radios = [
  { value : 1, text : "radio1" },
  { value : 2, text : "radio2" },
  { value : 3, text : "radio3" },
  { value : 4, text : "radio4" }
];

ReactDOM.render(
  <RadioGroup radios={radios} name="group1" />,
  document.getElementById("app")
);
```

Remarquez l'utilisation de la notation ES6 pour l'écriture de la fonction de callback dans la méthode `map()`. En effet, on utilise dans cette fonction de callback l'instruction `this.props.name` contenant le nom du groupe de boutons radio. Grâce à la notation ES6 avec les caractères `=>` pour indiquer la fonction de traitement, la valeur de `this` n'est pas perdue dans la fonction de callback (elle est alors la même que celle du niveau supérieur). Sans la notation ES6, la valeur de `this` serait perdue dans la fonction de callback et une erreur JavaScript se produirait.

De plus, React indique d'utiliser la propriété `key` lorsqu'on écrit une fonction d'itération pour que chaque élément soit différencié des autres éléments, d'où l'utilisation de cette propriété.

Vérifions que le groupe de boutons radio s'affiche et que les boutons radio sont mutuellement exclusifs entre eux (figure 7-12).

Figure 7–12

Chaque bouton sélectionné désélectionne le bouton précédemment sélectionné.

Afficher un groupe de boutons radio à l'aide de deux composants React

Le composant `<RadioGroup>` peut être décomposé en deux composants React :

- un composant `<Radio>` permettant d'afficher un seul bouton radio ;
- un composant `<RadioGroup>` permettant d'afficher plusieurs composants `<Radio>`.

Écrivons ces deux composants. Le résultat final sera semblable au précédent programme, mais il correspond davantage à l'architecture de React qui conseille de décomposer le plus possible en composants pour les assembler ensuite.

Boutons radio en utilisant deux composants React

```
class Radio extends React.Component {
  constructor(props) {
    super(props);
  }
  render() {
    return (
```

```
        <label>
          <span>{this.props.text}</span>
          <input type="radio" value={this.props.value} name={this.props.name} />
          <br/>
        </label>
      )
  }
}

class RadioGroup extends React.Component {
  constructor(props) {
    super(props);
  }
  render() {
    return (
      <div>
      {
        this.props.radios.map((radio, index) => {
          return (
            <Radio key={index} text={radio.text} value={radio.value}
                   name={this.props.name} />
          )
        })
      }
      </div>
    )
  }
}

var radios = [
  { value : 1, text : "radio1" },
  { value : 2, text : "radio2" },
  { value : 3, text : "radio3" },
  { value : 4, text : "radio4" }
];

ReactDOM.render(
  <RadioGroup radios={radios} name="group1" />,
  document.getElementById("app")
);
```

Le composant `<Radio>` décrit un bouton radio, tandis que le composant `<RadioGroup>` effectue l'assemblage de plusieurs composants `<Radio>`.

L'attribut `key`, obligatoire pour React, est maintenant positionné lors de la construction de chaque élément `<Radio>`.

Présélectionner un bouton radio

Par défaut, aucun bouton radio n'est présélectionné lors de l'affichage des boutons dans le groupe. Pour présélectionner un bouton radio dans le groupe il faut, comme en HTML, indiquer l'attribut checked positionné à true. La mise à false de cet attribut désélectionne le bouton radio.

Présélection du bouton radio "radio3" en JSX

```
<input type="radio" value={this.props.value} name={this.props.name}
       checked={true} />
```

L'attribut checked positionné à true présélectionne le bouton radio indiqué.

Dans la description de la liste des boutons radio, on insère un nouveau champ, ici nommé checked, décrivant les boutons radio sélectionnés (checked positionné à true) ou non (checked positionné à false ou non spécifié).

Par exemple, pour indiquer que le bouton radio radio3 est présélectionné, on écrit :

Présélectionner le bouton radio radio3

```
var radios = [
  { value : 1, text : "radio1" },
  { value : 2, text : "radio2" },
  { value : 3, text : "radio3", checked : true },   // Présélectionné par défaut
  { value : 4, text : "radio4" }
];
```

Un seul bouton radio dans un même groupe doit posséder l'attribut checked positionné à true. Les autres boutons radio du groupe peuvent avoir la propriété checked positionnée à false, voire non indiquée comme ici.

Prendre en compte l'attribut checked pour les boutons radio

```
class Radio extends React.Component {
  constructor(props) {
    super(props);
  }
  render() {
    return (
      <label>
        <span>{this.props.text}</span>
        <input type="radio" value={this.props.value}
               name={this.props.name}
               checked={this.props.checked}
        />
        <br/>
      </label>
    )
  }
}
```

```
class RadioGroup extends React.Component {
  constructor(props) {
    super(props);
  }
  render() {
    return (
      <div>
      {
        this.props.radios.map((radio, index) => {
          return (
            <Radio key={index} text={radio.text} value={radio.value}
                   name={this.props.name} checked={radio.checked}
            />
          )
        })
      }
      </div>
    )
  }
}

var radios = [
  { value : 1, text : "radio1" },
  { value : 2, text : "radio2" },
  { value : 3, text : "radio3", checked : true },
  { value : 4, text : "radio4" }
];

ReactDOM.render(
  <RadioGroup radios={radios} name="group1" />,
  document.getElementById("app")
);
```

L'attribut checked est transmis dans les props de chaque composant.

Le bouton radio radio3 est effectivement sélectionné, mais un message d'erreur est affiché par React dans la console, indiquant qu'il faut implémenter l'événement onChange sur le bouton radio (figure 7-13).

De plus, les clics sur les boutons radio ne fonctionnent pas... Seul le bouton présélectionné radio3 peut être sélectionné, les autres boutons sont inactifs.

Implémentons l'événement onChange dans la classe Radio. Pour l'instant, on affiche juste la valeur de l'élément sélectionné.

Figure 7–13

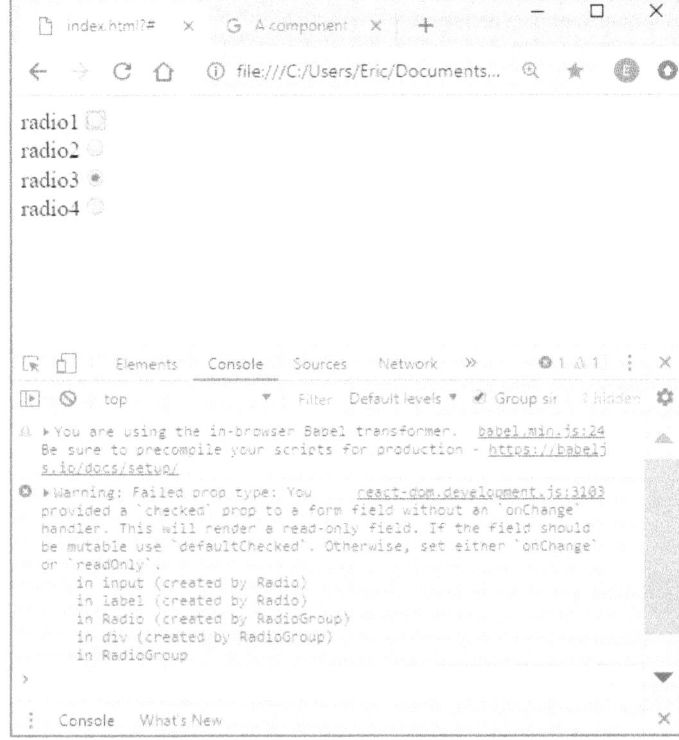

Implémenter l'événement onChange sur les boutons radio

```
class Radio extends React.Component {
  constructor(props) {
    super(props);
  }
  handlerChange(event) {
    console.log(event.target.value);
  }
  render() {
    return (
      <label>
        <span>{this.props.text}</span>
        <input type="radio" value={this.props.value}
               name={this.props.name}
               checked={this.props.checked}
               onChange={this.handlerChange.bind(this)}
        />
        <br/>
      </label>
    )
  }
}
```

```
class RadioGroup extends React.Component {
  constructor(props) {
    super(props);
  }
  render() {
    return (
      <div>
      {
        this.props.radios.map((radio, index) => {
          return (
            <Radio key={index} text={radio.text} value={radio.value}
                   name={this.props.name} checked={radio.checked}
            />
          )
        })
      }
      </div>
    )
  }
}

var radios = [
  { value : 1, text : "radio1" },
  { value : 2, text : "radio2" },
  { value : 3, text : "radio3", checked : true },
  { value : 4, text : "radio4" }
];

ReactDOM.render(
  <RadioGroup radios={radios} name="group1" />,
  document.getElementById("app")
);
```

L'événement onChange a été implémenté sur l'élément <input> définissant le bouton radio (dans la classe Radio). La valeur du bouton cliqué est affichée dans la console.

Vérifions si cela fonctionne mieux maintenant (figure 7-14).

Le message d'erreur affiché par React a disparu (vu qu'on a implémenté l'événement onChange comme il le demandait). Toutefois, les clics sur les autres boutons radio affichent bien la valeur associée au bouton dans la console, mais le bouton radio ne se sélectionne pas à l'écran... Pourquoi ?

Pourquoi les boutons radio ne se sélectionnent-ils pas à l'écran lorsqu'ils sont sélectionnés avec la souris ? N'oublions pas que ce qui est affiché à l'écran est le résultat de l'appel automatique de la méthode render() par React lors de la création des composants. Pour que ce qui est affiché à l'écran soit modifié (par exemple, suite à un clic sur un autre bouton radio), il faudrait que la méthode render() soit de nouveau appelée, ce qui ne peut se faire que si l'on modifie le state. Or, nous n'avons nulle part indiqué le state, dans aucune des deux classes Radio et RadioGroup.

Figure 7–14

On va donc indiquer dans le state de la classe Radio, l'état checked (true ou false) du bouton radio associé à ce composant (this.state.checked). Le clic sur un bouton radio devra donc mettre à true l'état checked de ce bouton radio, mais devra mettre à false les états checked des autres boutons radio (un seul bouton radio peut être sélectionné dans le groupe). Pour réaliser cela, on introduit dans le state associé au composant <RadioGroup> la propriété radios (this.state.radios) qui contient les valeurs de la variable radios indiquant l'état initial des boutons radio.

Lors d'un clic sur un bouton radio, l'état this.state.radios du composant <RadioGroup> devra être mis à jour, ce qui provoquera un rafraîchissement de l'ensemble des boutons radio du composant <RadioGroup>.

Afin que le clic sur un bouton radio (composant <Radio>) puisse mettre à jour le state situé dans le composant parent <RadioGroup>, il faut que le composant parent transmette son instance au composant fils. Cette transmission d'instance s'effectue dans l'objet props (comme on l'a déjà fait précédemment), et on nomme par exemple app la propriété transmise.

Le programme tenant compte de ces évolutions est le suivant :

Prise en compte des states dans les composants <Radio> et <RadioGroup>

```
class Radio extends React.Component {
  constructor(props) {
    super(props);
    this.state = { checked : props.checked || false };
  }
  handlerChange(event) {
    var radios = this.props.app.state.radios;
    radios = radios.map((radio, index) => {
      if (radio.value == event.target.value) radio.checked = true;
      else radio.checked = false;
      return radio;
    });
    this.props.app.setState({radios : radios});  // Rafraîchissement du groupe
  }
  render() {
    return (
      <label>
        <span>{this.props.text}</span>
        <input type="radio" value={this.props.value}
               name={this.props.name}
               checked={this.state.checked}
               onChange={this.handlerChange.bind(this)}
        />
        <br/>
      </label>
    )
  }
}

class RadioGroup extends React.Component {
  constructor(props) {
    super(props);
    this.state = { radios : props.radios };
  }
  render() {
    return (
      <div>
      {
        this.state.radios.map((radio, index) => {
          return (
            <Radio key={index} text={radio.text} value={radio.value}
                   name={this.props.name} checked={radio.checked} app={this}
            />
          )
        })
      }
      </div>
    )
  }
```

```
}

var radios = [
  { value : 1, text : "radio1" },
  { value : 2, text : "radio2" },
  { value : 3, text : "radio3", checked : true },
  { value : 4, text : "radio4" }
];

ReactDOM.render(
  <RadioGroup radios={radios} name="group1" />,
  document.getElementById("app")
);
```

La mise à jour du state associé à `this.state.radios` (lors d'un clic sur un bouton radio) provoque un nouveau `render()` des boutons radio (méthode `render()` du composant `<RadioGroup>`), ce qui provoque le `render()` de chaque bouton radio (méthode `render()` du composant `<Radio>`).

Remarquez que `this.state.checked` doit être initialisé dans tous les cas (d'où la mise à `false` si `props.checked` est inexistant), sinon React produit une erreur (lors de la sélection d'un autre bouton radio) indiquant que le composant passe d'un état `uncontrolled` à un état `controlled`. En fait, cela signifie que tantôt le composant est géré avec le state, tantôt non. Pour remédier à cela, on initialise le state dans tous les cas.

Toutefois, le clic sur les boutons radio n'est toujours pas pris en compte à l'écran, même si la fonction de traitement est activée comme on peut le voir dans la console (figure 7-15).

Figure 7–15

Les clics sur les boutons sont bien pris en compte, mais l'affichage ne se modifie pas...

La non mise à jour à l'écran des boutons radio sélectionnés s'explique aisément. Nous allons sélectionner l'onglet *React* et afficher le dernier composant `<Radio>` sur lequel on a cliqué dans la liste (ici, `radio1`).

Figure 7–16

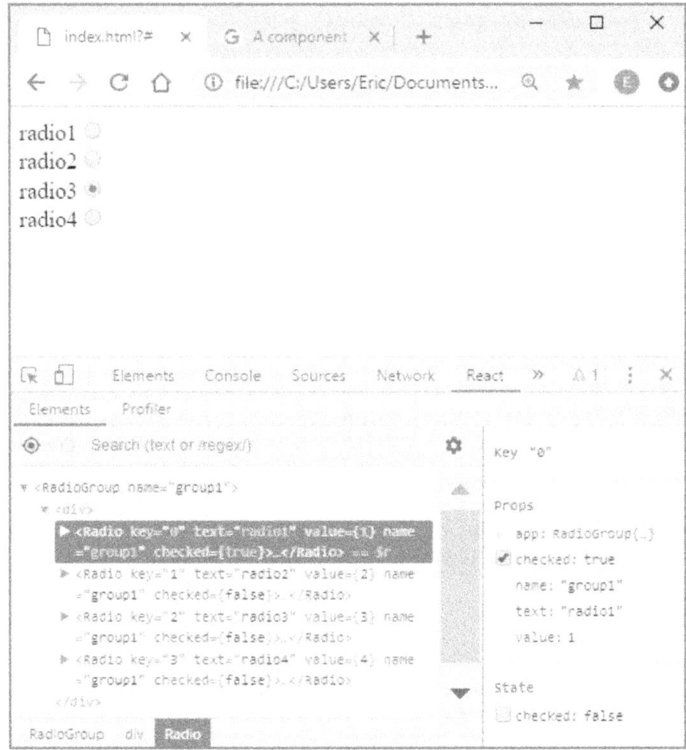

On voit que l'objet `props` possède bien la propriété `checked` de cet élément à `true` (les autres sont à `false`), mais le problème vient de ce que la propriété `this.state.checked` de cet élément reste à `false`, en contradiction avec sa propriété `this.props.checked`. La propriété `checked` est bien mise à jour pour cet élément, mais pas son state...

En fait, ce comportement est normal. On a déjà vu que la mise à jour de nouvelles propriétés pour un élément déjà affiché ne provoque pas le rafraîchissement de cet élément (pas de nouvel appel à la méthode `render()`), car seule la mise à jour du state le permet. Il faut donc utiliser la méthode `componentWillReceiveProps(newProps)` pour être prévenu que de nouvelles propriétés ont été transmises à un composant, et mettre à jour le state du composant pour le rafraîchir à l'écran.

On ajoute donc la méthode `componentWillReceiveProps(newProps)` dans le composant `<Radio>`.

Ajout de la méthode componentWillReceiveProps(newProps) dans la classe Radio

```
class Radio extends React.Component {
  constructor(props) {
    super(props);
    this.state = { checked : props.checked || false };
  }
  handlerChange(event) {
    console.log(event.target.value);
    var radios = this.props.app.state.radios;
    radios = radios.map((radio, index) => {
      if (radio.value == event.target.value) radio.checked = true;
      else radio.checked = false;
      return radio;
    });
    this.props.app.setState({radios : radios});
  }
  componentWillReceiveProps(newProps) {
    this.setState({checked : newProps.checked});
  }
  render() {
    return (
      <label>
        <span>{this.props.text}</span>
        <input type="radio" value={this.props.value}
               name={this.props.name}
               checked={this.state.checked}
               onChange={this.handlerChange.bind(this)}
        />
        <br/>
      </label>
    )
  }
}

class RadioGroup extends React.Component {
  constructor(props) {
    super(props);
    this.state = { radios : props.radios };
  }
  render() {
    return (
      <div>
      {
        this.state.radios.map((radio, index) => {
          return (
            <Radio key={index} text={radio.text} value={radio.value}
                   name={this.props.name} checked={radio.checked} app={this}
            />
          )
        })
      }
```

```
        </div>
      )
    }
  }

  var radios = [
    { value : 1, text : "radio1" },
    { value : 2, text : "radio2" },
    { value : 3, text : "radio3", checked : true },
    { value : 4, text : "radio4" }
  ];

  ReactDOM.render(
    <RadioGroup radios={radios} name="group1" />,
    document.getElementById("app")
  );
```

La méthode componentWillReceiveProps() sera appelée par React pour chaque composant <Radio> à rafraîchir. La mise à jour du state effectuée dans la méthode provoque le rafraîchissement du composant à l'écran.

Affichons la fenêtre (figure 7-17) et cliquons sur le premier bouton radio (ce qui désélectionne le troisième qui était sélectionné par défaut).

Figure 7–17

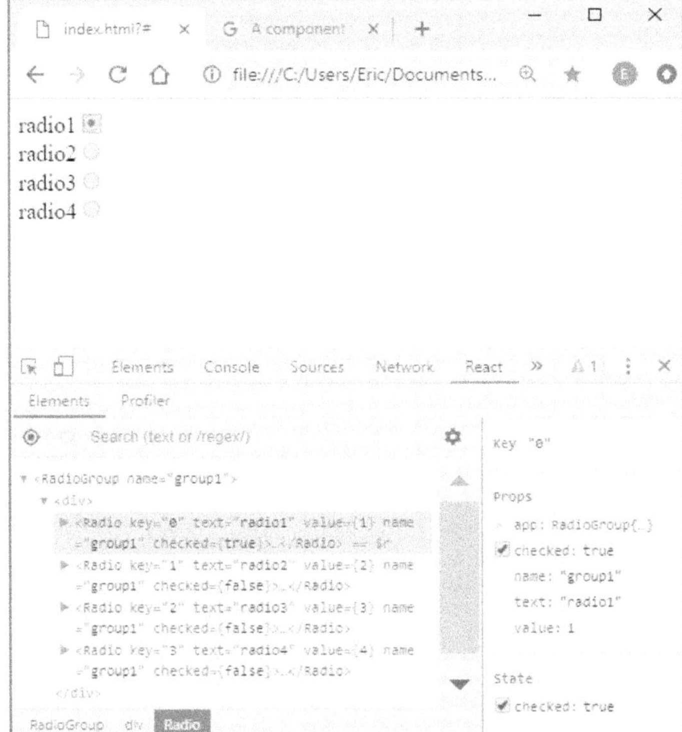

La mise à jour de la propriété checked est maintenant transmise au state, ce qui permet la mise à jour à l'écran.

Valider la sélection d'un bouton radio

On souhaite effectuer un traitement lorsqu'un bouton radio est sélectionné. Le traitement peut être effectué :

- dès que le bouton radio est sélectionné ;
- dès qu'un bouton de validation externe est cliqué.

Examinons ces deux cas dans les paragraphes qui suivent.

Valider dès qu'un bouton radio est sélectionné

On indique un nouvel attribut onSelect dans le composant <RadioGroup>. Il permet de définir une fonction de traitement qui sera activée lors de la sélection d'un bouton radio dans le groupe.

Par exemple, on définit la fonction de traitement selectRadio(value) qui sera indiquée dans l'attribut onSelect du composant <RadioGroup>.

Utiliser l'attribut onSelect permettant d'activer la fonction selectRadio() lors de la sélection d'un bouton radio

```
function selectRadio(value) {
  console.log(value);   // Valeur du bouton radio sélectionné
}

ReactDOM.render(
  <RadioGroup radios={radios} name="group1" onSelect={selectRadio} />,
  document.getElementById("app")
);
```

La fonction selectRadio() est indiquée dans l'attribut onSelect du composant <RadioGroup>.

La prise en compte de ce nouvel attribut entraîne des modifications dans les composants <Radio> et <RadioGroup>.

Prise en compte de l'attribut onSelect dans les boutons radio

```
class Radio extends React.Component {
  constructor(props) {
    super(props);
    this.state = { checked : props.checked || false };
  }
  handlerChange(event) {
    var radios = this.props.app.state.radios;
    radios = radios.map((radio, index) => {
```

```
      if (radio.value == event.target.value) radio.checked = true;
      else radio.checked = false;
      return radio;
    });
    this.props.app.setState({radios : radios});
    this.props.onSelect(event.target.value);  // Appel de selectRadio()
  }
  componentWillReceiveProps(newProps) {
    this.setState({checked : newProps.checked});
  }
  render() {
    return (
      <label>
        <span>{this.props.text}</span>
        <input type="radio" value={this.props.value}
               name={this.props.name}
               checked={this.state.checked}
               onChange={this.handlerChange.bind(this)}
        />
        <br/>
      </label>
    )
  }
}

class RadioGroup extends React.Component {
  constructor(props) {
    super(props);
    this.state = { radios : props.radios };
  }
  render() {
    return (
      <div>
      {
        this.state.radios.map((radio, index) => {
          return (
            <Radio key={index} text={radio.text} value={radio.value}
                   name={this.props.name} checked={radio.checked} app={this}
                   onSelect={this.props.onSelect}
            />
          )
        })
      }
      </div>
    )
  }
}

var radios = [
  { value : 1, text : "radio1" },
  { value : 2, text : "radio2" },
  { value : 3, text : "radio3", checked : true },
```

```
  { value : 4, text : "radio4" }
];

function selectRadio(value) {
  console.log(value);   // Valeur du bouton radio sélectionné
}

ReactDOM.render(
  <RadioGroup radios={radios} name="group1" onSelect={selectRadio} />,
  document.getElementById("app")
);
```

L'appel à la fonction transmise dans l'attribut `onSelect`, est effectué lors de chaque clic sur un bouton radio, donc dans la méthode `handlerChange()`.

Cliquons sur différents boutons radio dans la fenêtre (figure 7-18).

Figure 7–18

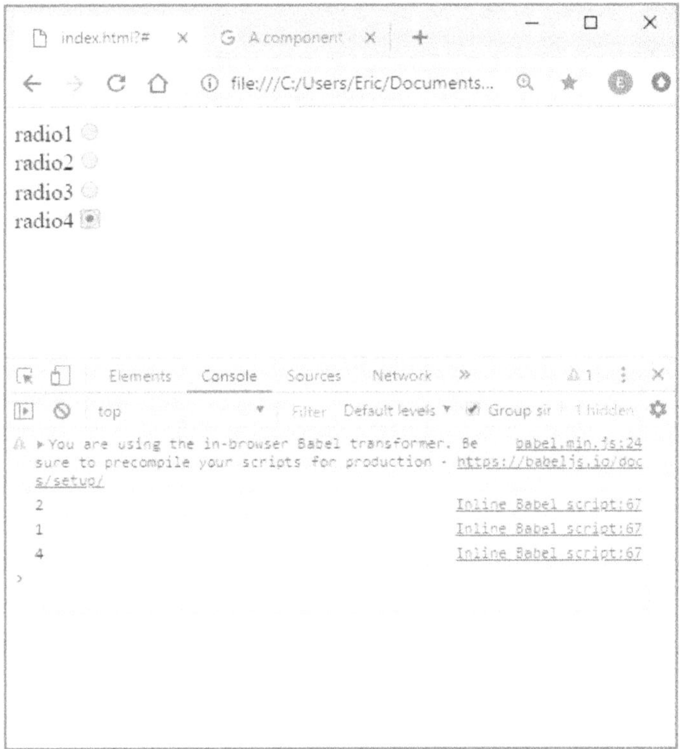

Le clic sur chaque bouton radio provoque l'appel de la fonction de traitement, ce qui affiche la valeur du bouton radio dans la console.

Valider en utilisant un bouton de validation externe

Plutôt que de valider dès que le bouton radio est sélectionné, on peut choisir de valider en appuyant sur un bouton *Valider* externe. Pour cela, on crée un nouveau composant React qui intègre le bouton de validation avec les boutons radio précédents. Appelons ce nouveau composant `<RadioGroupWithButton>`. Il s'utilise de la façon suivante :

Utilisation du composant <RadioGroupWithButton>

```
function validRadio(value) {
  console.log(value);    // Valeur du bouton radio sélectionné
}

ReactDOM.render(
  <RadioGroupWithButton radios={radios} name="group1" onValid={validRadio} />,
  document.getElementById("app")
);
```

L'attribut `onValid` spécifie une fonction de traitement ayant en paramètre la valeur du bouton radio sélectionné. Cette fonction de traitement est activée lors du clic sur le bouton de validation *Valider* affiché par le composant `<RadioGroupWithButton>`.

L'attribut `onSelect` utilisé précédemment est ici supprimé, mais aurait pu être conservé dans le cas où on souhaite en plus effectuer un traitement lors de la sélection immédiate d'un bouton radio.

Implémentons cette nouvelle classe `RadioGroupWithButton`, en plus des classes `Radio` et `RadioGroup` déjà écrites.

Composant RadioGroupWithButton

```
class Radio extends React.Component {
  constructor(props) {
    super(props);
    this.state = { checked : props.checked || false };
  }
  handlerChange(event) {
    var radios = this.props.app.state.radios;
    radios = radios.map((radio, index) => {
      if (radio.value == event.target.value) radio.checked = true;
      else radio.checked = false;
      return radio;
    });
    this.props.app.setState({radios : radios});
  }
  componentWillReceiveProps(newProps) {
    this.setState({checked : newProps.checked});
  }
  render() {
    return (
```

```
        <label>
          <span>{this.props.text}</span>
          <input type="radio" value={this.props.value}
                 name={this.props.name}
                 checked={this.state.checked}
                 onChange={this.handlerChange.bind(this)}
          />
          <br/>
        </label>
      )
    }
}

class RadioGroup extends React.Component {
  constructor(props) {
    super(props);
    this.state = { radios : props.radios };
  }
  render() {
    return (
      <div>
      {
        this.state.radios.map((radio, index) => {
          return (
            <Radio key={index} text={radio.text} value={radio.value}
                   name={this.props.name} checked={radio.checked} app={this}
            />
          )
        })
      }
      </div>
    )
  }
}

class RadioGroupWithButton extends React.Component {
  constructor(props) {
    super(props);
  }
  handlerValid(event) {
    var value;  // Valeur du bouton radio sélectionné
    this.props.radios.forEach(function(radio, index) {
      if (radio.checked) value = radio.value;  // Bouton radio sélectionné
    });
    this.props.onValid(value);  // Appel de validRadio(value)
  }
  render() {
    return (
      <div>
        <RadioGroup radios={this.props.radios} name={this.props.name} />
        <br/>
        <button onClick={this.handlerValid.bind(this)}>Valider</button>
```

```
      </div>
    )
  }
}

var radios = [
  { value : 1, text : "radio1" },
  { value : 2, text : "radio2" },
  { value : 3, text : "radio3", checked : true },
  { value : 4, text : "radio4" }
];

function validRadio(value) {
  console.log(value);   // Valeur du bouton radio sélectionné
}

ReactDOM.render(
  <RadioGroupWithButton radios={radios} name="group1" onValid={validRadio} />,
  document.getElementById("app")
);
```

La méthode `handlerValid()` est activée lors du clic sur le bouton de validation. Elle détecte le bouton radio éventuellement sélectionné, et appelle la méthode indiquée dans la propriété `onValid` du composant.

La méthode `forEach()`, utilisée sur le tableau `radios` associé aux boutons radio, permet d'effectuer un traitement pour chaque élément du tableau `radios`. Elle sert ici à détecter le bouton radio qui est éventuellement sélectionné et à récupérer la valeur associée (`undefined` si aucune).

Après avoir sélectionné différents boutons radio et cliqué sur le bouton *Valider*, on obtient l'affichage de la figure 7-19.

Les valeurs des boutons radio sélectionnés s'affichent dans la console lors de chaque clic sur le bouton *Valider*.

Figure 7–19

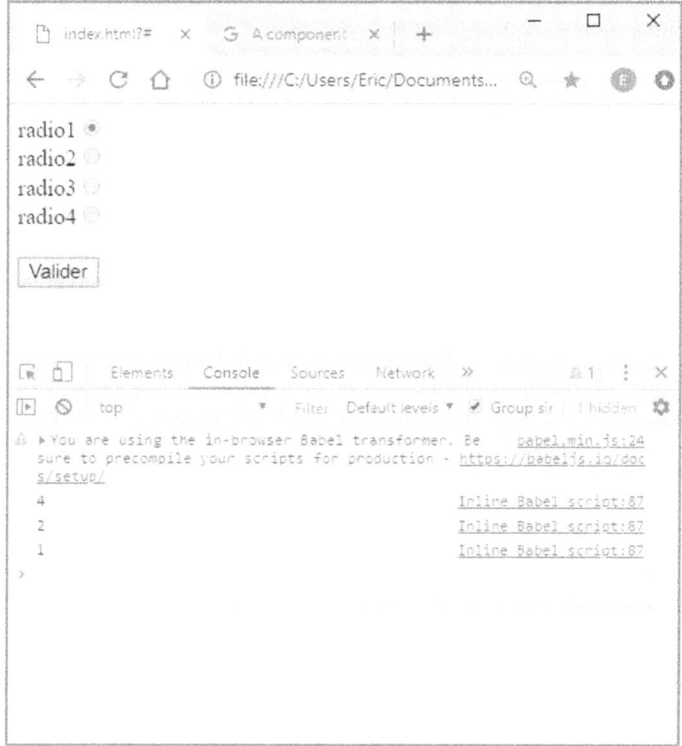

Gérer les cases à cocher

La gestion des cases à cocher est similaire à celle des boutons radio. Cependant, plusieurs cases à cocher peuvent être sélectionnées en même temps, contrairement aux boutons radio d'un même groupe.

Comme on l'a fait pour les boutons radio, examinons les actions les plus usuelles que l'on peut effectuer avec les cases à cocher :

- afficher des cases à cocher et gérer leur présélection ;
- valider la sélection ou la désélection d'une case à cocher.

Chacune de ces actions ressemble à celles que l'on avait effectuées lors de l'étude des boutons radio.

Cependant, chaque case à cocher étant indépendante des autres (à la différence des boutons radio), une gestion de state globale n'est pas nécessaire dans ce cas (comme lorsque l'on avait utilisé `this.state.radios`). On utilisera donc uniquement un state pour chaque case à cocher, qui mémorisera la propriété `checked` de celle-ci (avec `this.state.checked`).

Nous utiliserons pour cela deux composants React :

- le composant <CheckBox> permettra de gérer une case à cocher (via `this.state.checked`) ;
- le composant <CheckBoxGroup> permettra de gérer l'ensemble des cases à cocher à afficher.

Afficher les cases à cocher et gérer leur présélection éventuelle

Nous utilisons le tableau `checkboxes` qui contient les cases à cocher à afficher, indiquant dans la propriété `checked` si la case à cocher est présélectionnée (`true`) ou pas (`false`).

Composants <CheckBox> et <CheckBoxGroup>

```
class CheckBox extends React.Component {
  constructor(props) {
    super(props);
    this.state = { checked : props.checked || false };
  }
  handlerChange(event) {
    this.setState({checked : event.target.checked});
  }
  render() {
    return (
      <label>
        <span>{this.props.text}</span>
        <input type="checkbox" value={this.props.value}
               checked={this.state.checked}
               onChange={this.handlerChange.bind(this)}
        />
        <br/>
      </label>
    )
  }
}

class CheckBoxGroup extends React.Component {
  constructor(props) {
    super(props);
  }
  render() {
    return (
      <div>
      {
        this.props.checkboxes.map((checkbox, index) => {
          return (
            <CheckBox key={index} text={checkbox.text} value={checkbox.value}
                      checked={checkbox.checked}
            />
          )
        })
      }
      </div>
    )
```

```
    }
  }

  var checkboxes = [
    { value : 1, text : "check1" },
    { value : 2, text : "check2", checked : true },
    { value : 3, text : "check3", checked : true },
    { value : 4, text : "check4" }
  ];

  ReactDOM.render(
    <CheckBoxGroup checkboxes={checkboxes} />,
    document.getElementById("app")
  );
```

Le principe est similaire à celui des boutons radio, mais en plus simple car on n'a plus besoin de gérer le state dans la classe `CheckBoxGroup`.

Pour cela, le state de chaque case à cocher est géré directement lors du clic sur celle-ci (via `this.state.checked`).

Après sélection et désélection des cases à cocher, nous obtenons ceci (figure 7-20).

Figure 7–20

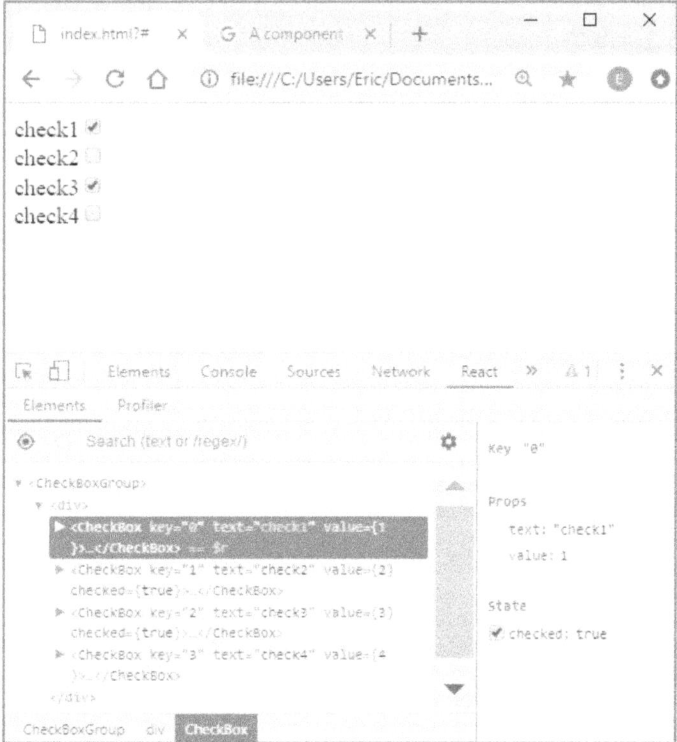

Le state de chaque case à cocher, visible dans l'onglet *React*, correspond à ce qui est visible à l'écran.

Effectuer un traitement lors de la sélection ou désélection d'une case à cocher

On souhaite appeler une fonction de traitement lors de la sélection d'une case à cocher, et en appeler une autre lors de la désélection. On utilise les deux attributs `onSelect` et `onUnselect` pour indiquer les fonctions de traitement à appeler.

Voici un exemple d'utilisation de ces attributs utilisés dans le composant `<CheckBoxGroup>` :

Utilisation des attributs onSelect et onUnselect pour les cases à cocher

```
function selectCheckbox(checkbox) {
  console.log(checkbox + " selectionne");
}

function unselectCheckbox(checkbox) {
  console.log(checkbox + " deselectionne");
}

ReactDOM.render(
  <CheckBoxGroup checkboxes={checkboxes}
                 onSelect={selectCheckbox} onUnselect={unselectCheckbox} />,
  document.getElementById("app")
);
```

- L'attribut `onSelect` indique d'appeler la fonction `selectCheckbox(value)` ;
- L'attribut `onUnselect` indique d'appeler la fonction `unselectCheckbox(value)`.
- Le paramètre `value` correspond dans les deux cas à l'attribut `value` indiqué dans l'objet `checkboxes`.

Le programme React implémentant ces deux nouveaux attributs est le suivant.

Implémenter les attributs onSelect et onUnselect dans le composant CheckBoxGroup

```
class CheckBox extends React.Component {
  constructor(props) {
    super(props);
    this.state = { checked : props.checked || false };
  }
  handlerChange(event) {
    this.setState({checked : event.target.checked});
    if (event.target.checked) this.props.app.props.onSelect(event.target.value);
    else this.props.app.props.onUnselect(event.target.value);
  }
  render() {
```

```
    return (
      <label>
        <span>{this.props.text}</span>
        <input type="checkbox" value={this.props.value}
               checked={this.state.checked}
               onChange={this.handlerChange.bind(this)}
        />
        <br/>
      </label>
    )
  }
}

class CheckBoxGroup extends React.Component {
  constructor(props) {
    super(props);
  }
  render() {
    return (
      <div>
      {
        this.props.checkboxes.map((checkbox, index) => {
          return (
            <CheckBox key={index} text={checkbox.text} value={checkbox.value}
                      checked={checkbox.checked} app={this}
            />
          )
        })
      }
      </div>
    )
  }
}

var checkboxes = [
  { value : 1, text : "check1" },
  { value : 2, text : "check2", checked : true },
  { value : 3, text : "check3", checked : true },
  { value : 4, text : "check4" }
];

function selectCheckbox(checkbox) {
  console.log(checkbox + " selectionne");
}

function unselectCheckbox(checkbox) {
  console.log(checkbox + " deselectionne");
}

ReactDOM.render(
  <CheckBoxGroup checkboxes={checkboxes}
                 onSelect={selectCheckbox} onUnselect={unselectCheckbox} />,
  document.getElementById("app")
);
```

Les propriétés onSelect et onUnselect n'étant pas transmises dans l'objet props lors de la création des composants <CheckBox>, on utilise la propriété app afin que chaque composant <CheckBox> puisse accéder à ces propriétés du composant <CheckBoxGroup>.

Figure 7–21

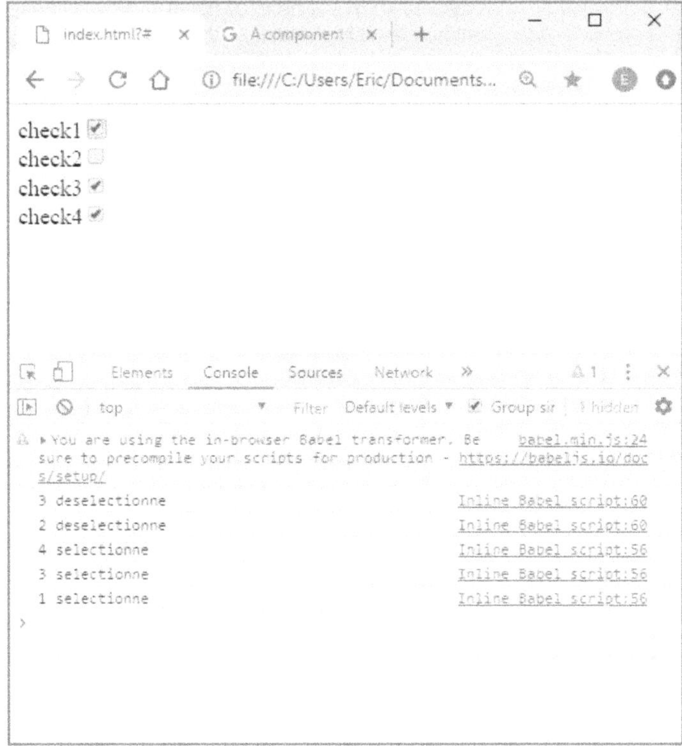

À chaque sélection ou désélection de case à cocher, la fonction de traitement correspondante est appelée.

Effectuer un traitement en validant un bouton externe

Une variante du précédent programme consiste à appeler la fonction de traitement en cliquant sur un bouton *Valider* externe. On souhaite ici que le clic sur ce bouton affiche la valeur et l'état de toutes les cases à cocher affichées.

Pour réaliser cela, on procède comme d'habitude en créant un nouveau composant <CheckBoxGroupWithButton> qui englobe les cases à cocher et le bouton de validation.

Le clic sur le bouton *Valider* devant afficher l'état de toutes les cases à cocher, il va être nécessaire de stocker dans le state les différents états en cours. On utilisera la propriété checkboxes qui sera intégrée au state défini dans la classe CheckBoxGroupWithButton. La valeur this.state.checkboxes sera mise à jour à chaque clic sur une case à cocher (donc depuis la méthode handlerChange() de la classe CheckBox). Pour cela, on utilisera la propriété app pour accéder au state d'un composant parent.

Valider les cases à cocher à l'aide d'un bouton Valider externe

```
class CheckBox extends React.Component {
  constructor(props) {
    super(props);
    this.state = { checked : props.checked || false };
  }
  handlerChange(event) {
    this.setState({checked : event.target.checked});
    var checkboxes =
      this.props.app.state.checkboxes.map(function(checkbox, index) {
        if (checkbox.value == event.target.value)
          checkbox.checked = event.target.checked;  // Nouvelle valeur
        return checkbox;
      });
    this.props.app.setState({checkboxes : checkboxes});
  }
  render() {
    return (
      <label>
        <span>{this.props.text}</span>
        <input type="checkbox" value={this.props.value}
               checked={this.state.checked}
               onChange={this.handlerChange.bind(this)}
        />
        <br/>
      </label>
    )
  }
}

class CheckBoxGroup extends React.Component {
  constructor(props) {
    super(props);
  }
  render() {
    return (
      <div>
      {
        this.props.checkboxes.map((checkbox, index) => {
          return (
            <CheckBox key={index} text={checkbox.text} value={checkbox.value}
                      checked={checkbox.checked} app={this.props.app}
            />
          )
        })
      }
      </div>
    )
  }
}
```

```
class CheckBoxGroupWithButton extends React.Component {
  constructor(props) {
    super(props);
    this.state = { checkboxes : props.checkboxes };
  }
  handlerValid(event) {
    this.props.onValid(this.state.checkboxes);  // validCheckBox(checkboxes)
  }
  render() {
    return (
      <div>
        <CheckBoxGroup checkboxes={this.props.checkboxes} app={this} />
        <br/>
        <button onClick={this.handlerValid.bind(this)}>Valider</button>
      </div>
    )
  }
}

var checkboxes = [
  { value : 1, text : "check1" },
  { value : 2, text : "check2", checked : true },
  { value : 3, text : "check3", checked : true },
  { value : 4, text : "check4" }
];

function validCheckboxes(checkboxes) {
  console.log(checkboxes);
}

ReactDOM.render(
  <CheckBoxGroupWithButton checkboxes={checkboxes} onValid={validCheckboxes} />,
  document.getElementById("app")
);
```

La partie principale du traitement est effectuée pour réaliser la mise à jour de `this.state.checkboxes` dans la méthode `handlerChange()`. Le but est de mettre à jour la propriété `checked` (`true` ou `false`) de la case à cocher dans le state (dans `this.state.checkboxes` de la classe `CheckBoxGroupWithButton`), afin que `this.state.checkboxes` puisse être utilisée lors de la validation du bouton.

Sélectionnons et désélectionnons des cases à cocher, puis validons (figure 7-22).

La valeur `this.state.checkboxes` affichée dans la console reflète bien l'état des cases à cocher à l'écran.

Figure 7–22

Utiliser les fonctionnalités du DOM avec React

Si vous avez déjà utilisé JavaScript ou des bibliothèques telles que jQuery pour manipuler le DOM, vous devez remarquer que l'approche de React est complètement différente. Même si le rendu du code React est du HTML, on ne manipule aucun élément DOM, mais plutôt des éléments React qui peuvent être considérés comme étant un DOM virtuel. C'est React qui fait la correspondance entre son DOM virtuel et le DOM réel, ce qui est obligatoire car sinon rien ne pourrait s'afficher à l'écran.

Cependant, il peut être parfois utile d'accéder au DOM réel, bien que ce ne soit pas une situation à privilégier lorsque l'on développe avec React. En effet, la manipulation directe du DOM réel fait que le DOM virtuel n'est plus en correspondance (vu que React fait lui-même la correspondance, mais dans le sens inverse !). En particulier, si on manipule directement des éléments du DOM réel qui sont associés au state, ce dernier ne sera plus à jour, alors qu'il le serait si l'on était passé directement par React via le DOM virtuel.

Accès aux éléments DOM via l'objet refs

Ces précautions étant prises, supposons que l'on souhaite tout de même accéder au DOM réel via un programme React. Tout comme l'objet `props` et l'objet `state`, React met à notre disposition l'objet `refs`, accessible dans la classe associée au composant par `this.refs`. Cela signifie que cet objet `this.refs` n'est accessible que dans les composants créés avec une classe, et n'est pas disponible dans les composants créés avec des fonctions.

L'objet `this.refs` est un tableau qui contiendra tous les attributs `ref` positionnés dans le code JSX de notre composant. Il suffit donc d'écrire un attribut `ref` (valant une chaîne de caractères) dans un élément JSX, et l'élément DOM correspondant sera stocké dans le tableau `this.refs` du composant.

L'élément JSX sur lequel on positionne l'attribut `ref` doit correspondre à un élément JSX écrit en HTML, et non pas à un composant React créé via une classe (sinon aucun élément du DOM réel ne lui correspond directement).

Remarque

Le cas où l'attribut `ref` est positionné sur un composant React créé par une classe est traité dans la section suivante.

Pour illustrer cela, écrivons un programme React affichant deux listes d'éléments dans un composant `<App>`. Nous avons inséré des attributs `ref` sur certains éléments HTML des listes. Lorsque le composant `<App>` est prêt (c'est-à-dire lorsque sa méthode `componentDidMount()` est appelée), cela signifie que le code HTML du composant a été affiché et les éléments HTML sont créés. Dans la méthode `componentDidMount()`, l'objet `this.refs` contient les références vers les éléments DOM associés.

Utilisation des attributs ref sur les éléments HTML

```
class App extends React.Component {
  constructor(props) {
    super(props);
  }
  componentDidMount() {
    console.log(this.refs);
  }
  render() {
    return (
      <div>
        <ul ref="ref1">
          <li>Element1</li>
          <li>Element2</li>
          <li>Element3</li>
          <li>Element4</li>
          <li>Element5</li>
        </ul>
```

```
        <ul ref="ref2">
          <li ref="ref3">Element11</li>
          <li>Element12</li>
          <li>Element13</li>
          <li>Element14</li>
          <li>Element15</li>
        </ul>
      </div>
    )
  }
}

ReactDOM.render(
  <App />,
  document.getElementById("app")
);
```

L'affichage de l'objet `this.refs` dans la console est effectué dans la méthode `componentDidMount()` du composant, car les éléments DOM du composant sont prêts.

Figure 7–23

Nous affichons les références associées aux trois éléments HTML sur lesquels les attributs `ref` sont positionnés.

Maintenant que nous avons affiché le contenu de l'objet this.refs, que peut-on faire avec ? Chacun des éléments de ce tableau est en fait un élément DOM classique, sur lequel on peut effectuer toutes les manipulations du DOM souhaitées. Ces dernières peuvent être réalisées directement en JavaScript, ou avec d'autres bibliothèques comme jQuery.

Utilisons jQuery pour mettre en rouge et spécifier une taille de police de 20px pour l'élément <li> ayant la référence ref3 dans le code JSX. Pour cela, il faut inclure la bibliothèque jQuery dans la page HTML.

Utiliser jQuery pour changer le style de l'élément ayant la référence ref3

```
<html>

<head>

<script crossorigin
    src="https://unpkg.com/react@16/umd/react.development.js"></script>
<script crossorigin
    src="https://unpkg.com/react-dom@16/umd/react-dom.development.js"></script>

<script src="https://unpkg.com/babel-standalone@6/babel.min.js"></script>

<script
  src="https://ajax.googleapis.com/ajax/libs/jquery/3.3.1/jquery.min.js"></script>

</head>

<body>
  <div id="app"></div>
</body>

<script type="text/babel">

class App extends React.Component {
  constructor(props) {
    super(props);
  }
  componentDidMount() {
    $(this.refs.ref3).css("font-size", "20px").css("color", "red");
  }
  render() {
    return (
      <div>
        <ul ref="ref1">
          <li>Element1</li>
          <li>Element2</li>
          <li>Element3</li>
          <li>Element4</li>
          <li>Element5</li>
        </ul>
        <ul ref="ref2">
          <li ref="ref3">Element11</li>
```

```
          <li>Element12</li>
          <li>Element13</li>
          <li>Element14</li>
          <li>Element15</li>
        </ul>
      </div>
    )
  }
}

ReactDOM.render(
  <App />,
  document.getElementById("app")
);

</script>

</html>
```

La bibliothèque jQuery est incluse à l'aide de la balise `<script>`, et les instructions jQuery sont insérées dans la méthode `componentDidMount()` afin que les éléments DOM soient accessibles.

Figure 7–24

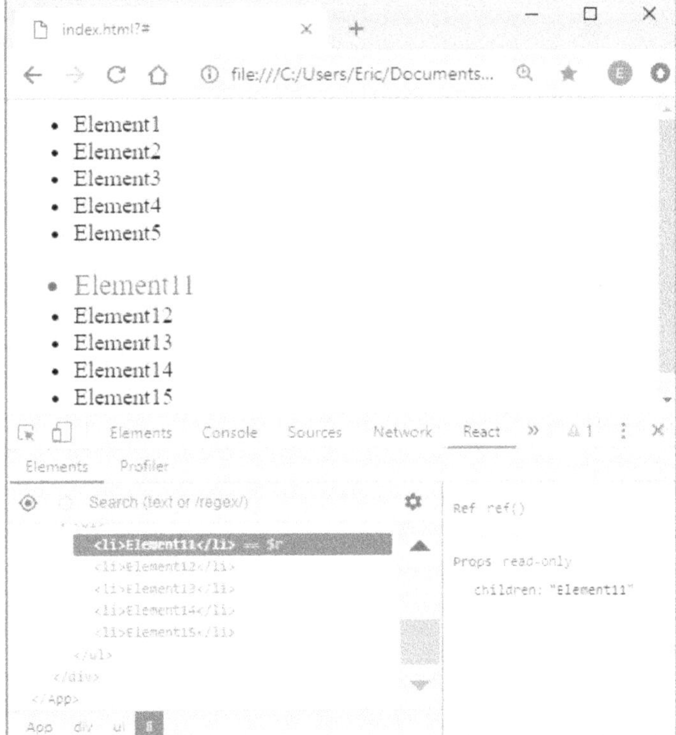

L'élément ayant la référence `ref="ref3"` a bien son style modifié, mais l'on peut voir dans l'onglet *React* que rien n'indique que cette modification a eu lieu... D'où les risques potentiels d'erreurs entre le DOM virtuel géré par React et le DOM réel modifié via JavaScript.

Ajoutons par exemple l'instruction jQuery suivante dans la méthode `componentDidMount()` :

Insertion d'un nouvel élément dans la liste

```
componentDidMount() {
  console.log(this.refs);
  $(this.refs.ref3).css("font-size", "20px").css("color", "red");
  $(this.refs.ref1).append("<li>Element6</li>");
}
```

On insère un nouvel élément de liste `<li>` dans la première liste affichée (figure 7-25).

Figure 7–25

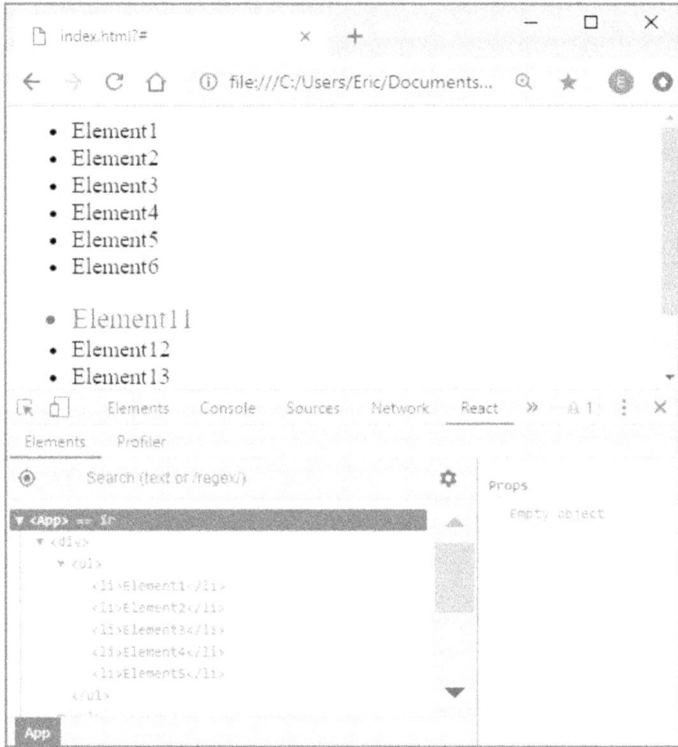

L'élément de liste `Element6` apparaît bien à l'écran, mais les éléments React affichés dans l'onglet `React` ne reflètent pas du tout cette nouvelle liste !

Accès aux composants React via l'objet refs

L'objet this.refs peut également permettre d'avoir accès aux composants React enfants de celui-ci. Il suffit d'indiquer un attribut ref (valant une chaîne de caractères) dans l'utilisation d'un composant (qui doit être défini sous forme de classe, sinon this.refs n'existe pas).

Écrivons une liste d'éléments en utilisant le composant <Element>. Nous indiquons l'attribut ref sur le premier élément de la liste.

Utilisation de l'attribut ref dans un composant

```
class Element extends React.Component {
  constructor(props) {
    super(props);
    this.state = { elem : props.elem };
  }
  render() {
    return <li>{this.state.elem}</li>
  }
}

class App extends React.Component {
  constructor(props) {
    super(props);
  }
  componentDidMount() {
    console.log(this.refs);
  }
  render() {
    return (
      <div>
        <ul ref="ref1">
          <Element elem="Element1" ref="ref2"></Element>
          <Element elem="Element2"></Element>
          <Element elem="Element3"></Element>
          <Element elem="Element4"></Element>
          <Element elem="Element5"></Element>
        </ul>
      </div>
    )
  }
}

ReactDOM.render(
  <App />,
  document.getElementById("app")
);
```

L'attribut ref est ici utilisé à deux emplacements : sur l'élément <ul> et sur le premier composant <Element>. Ces deux références sont stockées dans this.refs, qui est affiché dans la console par la méthode componentDidMount().

Figure 7–26

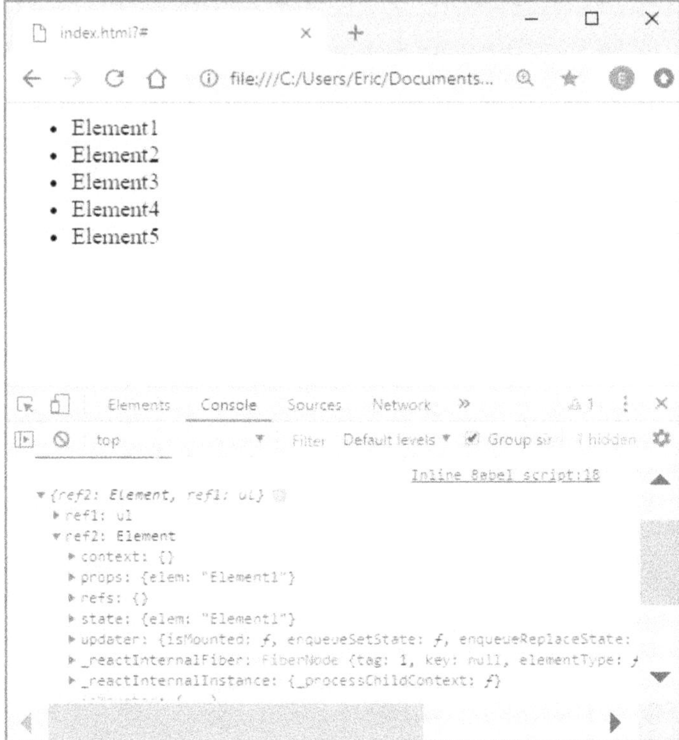

La valeur ref1 est associée à l'élément <ul>, tandis que la valeur ref2 est associée à un objet de classe Element.

L'intérêt ici est de permettre à un composant parent (ici, <App>) d'accéder à un composant enfant (ici, <Element>), grâce à la référence indiquée sur le composant enfant. Supposons que l'on veuille modifier le texte de l'élément affiché dans ce composant. Comme le texte du composant <Element> est dans le state (dans this.state.elem), on peut utiliser la méthode setState() sur ce composant <Element>.

Utiliser setState() sur un composant enfant

```
class Element extends React.Component {
  constructor(props) {
    super(props);
    this.state = { elem : props.elem };
  }
  render() {
    return <li>{this.state.elem}</li>
  }
}
```

```
class App extends React.Component {
  constructor(props) {
    super(props);
  }
  componentDidMount() {
    console.log(this.refs);
    this.refs.ref2.setState({elem : "Nouvel Element1"});
  }
  render() {
    return (
      <div>
        <ul ref="ref1">
          <Element elem="Element1" ref="ref2"></Element>
          <Element elem="Element2"></Element>
          <Element elem="Element3"></Element>
          <Element elem="Element4"></Element>
          <Element elem="Element5"></Element>
        </ul>
      </div>
    )
  }
}

ReactDOM.render(
  <App />,
  document.getElementById("app")
);
```

Grâce à la référence, on accède au state d'un composant enfant.

Le texte de l'élément a été modifié (`Element1` devient `Nouvel Element1`), ainsi que son state. Le state et l'affichage sont donc en concordance.

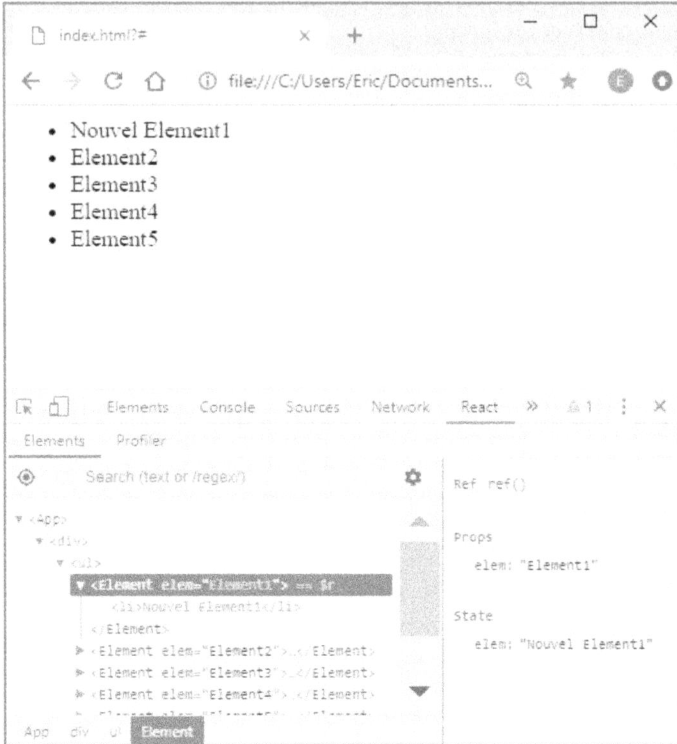

Figure 7–27

React et Ajax

Ajax est un concept permettant de mettre à jour une partie de la page HTML affichée en effectuant une requête au serveur. Ce concept est très utilisé de nos jours dans la plupart des sites web, car il permet une mise à jour dynamique de la page sans avoir à la recharger totalement.

React n'intègre pas une API permettant d'effectuer des requêtes Ajax, mais il est possible d'utiliser d'autres API fournies par d'autres bibliothèques, voire d'utiliser l'API interne du navigateur.

Nous étudions ici ces deux possibilités :

- utilisation de l'API Ajax fournie par jQuery (en utilisant la méthode `$.ajax()`) ;
- utilisation de l'API interne du navigateur (en utilisant la méthode `fetch()`).

Dans ces deux cas, on utilise un serveur PHP qui retourne une liste d'éléments au format JSON (tout autre serveur fonctionnerait selon le même principe).

Le but sera de récupérer cette liste d'éléments sur le serveur, puis de l'afficher dans la page HTML au moyen de React.

Le programme PHP qui retourne la liste est le suivant (fichier `action.php`). Il est volontairement très simple car le but ici n'est pas d'écrire des choses complexes côté serveur, mais plutôt de montrer comment les récupérer et les utiliser ensuite avec React.

Fichier action.php qui retourne des données au format JSON

```
<?php

$result = array(
  array("text"=>"Element1"),
  array("text"=>"Element2"),
  array("text"=>"Element3"),
  array("text"=>"Element4"),
  array("text"=>"Element5")
);

echo json_encode($result);

?>
```

On retourne un tableau d'objets au format JSON.

Le but sera d'afficher chaque élément dans une liste de la page HTML.

Dans les deux cas d'utilisation d'Ajax suivants, on utilise le composant `<Element>` qui sert à afficher un élément de liste, et le composant `<App>` qui effectue l'appel Ajax et affiche la liste récupérée depuis le serveur.

Utiliser l'API Ajax de jQuery

Utilisons la méthode `$.ajax()` de jQuery pour effectuer l'appel Ajax. L'appel Ajax est réalisé dans la méthode `componentDidMount()`du composant comme conseillé dans la documentation React (ce qui est logique car l'arborescence du DOM est alors construite et peut être mise à jour).

La bibliothèque jQuery doit bien sûr être incluse pour bénéficier de la méthode `$.ajax()` dans notre page HTML.

Inclusion de la bibliothèque jQuery dans la page HTML

```
<script
  src="https://ajax.googleapis.com/ajax/libs/jquery/3.3.1/jquery.min.js"></script>
```

Une fois la bibliothèque jQuery incluse, le code des composants incluant l'appel Ajax est le suivant :

Appel Ajax avec jQuery

```
class Element extends React.Component {
  constructor(props) {
    super(props);
    this.state = { elem : props.elem };
  }
  render() {
    return <li>{this.state.elem.text}</li>
  }
}

class App extends React.Component {
  constructor(props) {
    super(props);
    this.state = { elems : [] };
  }
  componentDidMount() {
    $.ajax({
      url : "action.php"       // URL sur le serveur
    })
    .done((response) => {      // Réponse du serveur : OK
      console.log(response);   // Réponse au format texte
      var elems = JSON.parse(response);   // Conversion en JSON
      this.setState({elems : elems});     // Mise à jour de la liste
    })
    .fail((response) => {      // Réponse du serveur  ERREUR
      console.log(response);
    })
  }
  render() {
    return (
      <ul>
      {
        this.state.elems.map(function(elem, index){
          return <Element key={index} elem={elem}></Element>
        })
      }
      </ul>
    )
  }
}

ReactDOM.render(
  <App />,
  document.getElementById("app")
);
```

La méthode `done()` chaînée avec l'appel Ajax est exécutée si l'appel Ajax réussit (une réponse du serveur a été fournie). Le serveur retourne une chaîne de caractères que l'on transforme en objet JSON grâce à la méthode `JSON.parse()` de JavaScript. Le tableau d'objets récupérés est exactement au format `{ text : "valeur" }` utilisé par le composant `<Element>` (le composant `<Element>` récupère la propriété `text` et l'affiche dans la méthode `render()`).

La méthode `fail()` est également chaînée avec l'appel Ajax. Elle est utilisée dans le cas où l'appel Ajax a échoué. Elle affiche le message d'erreur dans la console.

Le test de ce programme doit être effectué en utilisant le protocole `http`, donc il faut taper l'URL complète dans le navigateur, ici http://localhost/react, ce qui affiche le fichier `index.html` dans le navigateur. Le protocole `file` utilisé jusqu'à présent pour afficher notre page HTML (par glisser/déposer du fichier `index.html` dans le navigateur) ne fonctionne pas avec Ajax.

Figure 7–28

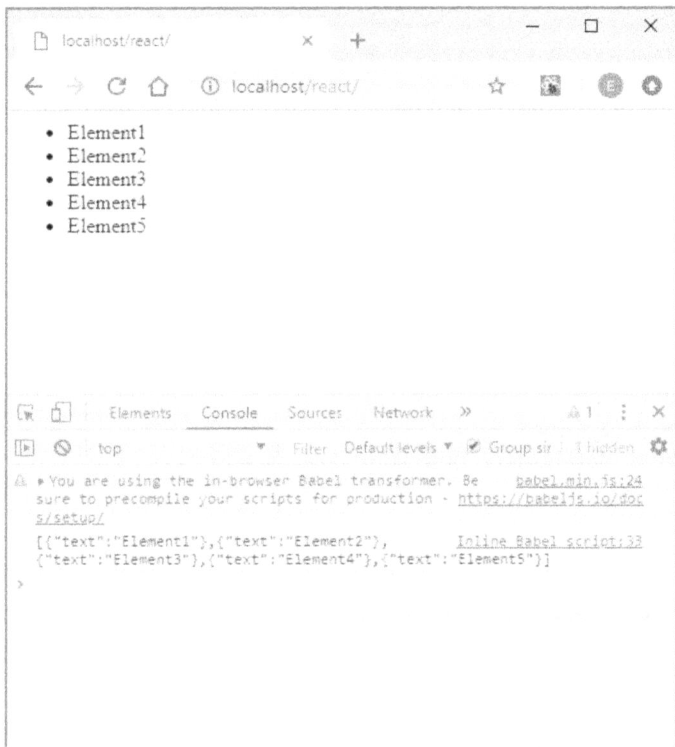

Dans la console, la réponse du serveur est affichée au format texte.

Remarquez l'URL http://localhost/react utilisée dans le navigateur pour afficher la page.

Utiliser l'API Ajax interne du navigateur

Utilisons la méthode `fetch(url)` du navigateur afin d'effectuer l'appel Ajax. Le principe est presque le même que précédemment, mais les objets retournés par les méthodes qui suivent l'appel Ajax ne sont pas les mêmes dans ce cas. De plus, les méthodes de chaînage permettant d'exploiter les résultats portent des noms différents.

Le principe de l'appel Ajax avec fetch(url) est le suivant : une fois la méthode fetch() appelée, un objet response est fourni dans une fonction de callback chaînée grâce à la méthode then(callback) de JavaScript. Cet objet response est transformé en objet JSON au moyen de la méthode response.json() puis est retourné par la fonction pour être exploité par une autre fonction de callback également chaînée grâce à then(callback).

On a donc l'enchaînement successif de trois méthodes JavaScript pour utiliser fetch(url) :

Utilisation de fetch(url)

```
fetch(url).then(callback).then(callback)
```

L'utilisation dans le programme React est le suivant : les composants React utilisés sont les mêmes que précédemment (<Element> et <App>), et l'appel Ajax est effectué dans la méthode componentDidMount() du composant <App>.

Bien entendu, l'inclusion d'une bibliothèque externe telle que jQuery est ici non nécessaire.

Appel Ajax avec fetch()

```
class Element extends React.Component {
  constructor(props) {
    super(props);
    this.state = { elem : props.elem };
  }
  render() {
    return <li>{this.state.elem.text}</li>
  }
}

class App extends React.Component {
  constructor(props) {
    super(props);
    this.state = { elems : [] };
  }
  componentDidMount() {
    fetch("action.php")             // URL sur le serveur
    .then(function(response) {
      console.log(response);        // Objet de classe Response
      return response.json();
    })
    .then(
      (result) => {                 // Objet JSON
        console.log(result);
        this.setState({elems : result});
      },
      (error) => {                  // Texte d'erreur
        console.log(error);
      }
    )
  }
```

```
  render() {
    return (
      <ul>
      {
        this.state.elems.map(function(elem, index){
          return <Element key={index} elem={elem}></Element>
        })
      }
      </ul>
    )
  }
}

ReactDOM.render(
  <App />,
  document.getElementById("app")
);
```

La seconde méthode `then()` utilise deux fonctions de callback : la première est celle appelée en cas de succès de l'appel Ajax sur le serveur, la seconde est celle appelée en cas d'erreur.

Remarquez l'utilisation de la notation ES6 pour indiquer les fonctions de traitement. En effet, comme on doit conserver la valeur de `this`, on utilise la notation ES6 qui le permet.

Figure 7–29

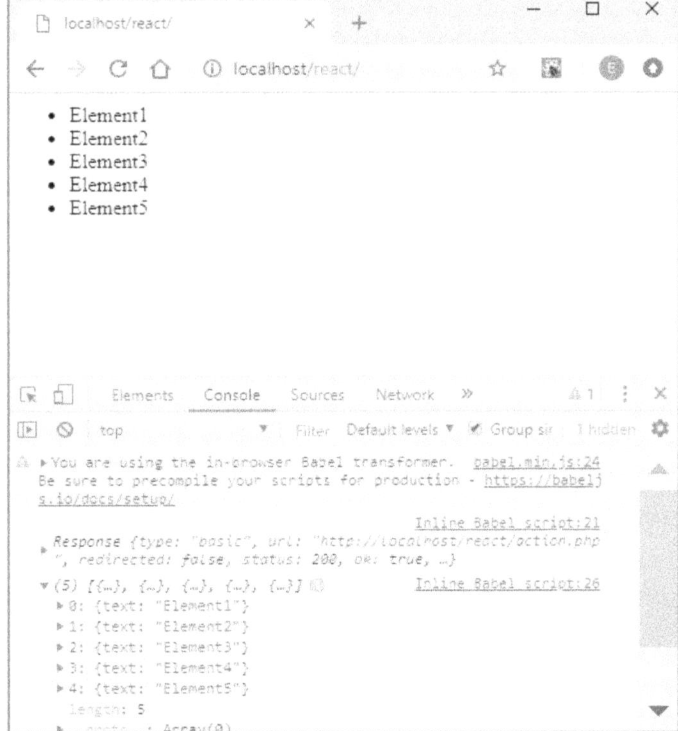

Affichons la page HTML en utilisant l'URL http://localhost/react (figure 7-29).

Le résultat est le même que dans le cas de l'utilisation de jQuery (ou de toute autre bibliothèque JavaScript).

8

Utiliser create-react-app pour créer une application React

Jusqu'à présent, nous avons utilisé un seul fichier HTML (contenant également du code JavaScript) pour écrire notre code React. Cette approche est simple pour expliquer le fonctionnement de React à travers quelques lignes de code concentrées dans un seul fichier, mais il ne s'agit pas d'une approche professionnelle permettant d'écrire de nombreux composants (a fortiori pour une équipe de développeurs de plusieurs personnes).

L'équipe qui a conçu React a donc développé un programme permettant de créer une arborescence de fichiers qui contiendront le code de notre application. Ce programme est un module `npm` et nécessite d'avoir installé Node (qui inclut la commande `npm`) sur la machine qui l'utilise.

Voyons comment installer cette application avant de l'utiliser.

Installer l'application create-react-app

Le but ici est d'installer l'application `create-react-app` permettant d'avoir accès à la commande shell du même nom.

Vérifiez d'abord que Node est installé sur votre machine en tapant la commande suivante :

Commande pour vérifier la version de Node installée

```
node -v
```

La figure 8-1 illustre un exemple de résultat obtenu (si Node est déjà installé, sinon on obtient un message d'erreur).

Figure 8–1

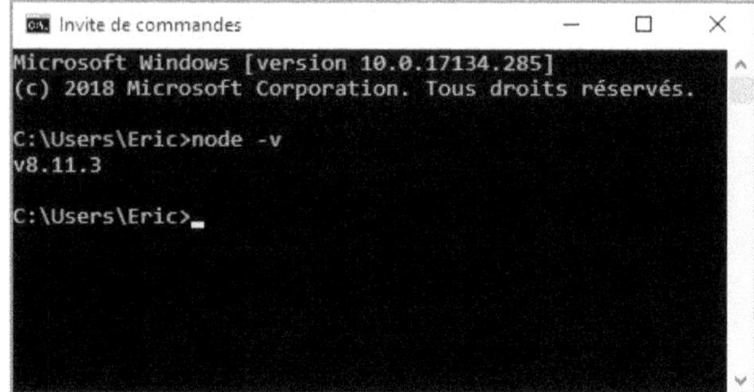

La version de Node s'affiche, indiquant que Node est installé.

Une fois Node installé, il faut installer le module `create-react-app` permettant de créer des applications pour React. On tape la commande suivante :

Installer le module create-react-app en global (option -g)

```
npm install -g  create-react-app
```

L'option `-g` utilisée ici permet d'installer ce module de façon globale sur notre machine, permettant ainsi de pouvoir accéder à la commande `create-react-app` (fournie par le module installé) à partir de tous les répertoires de notre machine (et non pas seulement depuis le répertoire actuel d'où est tapée cette commande).

Une fois la commande tapée, les modules (packages) composant l'application s'installent automatiquement (figure 8-2).

Figure 8–2

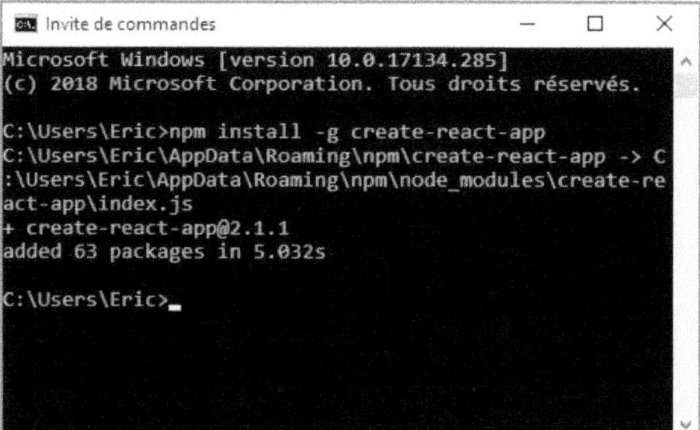

Les modules composant l'application `create-react-app` sont installés dans les répertoires de notre machine, rendant l'application `create-react-app` accessible.

Tapons la commande suivante pour vérifier que la commande est accessible.

Vérifier que la commande create-react-app est accessible

```
create-react-app -v
```

Figure 8–3

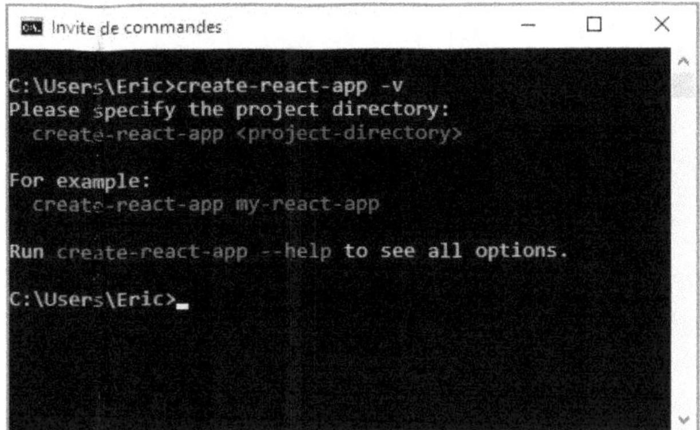

Le mode d'emploi de la commande est affiché.

La commande `create-react-app` est prête à être utilisée pour créer l'arborescence de nos programmes React.

Créer un programme React avec la commande create-react-app

Comme indiqué à la fin du téléchargement des modules associés à `create-react-app`, il suffit de taper la commande suivante pour créer un nouveau répertoire qui contiendra l'arborescence du projet React.

Créer l'arborescence du projet React dans un répertoire reactapp

```
create-react-app reactapp
```

Cette commande crée le répertoire indiqué (ici `reactapp`), dans le répertoire actuel à partir duquel on tape la commande.

Dès le lancement de la commande, les modules nécessaires sont téléchargés (figure 8-4).

L'application React est en cours de création...

Après quelques minutes, l'écran suivant apparaît, indiquant le mode d'utilisation des fichiers créés (figure 8-5).

Figure 8–4

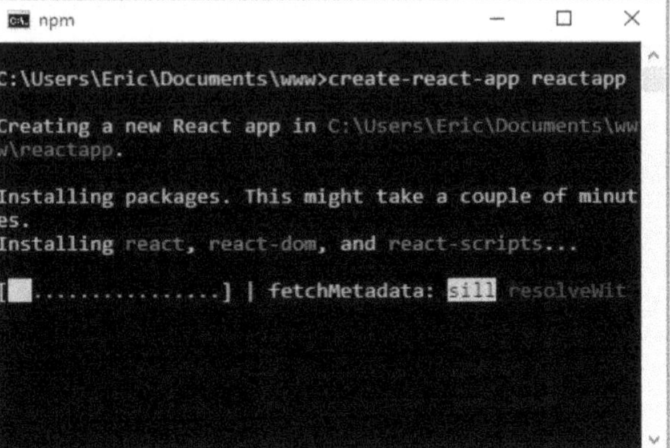

Figure 8–5

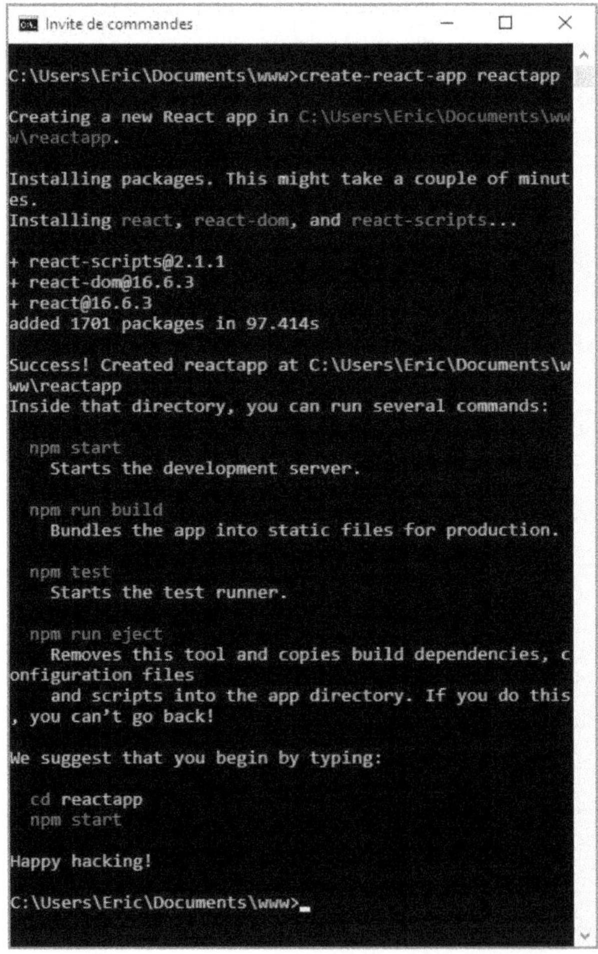

L'écran affiché à l'issue de la commande `create-react-app` indique les différentes commandes `npm` possibles.

Tapons les deux dernières commandes indiquées dans la suggestion affichée :

Commandes suggérées pour exécuter le programme React de base

```
cd reactapp
npm start
```

Après quelques instants, un navigateur s'ouvre, affichant la page correspondant à l'URL http:localhost:3000.

Figure 8–6

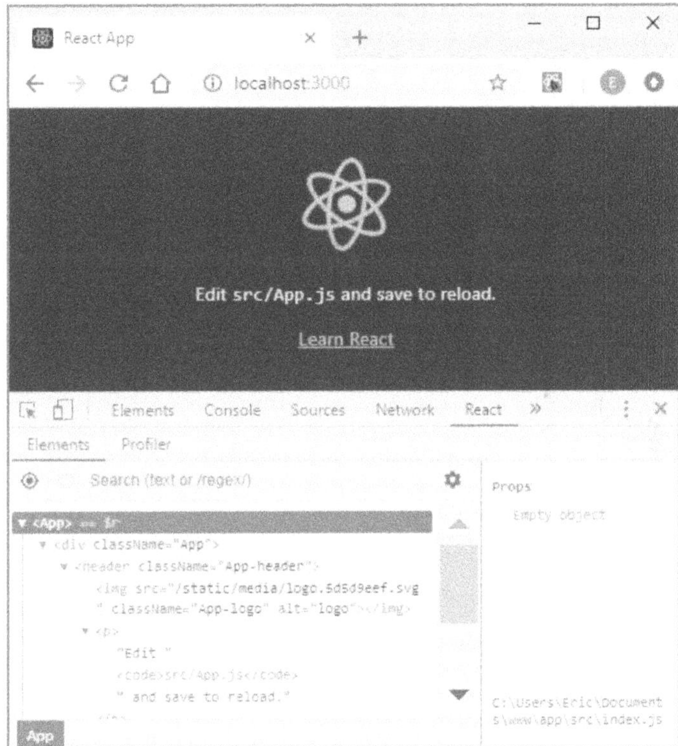

La fenêtre affichée correspond au programme par défaut créé par la commande `create-react-app`.

Le module téléchargé depuis `npm`, et associé à la commande `create-react-app`, inclut un serveur web qui est à l'écoute du port 3000, comme indiqué dans l'URL de notre page.

Ce serveur est lancé par la commande `npm start` exécutée depuis une fenêtre de commandes. Si vous fermez cette fenêtre, le serveur ne sera plus actif et l'URL http:localhost:3000 deviendra inaccessible.

Le dossier `reactapp` contient tous les programmes nécessaires pour exécuter l'URL indiquée, comprenant également le serveur web. Ce dossier `reactapp` est organisé sous forme de répertoires comprenant :

- le dossier `node_modules` (c'est-à-dire tous les programmes Node permettant de lancer le serveur, mais également les modules associés à React) ;
- le dossier `public` comprenant le fichier principal de l'application affichée par défaut (fichier `index.html`) ;
- le dossier `src` contenant les fichiers sources .css (styles) et .js (code React) utilisés pour l'application.

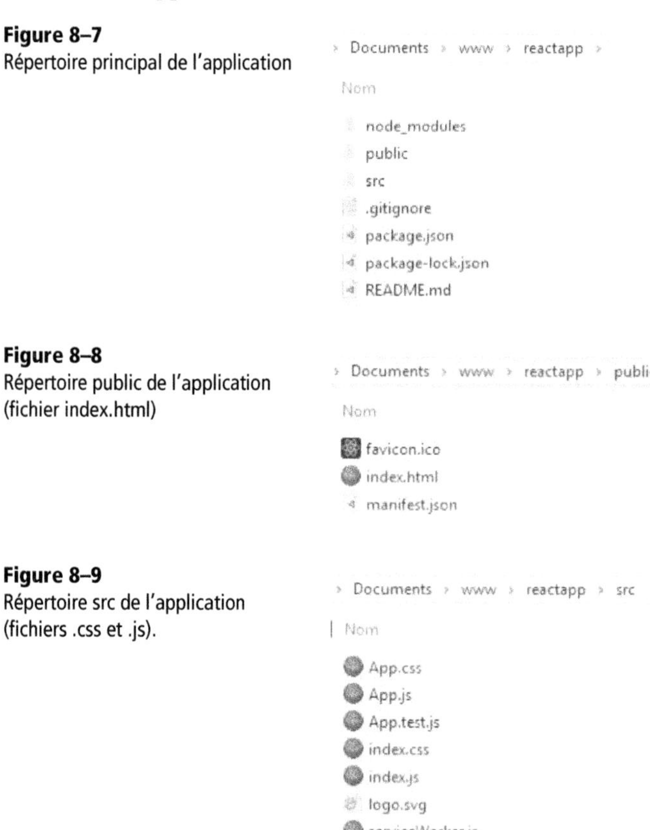

Figure 8–7
Répertoire principal de l'application

Figure 8–8
Répertoire public de l'application (fichier index.html)

Figure 8–9
Répertoire src de l'application (fichiers .css et .js).

Toute application créée à partir de `create-react-app` devra respecter l'arborescence suivante :

- le répertoire `public` contiendra le fichier `index.html` qui est utilisé au démarrage de l'application (en général jamais modifié) ;
- le répertoire `src` (et ses sous-répertoires éventuels) contiendra les sources de l'application (code CSS et code JavaScript).

Examinons maintenant le contenu des fichiers créés dans chaque répertoire.

Analyse des fichiers sources de l'application React créée par défaut

Le fichier principal de notre application est `index.html`. C'est lui qui doit s'exécuter lors du démarrage de l'application (lorsque l'on accède à l'URL http://localhost:3000).

Fichier public/index.html

```
<!DOCTYPE html>
<html lang="en">
  <head>
    <meta charset="utf-8">
    <link rel="shortcut icon" href="%PUBLIC_URL%/favicon.ico">
    <meta name="viewport" content="width=device-width, initial-scale=1,
         shrink-to-fit=no">
    <meta name="theme-color" content="#000000">
    <!-
      manifest.json provides metadata used when your web app is added to the
      homescreen on Android.
      See https://developers.google.com/web/fundamentals/web-app-manifest/
    -->
    <link rel="manifest" href="%PUBLIC_URL%/manifest.json">
    <!-
      Notice the use of %PUBLIC_URL% in the tags above.
      It will be replaced with the URL of the `public` folder during the build.
      Only files inside the `public` folder can be referenced from the HTML.

      Unlike "/favicon.ico" or "favicon.ico", "%PUBLIC_URL%/favicon.ico" will
      work correctly both with client-side routing and a non-root public URL.
      Learn how to configure a non-root public URL by running `npm run build`.
    -->
    <title>React App</title>
  </head>
  <body>
    <noscript>
      You need to enable JavaScript to run this app.
    </noscript>
    <div id="root"></div>
    <!-
      This HTML file is a template.
      If you open it directly in the browser, you will see an empty page.

      You can add webfonts, meta tags, or analytics to this file.
      The build step will place the bundled scripts into the <body> tag.

      To begin the development, run `npm start` or `yarn start`.
      To create a production bundle, use `npm run build` or `yarn build`.
    -->
  </body>
</html>
```

La ligne la plus importante du fichier est celle qui définit <div id="root"></div> car l'on sait que React utilise un élément <div> de la page HTML dans lequel il affiche le rendu du composant React principal. Ce composant React est celui de l'application dans son ensemble, qui contient les autres composants. Ce composant sera affiché dans le <div> créé ici.

Lors du chargement du fichier index.html, le fichier src/index.js est également chargé (sans avoir à l'indiquer dans le code HTML), et contient finalement le code React de notre application. Cette arborescence (répertoires public et src), ainsi que les noms des fichiers utilisés (index.html et index.js) sont à conserver si l'on modifie les codes sources de l'application par défaut, car sinon rien ne fonctionnera.

Fichier src/index.js

```
import React from 'react';
import ReactDOM from 'react-dom';
import './index.css';
import App from './App';
import * as serviceWorker from './serviceWorker';

ReactDOM.render(<App />, document.getElementById('root'));

// If you want your app to work offline and load faster, you can change
// unregister() to register() below. Note this comes with some pitfalls.
// Learn more about service workers: http://bit.ly/CRA-PWA
serviceWorker.unregister();
```

Le code principal de l'application React est ici d'exécuter l'instruction ReactDOM.render(), qui effectue l'affichage du composant <App> dans l'élément dont l'id est root (défini précédemment dans la page index.html). C'est le même principe que celui en œuvre dans les chapitres précédents.

Une différence avec les exemples de code que nous avions précédemment écrits, est que l'on utilise ici des instructions import pour importer les modules correspondants (au lieu des balises <script> utilisées auparavant).

- Les deux premières instructions import sont liées au code de la bibliothèque React, qui est maintenant inscrite dans les répertoires react et react-dom du répertoire node_modules.
- Les deux instructions import suivantes (la troisième et la quatrième du fichier index.js) permettent d'inclure les fichiers .css et .js correspondants. Lorsque l'extension du fichier n'est pas indiquée (ici, "./App"), elle est par défaut .js (donc "./App" signifie "./App.js").
- La dernière instruction import concerne le fichier serviceWorker.js, fourni avec l'application par défaut. Il n'est pas nécessaire ici pour exécuter nos applications React et nous n'en parlerons pas.

Le fichier index.css, comme son nom l'indique, est utilisé par le fichier index.js et sert à définir les styles globaux de l'application. On y trouve effectivement la définition du style de la balise <body> et celui de la balise <code> utilisée dans le composant <App>.

Fichier src/index.css

```
body {
  margin: 0;
  padding: 0;
  font-family: -apple-system, BlinkMacSystemFont, "Segoe UI", "Roboto", "Oxygen",
    "Ubuntu", "Cantarell", "Fira Sans", "Droid Sans", "Helvetica Neue",
    sans-serif;
  -webkit-font-smoothing: antialiased;
  -moz-osx-font-smoothing: grayscale;
}

code {
  font-family: source-code-pro, Menlo, Monaco, Consolas, "Courier New",
    monospace;
}
```

La partie intéressante de l'application se trouve dans la définition du composant <App>, situé dans le fichier `src/App.js`. Remarquez que le principe consiste à créer un fichier (donc un module) pour chaque composant React de notre application. Ces composants seront tous situés dans le répertoire `src` (éventuellement dans des sous-répertoires de celui-ci), tandis que les noms des fichiers utilisés sont les noms des composants. Ainsi, le composant <App> se trouve décrit dans le fichier `src/App.js`.

Fichier src/App.js

```
import React, { Component } from 'react';
import logo from './logo.svg';
import './App.css';

class App extends Component {
  render() {
    return (
      <div className="App">
        <header className="App-header">
          <img src={logo} className="App-logo" alt="logo" />
          <p>
            Edit <code>src/App.js</code> and save to reload.
          </p>
          <a
            className="App-link"
            href="https://reactjs.org"
            target="_blank"
            rel="noopener noreferrer"
          >
            Learn React
          </a>
        </header>
      </div>
```

```
    );
  }
}

export default App;
```

Chaque composant importe les fichiers qui lui sont nécessaires, ici les modules permettant d'utiliser les objets `React` et `React.Component`. Remarquez l'utilisation des objets déstructurés en écrivant `{ Component }`, qui signifie qu'il est possible d'utiliser `Component` comme nom de classe dans le code au lieu de `React.Component`.

Plutôt que d'écrire les lignes :

En utilisant la déstructuration des objets

```
import React, { Component } from 'react';

class App extends Component {
  ...
}
```

Avec la déstructuration des objets, on utilise la classe `Component` au lieu de `React.Component`.

On peut aussi écrire :

Sans utiliser la déstructuration des objets

```
import React from 'react';

class App extends React.Component {
  ...
}
```

Sans la déstructuration des objets, on utilise la classe `React.Component`.

Le code précédent utilise des classes CSS (visibles dans l'attribut `className`) : `App`, `App-header`, `App-logo` et `App-link`. Ces classes sont définies dans le fichier `App.css` importé également dans le fichier `App.js`. La règle est d'utiliser la même racine de nom de fichier pour tous les fichiers d'un même composant, qui seront distingués par l'extension utilisée.

Fichier src/App.css

```
.App {
  text-align: center;
}

.App-logo {
  animation: App-logo-spin infinite 20s linear;
  height: 40vmin;
}
```

```
.App-header {
  background-color: #282c34;
  min-height: 100vh;
  display: flex;
  flex-direction: column;
  align-items: center;
  justify-content: center;
  font-size: calc(10px + 2vmin);
  color: white;
}

.App-link {
  color: #61dafb;
}

@keyframes App-logo-spin {
  from {
    transform: rotate(0deg);
  }
  to {
    transform: rotate(360deg);
  }
}
```

Le dernier fichier analysé ici est le fichier `src/App.test.js`. Il permet d'effectuer le test du composant `<App>`. Pour exécuter le test, il faut introduire la commande `npm test` depuis l'interpréteur de commandes.

Commande pour tester l'application React

```
nmp test
```

Figure 8–10

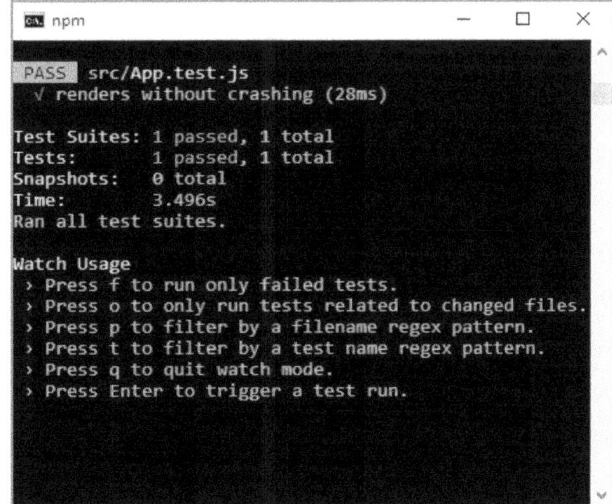

Créer les fichiers sources de notre application React

Une fois que l'arborescence de l'application est créée (par la commande create-react-app), il faut indiquer les fichiers de notre application réelle (sinon c'est l'application par défaut qui s'exécute).

Prenons l'exemple de l'application de gestion de liste d'éléments créée au chapitre 6. On avait utilisé trois composants : <App>, <ListeElements> et <Element>. Le but ici est de créer un fichier pour chaque composant en utilisant la structure précédente.

Composant <App> (fichier src/App.js)

```
import React from 'react';
import ListeElements from './ListeElements';

class App extends React.Component {
  constructor(props) {
    super(props);
    this.state = {
      elems : [],    // Tableau d'objets { txt, ukey }
      style : { fontSize : this.getFontSize() }
    };
  }
  getUniqueKey() {
    var key = Math.random() + "";
    return key;
  }
  insertElem() {
    var elems = this.state.elems;
    var txt = "Element" + (elems.length + 1);
    var ukey = this.getUniqueKey();
    var elem = { txt : txt, ukey : ukey };
    elems.push(elem);
    this.setState({ elems : elems });
  }
  removeElem(objElem) {     // Objet de classe Element
    var elems = this.state.elems;
    elems = elems.filter(function(elem) {
      if (objElem.ukey != elem.ukey) return true;  // Conserver l'élément
    });
    this.setState({ elems : elems });
  }
  modifyElem(objElem, newValue) {    // Objet de classe Element
    var elems = this.state.elems;
    elems = elems.map(function(elem) {
      var { txt, ukey } = elem;
      if (objElem.ukey == ukey) elem.txt = newValue;    // Modifier l'élément
      return elem;
    });
    this.setState({ elems : elems });
  }
```

```
  getFontSize() {
    var fontSize;
    if (window.innerHeight < 150) fontSize = 12;
    else if (window.innerHeight < 200) fontSize = 13;
    else if (window.innerHeight < 250) fontSize = 15;
    else if (window.innerHeight < 300) fontSize = 16;
    else if (window.innerHeight < 350) fontSize = 18;
    else if (window.innerHeight < 400) fontSize = 20;
    else if (window.innerHeight < 450) fontSize = 22;
    else if (window.innerHeight < 500) fontSize = 24;
    else if (window.innerHeight < 550) fontSize = 30;
    else fontSize = 40;
    return fontSize + "px";
  }
  handlerResize(event) {
    var fontSize = this.getFontSize();
    this.setState({ style : { fontSize : fontSize }});
  }
  componentDidMount() {
    window.addEventListener("resize", this.handlerResize.bind(this));
  }
  componentWillUnmount() {
    window.removeEventListener("resize", this.handlerResize);
  }
  render() {
    return (
      <div>
        <button onClick={this.insertElem.bind(this)}>Insérer</button>
        <ListeElements elems={this.state.elems} app={this}
                       style={this.state.style} />
      </div>
    )
  }
}

export default App;
```

Remarquez l'import du composant `<ListeElements>` à la suite de l'import de React.

Composant <ListeElements> (fichier src/ListeElements .js)

```
import React from 'react';
import Element from './Element';

class ListeElements extends React.Component {
  constructor(props) {
    super(props);
  }
  render() {
    return (
```

```
      <ul>
      {
        this.props.elems.map((elem, index) => {
          var { ukey, txt } = elem;
          return <Element key={ukey} ukey={ukey} txt={txt}
                          app={this.props.app} style={this.props.style}  />
        })
      }
      </ul>
    )
  }
}

export default ListeElements;
```

N'oublions pas d'exporter le composant (défini ici dans un module).

Composant <Element> (fichier src/Element .js)

```
import React from 'react';

class Element extends React.Component {
  constructor(props) {
    super(props);
    this.ukey = props.ukey;
    this.state = {
      style : { ...this.props.style },
      removed : false,
      modifyOn : false,
      txt : props.txt
    };
  }
  mouseOver() {
    var style = { ...this.state.style, color : "red", fontStyle : "italic" };
    this.setState({style : style });
  }
  mouseOut() {
    var style = { ...this.state.style, color : "", fontStyle : "" };
    this.setState({style : style });
  }
  handlerRemoveElem() {
    this.props.app.removeElem(this);   // this : objet de classe Element
  }
  modifyElem() {
    this.setState({ modifyOn : true });
  }
  handlerChange(event) {
    console.log(event.target.value);   // Afficher le texte saisi
    this.setState({ txt : event.target.value });
  }
```

```
  handlerKeyPress(event) {
    if (event.charCode == 13) {
      this.setState({ modifyOn : false });
      this.props.app.modifyElem(this, event.target.value);
    }
  }
  componentWillReceiveProps(props) {
    this.setState({ style : props.style });
  }
  render() {
    return (
      this.state.removed ? null :
      <li style={this.state.style}
          onMouseOver={this.mouseOver.bind(this)}
          onMouseOut={this.mouseOut.bind(this)}
          onDoubleClick={this.modifyElem.bind(this)} >
        { this.state.modifyOn ?
          <input type="text" value={this.state.txt}
                 onChange={this.handlerChange.bind(this)}
                 onKeyPress={this.handlerKeyPress.bind(this)}/> :
          <span>{this.state.txt}</span>
        }
        <button style={{margin:"10px", fontSize:"10px"}}
                onClick={this.handlerRemoveElem.bind(this)}
        >
          Supprimer
        </button>
      </li>
    )
  }
}

export default Element;
```

Et n'oublions pas d'exporter le composant (défini ici dans un module).

Le fichier `src/index.js` permet toujours d'inclure le composant <App>.

Fichier src/index.js

```
import React from 'react';
import ReactDOM from 'react-dom';
import App from './App';

ReactDOM.render(<App />, document.getElementById('root'));
```

On vérifie que le fonctionnement de l'application est identique (figure 8-11).

Figure 8–11

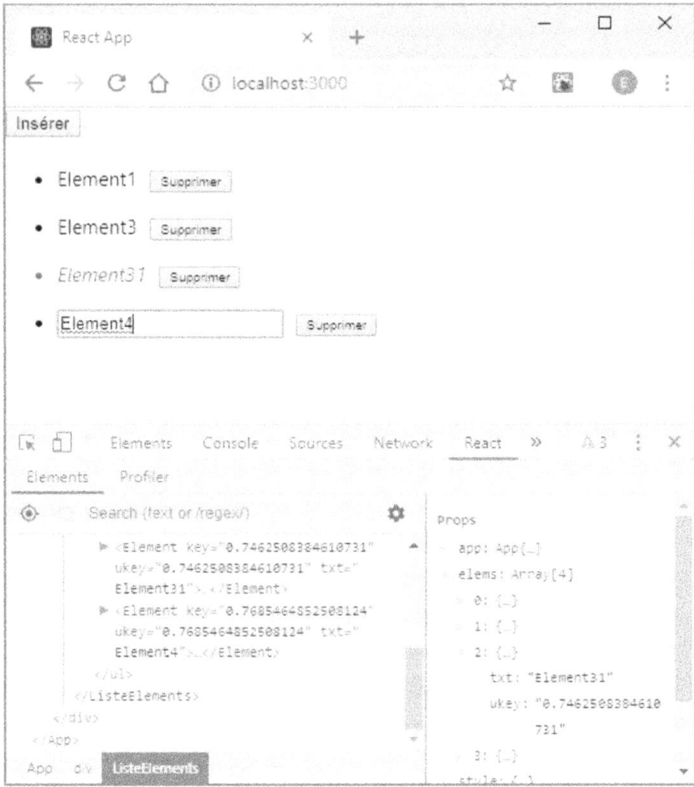

Notez que la page est rechargée à chaque sauvegarde d'un des fichiers du serveur, ce qui est bien pratique pour ne pas recharger manuellement la page à chaque fois.

Créer une application à destination d'un serveur de production

L'application testée sur le serveur avec l'URL http:localhost:3000 est une application qui utilise le mode développement. Elle n'est pas optimisée pour un mode de production (d'où le petit délai de chargement de la page d'accueil).

Une vraie optimisation consisterait à compacter les fichiers utilisés, voire à en diminuer le nombre en les regroupant ensemble. Cette opération d'optimisation est possible en tapant la commande `npm run build`, disponible grâce à `create-react-app`.

Optimiser l'application pour le mode production

```
npm run build
```

Figure 8–12

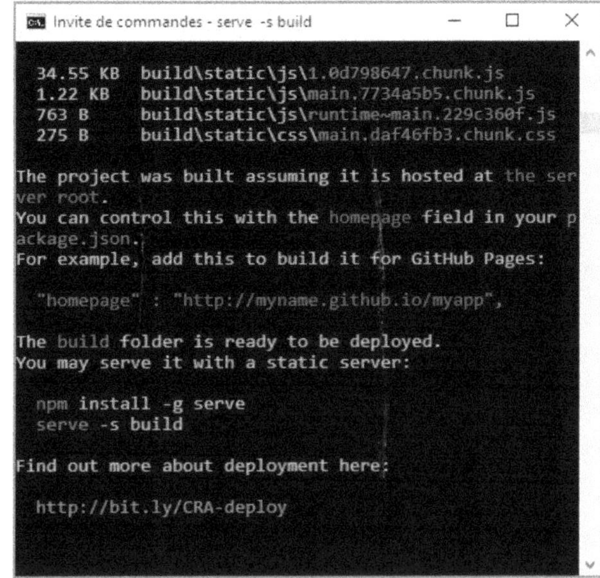

Une fois la commande `npm run build` tapée, le répertoire `build` est créé contenant les fichiers utilisables en mode production.

Figure 8–13

De plus, il est possible de tester immédiatement ces fichiers en suivant les recommandations affichées sur l'écran de la fenêtre de commandes :

Installation et mise en service d'un serveur en mode production

```
npm install -g serve
serve -s build
```

Une fois la commande `serve -s build` introduite, le serveur s'affiche dans la fenêtre de commandes (figure 8-14).

Figure 8–14

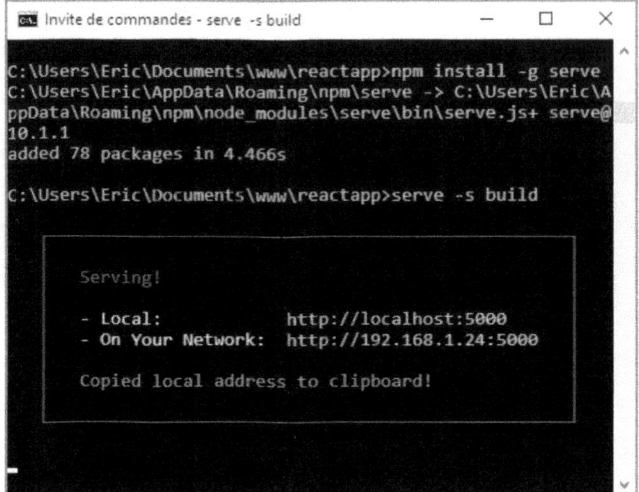

Le serveur en mode production est accessible par l'URL http://localhost:5000.

Tapons dans le navigateur l'URL http://localhost:5000 indiquée. La page s'affiche beaucoup plus rapidement du fait de l'optimisation des fichiers effectuée.

Figure 8–15

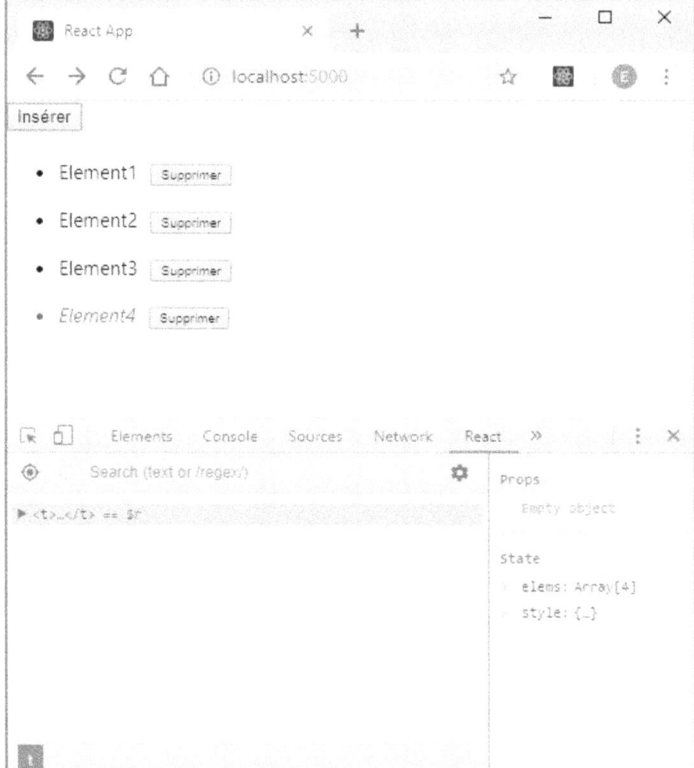

L'application en mode production fonctionne de façon identique à celle en mode développement, tout en étant chargée plus rapidement dans le navigateur.

Vérifier le type des propriétés utilisées dans les composants

L'intérêt d'utiliser `create-react-app` pour créer l'application React est, pour l'instant :

- la possibilité de développer les composants React dans des modules séparés, facilement assemblés au moyen de l'instruction `import` ;
- l'utilisation d'un serveur interne qui relance l'application à chaque modification ;
- la facilité de déploiement de l'application grâce à la commande `npm run build`.

Un autre intérêt est celui d'utiliser les modules React définis dans le répertoire `node_modules`. Nous utilisons pour l'instant les modules `react` et `react-dom` importés dans nos modules, mais la liste visible dans le répertoire `node_modules` nous fait pressentir que l'on peut en utiliser de nombreux autres !

Parmi les modules disponibles, utilisons le module `prop-types`, très utile pour écrire des applications React avec le moins d'erreurs possibles.

Vous aurez remarqué que lors de l'écriture d'un composant, il arrive souvent que celui-ci utilise d'autres composants. L'utilisation de ces composants se fait grâce aux propriétés transmises dans l'objet `props`.

Il est essentiel de connaître le type des propriétés à transmettre dans un composant : si celui-ci attend une chaîne de caractères et qu'on lui transmet autre chose, certains problèmes risquent d'apparaître !

React a prévu de pouvoir effectuer cette vérification (et de nombreuses autres) grâce au module `prop-types`. Une description de l'utilisation de ce module est disponible sur le site de React (https://reactjs.org/docs/typechecking-with-proptypes.html) mais on peut déjà montrer comment l'utiliser ici.

Reprenons l'exemple simple où l'on utilise le composant `<Element>` servant à afficher un élément de liste. Ce composant est utilisé dans le composant `<App>` de notre application. On écrit des composants les plus simples possibles car le but ici est de montrer comment on vérifie la transmission de propriétés entre eux, pas d'écrire des composants complexes.

Lors de la description de la classe `Element`, on indique dans celle-ci les caractéristiques attendues des propriétés de l'objet `props` qu'il reçoit. On définit pour cela la propriété `PropTypes` dans la classe `Element`. Cette propriété sera utilisée par le module `prop-types` que l'on aura préalablement inclus.

Classe Element qui vérifie que la propriété elem reçue est bien un objet (fichier src/Element.js)

```
import React from 'react';
import PropTypes from 'prop-types';

class Element extends React.Component {
  /* eslint no-useless-constructor: 0 */
  constructor(props) {
    super(props);
  }
  render() {
    return <li>{this.props.elem.text}</li>
  }
}

Element.propTypes = {
  elem : PropTypes.object
};

export default Element;
```

La propriété `elem` est un objet possédant la propriété `text`. On définit donc la propriété `elem` dans l'objet `Element.PropTypes` valant `PropTypes.object`.

Le commentaire contenant `eslint` permet de ne pas avoir l'avertissement indiquant que le constructeur écrit est vide (en dehors de l'appel du constructeur parent), car le serveur utilisé par `create-react-app` affiche ce message pour nous prévenir d'un éventuel oubli.

Classe App qui utilise la classe Element pour afficher cinq éléments de liste (fichier src/App.js)

```
import React from 'react';
import Element from './Element';

class App extends React.Component {
  /* eslint no-useless-constructor: 0 */
  constructor(props) {
    super(props);
  }
  render() {
    var elems = [
      { text : "Element1" },
      { text : "Element2" },
      { text : "Element3" },
      { text : "Element4" },
      { text : "Element5" }
    ];
    return (
      <ul>
      {
```

```
        elems.map(function(elem, index){
          return <Element key={index} elem={elem}></Element>
        })
      }
      </ul>
    )
  }
}

export default App;
```

La propriété `elem` transmise au composant `<Element>` est bien un objet ayant une propriété `text` (comme défini dans le tableau `elems`).

Affichons l'URL http://localhost:3000 dans le navigateur (figure 8-16).

Figure 8–16

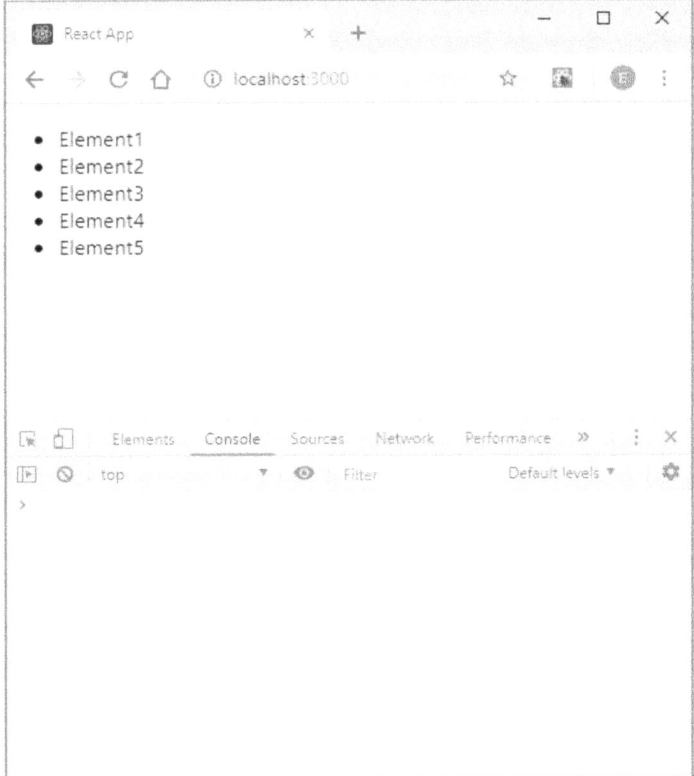

Aucun message d'erreur n'est signalé dans la console.

Supposons maintenant que la propriété `elem` attendue dans le composant `<Element>` soit une chaîne de caractères. On aurait écrit dans le module du composant `Element` :

Indiquer que la propriété elem est une chaîne de caractères (string)

```
import React from 'react';
import PropTypes from 'prop-types';

class Element extends React.Component {
  /* eslint no-useless-constructor: 0 */
  constructor(props) {
    super(props);
  }
  render() {
    return <li>{this.props.elem.text}</li>
  }
}

Element.propTypes = {
  elem : PropTypes.string
};

export default Element;
```

On fait exprès de faire une erreur de type, afin de voir quelle va être la réaction de React lors de l'affichage de la page.

Affichons de nouveau l'URL http://localhost:3000 (en fait, elle se réaffiche à nouveau toute seule car le serveur rafraîchit l'affichage à chaque modification de fichier).

Figure 8–17

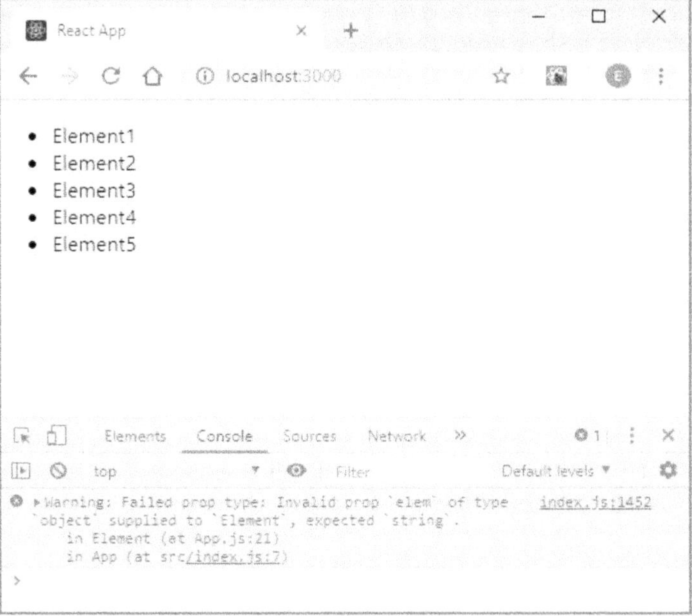

Un message d'erreur est affiché dans la console (détecté grâce au module prop-types).

9

Redux

Redux est une bibliothèque JavaScript indépendante de React, mais qui s'utilise beaucoup avec celui-ci.

- Avec React, elle permet de simplifier la gestion des états *(state)* des composants d'une application, en permettant une gestion centralisée de tous les états.
- Sans React, elle s'utilise également dans des applications pour lesquelles on souhaite gérer les états (comme nous l'avons fait avec React via l'objet `state`).

Afin de comprendre le fonctionnement de la bibliothèque Redux, on l'utilise dans ce chapitre indépendamment de React. Son utilisation avec React sera étudiée dans le chapitre suivant.

But de Redux

Redux permet de faciliter la gestion des états. Dans les précédents chapitres, nous avons vu que tous les composants React (uniquement ceux créés par une classe dérivant de `React.Component`) possèdent une propriété `state` qui reflète l'état du composant. Cet état sert (entre autres) à afficher le composant. Toute modification du composant affiché ne peut se faire qu'en modifiant l'état.

Parfois, on est obligé de mettre à jour l'état d'un autre composant, ce qui est assez complexe à faire car il faut avoir accès à cet autre composant. De plus, on n'a pas accès à un état global de toute l'application, mais uniquement aux états des composants qui la constitue.

L'idée de Redux est de centraliser la gestion des états dans un objet unique appelé `store`, qui centralise tous les états de tous les composants. Cet objet `store` (unique pour toute l'application) est géré par les méthodes de Redux.

Installation de Redux

Redux est un module `npm` qui s'installe au moyen de la commande `npm install redux`. Même s'il est mis en œuvre ici sans React, on utilise l'arborescence créée par `create-react-app` dans le répertoire `react-app` (voir chapitre précédent) afin de bénéficier de la structure installée (en particulier la gestion des modules).

Placez-vous dans le répertoire `reactapp` et saisissez la commande `npm install redux`.

Installer Redux en tant que module

```
cd reactapp
npm install redux
```

Figure 9–1

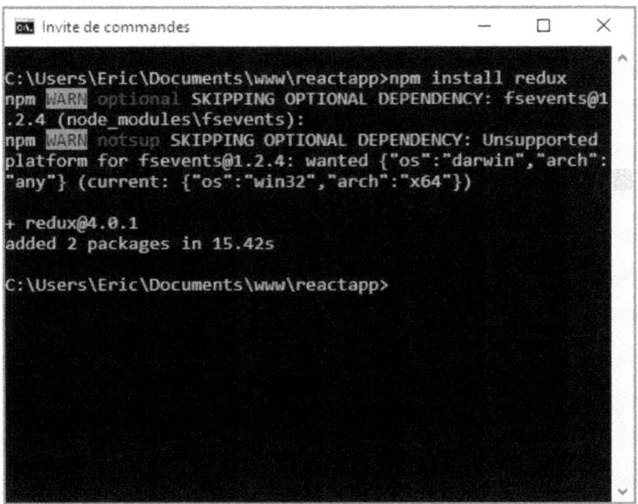

Le module `"redux"` sera maintenant accessible dans notre application.

Ensuite, on conserve le fichier `public/index.html` d'origine, et on modifie uniquement le fichier `src/index.js` (tous deux situés dans le répertoire `reactapp`).

Vérifions d'abord que le module `"redux"` est accessible pour notre application. Pour cela, on importe la fonction `createStore()` du module et on l'utilise (sans plus d'explications pour l'instant, elles viendront par la suite).

Utiliser la méthode createStore() du module "redux" (fichier src/index.js)

```
import { createStore } from "redux";

var store = createStore(function(state, action) {
  return state;
});

console.log(store);
```

La fonction `createStore(reducer)` prend en paramètre une fonction de callback (appelée un reducer) ayant les paramètres `state` et `action`. La fonction `createStore(reducer)` retourne un objet appelé `store`.

La fonction de callback utilisée en paramètre de `createStore()` est donc appelée un reducer. On étudie ci-après cette fonction.

Exécutons ce programme pour afficher le contenu de l'objet `store` dans la console (figure 9-2).

Figure 9–2

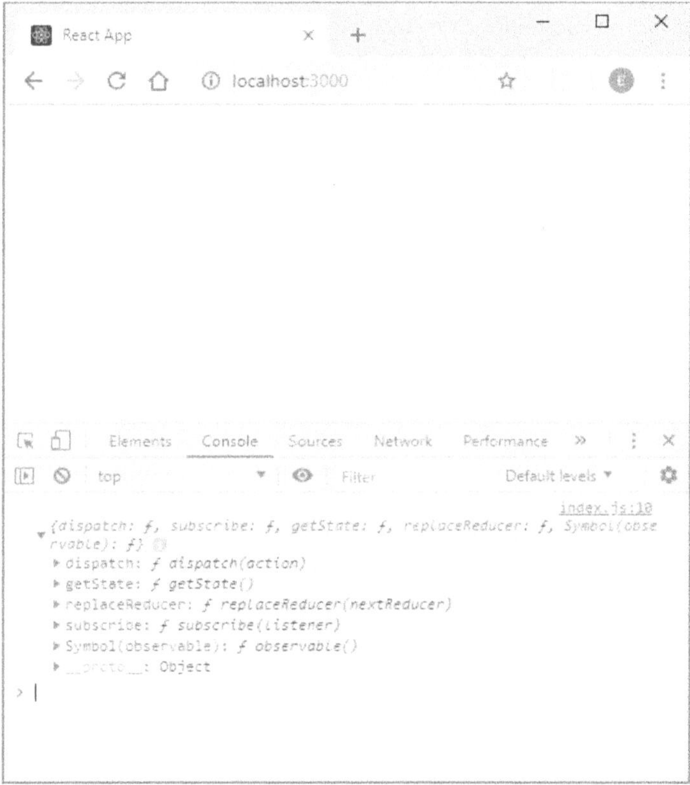

L'objet `store` retourné par `createStore()` possède les méthodes `dispatch()`, `getState()`, `replaceReducer()` et `subscribe()`. Ces méthodes permettent le fonctionnement de Redux.

Fonctionnement de Redux

La méthode `createStore()` retourne un objet `store` pour conserver et gérer l'état de l'application. Celui-ci ne peut être lu et mis à jour qu'à travers les méthodes suivantes, fournies sur l'objet `store`.

- La méthode `store.dispatch(action)` qui permet d'effectuer une modification de l'état, en fonction de l'action indiquée. En effet, seules les actions permettent d'effectuer une modification de l'état. Par exemple, une action pourrait être « Ajouter cet élément dans la liste » ou « Retirer le deuxième élément de la liste ».

  La différence avec React est que la modification de l'état n'est pas faite directement en indiquant sa valeur (par `this.setState()`), mais plutôt en exécutant une action qui provoquera la modification de l'état (par `store.dispatch(action)`).
- La méthode `store.getState()` permet de récupérer sous forme d'objet l'état (stocké dans l'objet `store`). Cette méthode `store.getState()` ressemble au fonctionnement de l'objet `this.state` utilisé dans React, à la différence qu'elle retourne l'état de toute l'application et pas seulement celui qui est associé à un composant.
- La méthode `store.subscribe(listener)` permet d'effectuer un traitement lors de chaque action. Le traitement est effectué dans la fonction de callback `listener()`.

Globalement, on voit donc que l'on a des actions qui mettent à jour l'état et que l'on peut « écouter » les éventuels changements d'état lorsque les actions sont exécutées.

La mise à jour de l'état est effectuée suite aux actions « dispatchées », mais la procédure de mise à jour de l'état est centralisée dans la fonction de callback indiquée en paramètre de la fonction `createStore(reducer)`. Le reducer (méthode de la forme `reducer(state, action)`) est donc une partie importante de l'application car il permet d'indiquer comment l'état est mis à jour (en fonction de l'ancien état et de l'action effectuée).

Actions dans Redux

Les actions sont les éléments de l'application qui permettent de modifier l'état. Elles correspondent à tout ce qui peut produire un changement d'état de notre application. Par exemple, en supposant que notre application gère une liste d'éléments, des actions possibles pourraient être :

- ajouter un nouvel élément en fin de liste ;
- supprimer un élément dans la liste ;
- inverser l'ordre des éléments de la liste ;
- afficher uniquement les éléments qui contiennent un mot recherché.

Ces actions peuvent modifier ou non l'état. Par exemple, si une liste possède un seul élément, le fait d'inverser cette liste ne produira aucune modification à l'affichage. Mais si l'on souhaite en plus conserver l'ordre d'insertion (ordre alphabétique croissant ou non), l'état sera modifié en interne (booléen indiquant croissant ou non) même si l'affichage n'est pas modifié.

Une action possède des paramètres qui la décrivent. Ainsi, pour les actions précédentes, on pourrait avoir comme paramètres :

- ajouter un nouvel élément en fin de liste : description de l'élément ;
- supprimer un élément dans la liste : index de l'élément à supprimer ;
- inverser l'ordre des éléments de la liste : pas de paramètre ;
- afficher uniquement les éléments qui contiennent un mot recherché : mot à rechercher.

Une action dans Redux est définie sous forme d'un objet JavaScript qui sert à la décrire. La seule contrainte est que chaque action doit posséder un attribut `type` qui permettra de la différencier d'une action d'un autre type. Le `type` est un attribut quelconque, mais il est souvent défini sous forme de constante entière ou de chaîne de caractères.

Par exemple, en considérant les actions décrites précédemment, voici ce que serait le code.

Actions définies pour gérer une liste d'éléments (fichier src/index.js)

```
// Constantes définissant les types d'actions
const ADD_ELEM = "ADD_ELEM";
const REMOVE_ELEM = "REMOVE_ELEM";
const REVERT_LIST = "REVERT_LIST";
const FIND_TAG = "FIND_TAG";

// Actions d'ajout (en fin de liste)
var add_elem_1 = { type : ADD_ELEM, elem : "Element1" };
var add_elem_2 = { type : ADD_ELEM, elem : "Element2" };
var add_elem_3 = { type : ADD_ELEM, elem : "Element3" };
var add_elem_4 = { type : ADD_ELEM, elem : "Element4" };
var add_elem_5 = { type : ADD_ELEM, elem : "Element5" };

// Actions de suppression
var remove_elem_1 = { type : REMOVE_ELEM, index : 3 };
var remove_elem_2 = { type : REMOVE_ELEM, index : 2 };

// Action d'inversion
var revert_list_1 = { type : REVERT_LIST };

// Actions de recherche
var find_tag_1 = { type : FIND_TAG, tag : "Element3" };
var find_tag_2 = { type : FIND_TAG, tag : "Element4" };
```

Les types d'actions sont ici définis sous forme de constantes, puis chaque action est décrite avec ses paramètres. Seul l'attribut `type` est présent dans chaque action, ce qui permet de savoir quel est le type de chaque action.

De plus, comme on peut avoir plusieurs actions d'un même type (par exemple `add_elem_1`, `add_elem_2`, etc.), il est plus simple de créer une fonction qui construit l'action, en indiquant les propriétés de l'action dans les paramètres de la fonction. Ainsi, pour remplacer les actions définies précédemment, on aurait les créateurs d'actions suivants.

Utiliser des créateurs d'actions

```
// Constantes définissant les types d'actions
const ADD_ELEM = "ADD_ELEM";
const REMOVE_ELEM = "REMOVE_ELEM";
const REVERT_LIST = "REVERT_LIST";
const FIND_TAG = "FIND_TAG";

// Créateurs d'actions
function add_elem(elem) {
  return {
    type : ADD_ELEM,
    elem : elem
  }
}

function remove_elem(index) {
  return {
    type : REMOVE_ELEM,
    index : index
  }
}

function revert_list() {
  return {
    type : REVERT_LIST
  }
}

function find_tag(tag) {
  return {
    type : FIND_TAG,
    tag : tag
  }
}

// Actions d'ajout (en fin de liste)
var add_elem_1 = add_elem("Element1");
var add_elem_2 = add_elem("Element2");
var add_elem_3 = add_elem("Element3");
var add_elem_4 = add_elem("Element4");
var add_elem_5 = add_elem("Element5");

// Actions de suppression
var remove_elem_1 = remove_elem(3);
var remove_elem_2 = remove_elem(2);

// Action d'inversion
var revert_list_1 = revert_list();

// Actions de recherche
var find_tag_1 = find_tag("Element3");
var find_tag_2 = find_tag("Element4");
```

Chaque créateur d'action retourne une action, selon les paramètres indiqués. Les actions sont ensuite créées en utilisant le créateur d'action associé.

Les reducers dans Redux

Le reducer est la fonction de callback utilisée en paramètre de la fonction `createStore(reducer)`. Elle permet d'indiquer les changements d'états de l'application, en fonction des actions effectuées.

Son fonctionnement est le suivant : la fonction `reducer(state, action)` utilise l'état actuel de l'application, et selon l'action indiquée en paramètre, la fonction retourne un nouvel état. Elle ne doit rien faire d'autre, et en particulier elle ne doit surtout pas :

- mettre à jour des valeurs externes (bases de données, variables, etc.) ;
- utiliser des données variables autres que celles indiquées en paramètres (`state` et `action`) ;
- modifier l'état actuel (donc on s'interdit d'effectuer une action quelconque dans le reducer, ce qui modifierait l'état).

En fait, un reducer est ce que l'on appelle une « fonction pure » : si l'on exécute plusieurs fois la fonction avec les mêmes arguments, son comportement doit toujours être identique. Et pour cela, le monde extérieur ne doit pas influer sur son comportement.

Indiquons la forme minimale d'un reducer. Pour l'instant, il affiche dans la console les paramètres `state` et `action` transmis, et retourne le même état que celui transmis (pas de modification d'état pour le moment).

Forme générale d'un reducer

```
import { createStore } from "redux";

createStore(function(state, action) {
  console.log("state =", state, "action =", action);
  return state;   // Par défaut, on retourne l'état actuel
});
```

Le rôle d'un reducer étant de retourner le nouvel état, il est normal de retourner quelque chose, ici l'état actuel. Si rien n'est retourné, Redux considérera que le nouvel état était de valeur `undefined`.

Il est bien sûr possible d'écrire le reducer sous la forme d'une fonction externe, non directement intégrée dans l'appel à la fonction `createStore()`.

Reducer écrit sous la forme d'une fonction externe

```
import { createStore } from "redux";

function reducer(state, action) {
  console.log("state =", state, "action =", action);
  return state;    // Par défaut, on retourne l'état actuel
}

createStore(reducer);
```

Le reducer est ici défini en tant que fonction externe et il est utilisé en paramètre de la fonction `createStore(reducer)`.

Figure 9–3

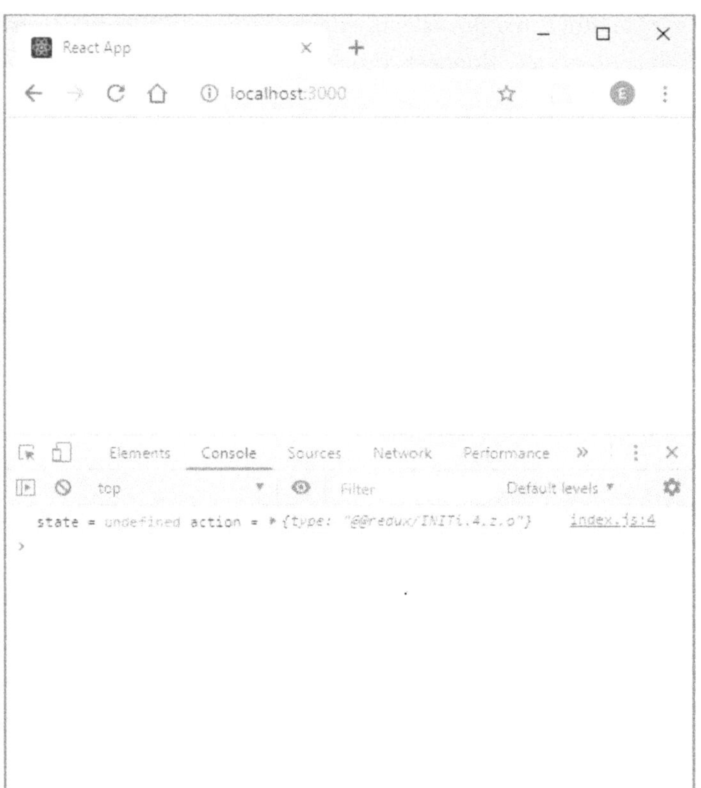

Le reducer est appelé lors de l'initialisation, à l'aide d'une action interne à Redux, tandis que l'état est `undefined` vu que l'on ne l'a pas encore défini.

Gérer l'état dans le reducer

Le rôle d'un reducer est de retourner le nouvel état, en fonction de l'état actuel et de l'action à effectuer (tous deux transmis en paramètres).

Tout d'abord, on écrit les propriétés qui doivent être définies dans l'état, en fonction des actions à exécuter. Écrivons les propriétés nécessaires pour gérer les actions sur la liste d'éléments. Ces actions étaient les suivantes.

- Ajouter un nouvel élément en fin de liste : on aura besoin du tableau `elems` qui conservera la liste des éléments insérés (initialisé à `[]`).
- Supprimer un élément dans la liste : on utilisera le tableau `elems` précédent.
- Inverser l'ordre des éléments de la liste : on utilisera le tableau `elems`, et un booléen `revert` indiquant si le tableau est inversé (`true`) ou non (`false`, valeur par défaut).
- Afficher uniquement les éléments qui contiennent un mot recherché : on utilisera un nouveau tableau `elems` (initialisé à `[]`) regroupant les éléments contenant le mot recherché, ainsi que le mot recherché correspondant (initialisé à `""`). Pour éviter les conflits de noms, on associe ces deux informations dans un objet `find` de la forme `{ elems, tag }`.

Ceci permet de définir le statut initial de l'état.

Initialisation de l'état de l'application

```
const stateInit = {
  elems : [],        // Éléments de la liste
  revert : false,    // true si la liste est inversée
  find : {
    tag : "",        // Tag à rechercher
    elems : []       // Éléments contenant le tag recherché
  }
}
```

Il reste à écrire le reducer qui provoque les modifications dans l'état en fonction des actions qui se produisent.

Reducer gérant les états des éléments de liste

```
import { createStore } from "redux";

// Constantes définissant les types d'action
const ADD_ELEM = "ADD_ELEM";
const REMOVE_ELEM = "REMOVE_ELEM";
const REVERT_LIST = "REVERT_LIST";
const FIND_TAG = "FIND_TAG";

const stateInit = {
  elems : [],        // Éléments de la liste
  revert : false,    // true si la liste est inversée
```

```
  find : {
    tag : "",        // Tag à rechercher
    elems : []       // Éléments contenant le tag recherché
  }
}

function reducer(state = stateInit, action) {
  var newState;    // État retourné par le reducer
  if (action.type == ADD_ELEM) {
    var elem = action.elem;     // Élément à ajouter
    var elems = state.elems;   // Éléments actuels
    elems.push(elem);    // Ajouter l'élément
    newState = Object.assign({}, state, {elems : elems});
  }
  else if (action.type == REMOVE_ELEM) {
    var index = action.index; // Index de l'élément à supprimer
    var elems = state.elems;   // Éléments actuels
    elems = elems.filter(function(elem, i) {
      if (i == index) return false;  // Supprimer l'élément
      else return true;              // Conserver l'élément
    });
    newState = Object.assign({}, state, {elems : elems});
  }
  else if (action.type == REVERT_LIST) {
    var elems = state.elems;   // Éléments actuels
    var revert = state.revert; // Ordre actuel
    elems.reverse();    // Inverser les éléments du tableau
    newState = Object.assign({}, state, {elems : elems, revert : !revert});
  }
  else if (action.type == FIND_TAG) {
    var elems = state.elems;   // Éléments actuels
    var tag = action.tag;      // Tag recherché
    elems = elems.filter(function(elem, i) {
      if (elem.indexOf(tag) >= 0) return true;
      else return false;
    });
    newState = Object.assign({}, state, { find : { elems : elems, tag : tag }});
  }
  else {
    // Action inconnue
    newState = state;   // Par défaut, on retourne l'état actuel
  }
  console.log(action, newState);
  return newState;
}
```

Remarque

Pour chaque action, l'état actuel n'est jamais modifié, mais uniquement la variable locale `newState` qui est ensuite retournée par le reducer.
Le statut de départ de l'état est initialisé dans la définition de la fonction, au moyen des fonctionnalités de ES6. On voit ici l'intérêt de traiter le cas de l'action inconnue dans le reducer, ce qui permet de prendre en compte l'action d'initialisation interne de Redux.

Notez l'utilisation de `Object.assign(obj1, obj2, obj3, ...)`. Cette méthode permet de créer un nouvel objet à partir de la fusion des propriétés des objets transmis en paramètres. Toutefois, cette fusion modifie le premier objet transmis en paramètre (ici, `obj1`). C'est pourquoi ce premier objet transmis est un objet vide `{ }`, de façon à ne pas modifier un objet utilisé. Le résultat de la fusion est retourné par la méthode.

De plus, on aurait aussi pu utiliser une autre forme d'écriture en ES6, en utilisant la déstructuration des objets ES6.

Ainsi, au lieu d'écrire :

Fusion de l'objet state et de la propriété elems

```
newState = Object.assign({}, state, {elems : elems});
```

On aurait aussi pu écrire :

Fusion de l'objet state et de la propriété elems en ES6

```
newState = { ...state, elems };  // Ou newState = { ...state, elems : elems };
```

Les propriétés de l'objet `state` sont fusionnées dans un nouvel objet avec le tableau `elems`.

Utilisation des actions avec le reducer

Le reducer sert à traiter les changements d'états lorsque des actions se produisent. On va donc maintenant intégrer des actions dans notre programme, afin que le reducer entre en scène.

Nous utilisons les créateurs d'actions que nous avons précédemment définis, et nous déclenchons les actions correspondantes. L'affichage de l'état dans la console permet de voir les changements d'états correspondants.

Utiliser les actions avec le reducer (fichier src/index.js)

```
import { createStore } from "redux";

// Constantes définissant les types d'actions
const ADD_ELEM = "ADD_ELEM";
const REMOVE_ELEM = "REMOVE_ELEM";
const REVERT_LIST = "REVERT_LIST";
const FIND_TAG = "FIND_TAG";

const stateInit = {
  elems : [],       // Éléments de la liste
  revert : false,   // true si la liste est inversée
  find : {
    tag : "",       // Tag à rechercher
```

```
    elems : []      // Éléments contenant le tag recherché
  }
}

function reducer(state = stateInit, action) {
  var newState;   // État retourné par le reducer
  if (action.type == ADD_ELEM) {
    var elem = action.elem;    // Élément à ajouter
    var elems = state.elems;   // Éléments actuels
    elems.push(elem);    // Ajouter l'élément
    newState = Object.assign({}, state, {elems : elems});
  }
  else if (action.type == REMOVE_ELEM) {
    var index = action.index; // Index de l'élément à supprimer
    var elems = state.elems;   // Éléments actuels
    elems = elems.filter(function(elem, i) {
      if (i == index) return false;  // Supprimer l'élément
      else return true;              // Conserver l'élément
    });
    newState = Object.assign({}, state, {elems : elems});
  }
  else if (action.type == REVERT_LIST) {
    var elems = state.elems;   // Éléments actuels
    var revert = state.revert; // Ordre actuel
    elems.reverse();    // Inverser les éléments du tableau
    newState = Object.assign({}, state, {elems : elems, revert : !revert});
  }
  else if (action.type == FIND_TAG) {
    var elems = state.elems;   // Éléments actuels
    var tag = action.tag;      // Tag recherché
    elems = elems.filter(function(elem, i) {
      if (elem.indexOf(tag) >= 0) return true;
      else return false;
    });
    newState = Object.assign({}, state, { find : { elems : elems, tag : tag }});
  }
  else {
    // Action inconnue
    newState = state;   // Par défaut, on retourne l'état actuel
  }
  console.log(action, newState);
  return newState;
}

var store = createStore(reducer);

// créateurs d'actions
function add_elem(elem) {
  return {
    type : ADD_ELEM,
    elem : elem
  }
}
```

```
function remove_elem(index) {
  return {
    type : REMOVE_ELEM,
    index : index
  }
}

function revert_list() {
  return {
    type : REVERT_LIST
  }
}

function find_tag(tag) {
  return {
    type : FIND_TAG,
    tag : tag
  }
}

// Actions d'ajout
store.dispatch(add_elem("Element1"));
store.dispatch(add_elem("Element2"));
store.dispatch(add_elem("Element3"));
store.dispatch(add_elem("Element4"));
store.dispatch(add_elem("Element5"));

// Action d'inversion
store.dispatch(revert_list());

// Actions de recherche
store.dispatch(find_tag("Element5"));
store.dispatch(find_tag("Element2"));

// Actions de suppression
store.dispatch(remove_elem(3));
store.dispatch(remove_elem(2));
```

Le reducer est connecté au store de Redux via la fonction `createStore(reducer)`.

Une fois les créateurs d'actions définis, ils sont utilisés via `store.dispatch(action)`.

On peut voir dans la console l'évolution de l'état (figure 9-4).

Le state de Redux évolue au fur et à mesure de l'exécution des actions.

Figure 9–4

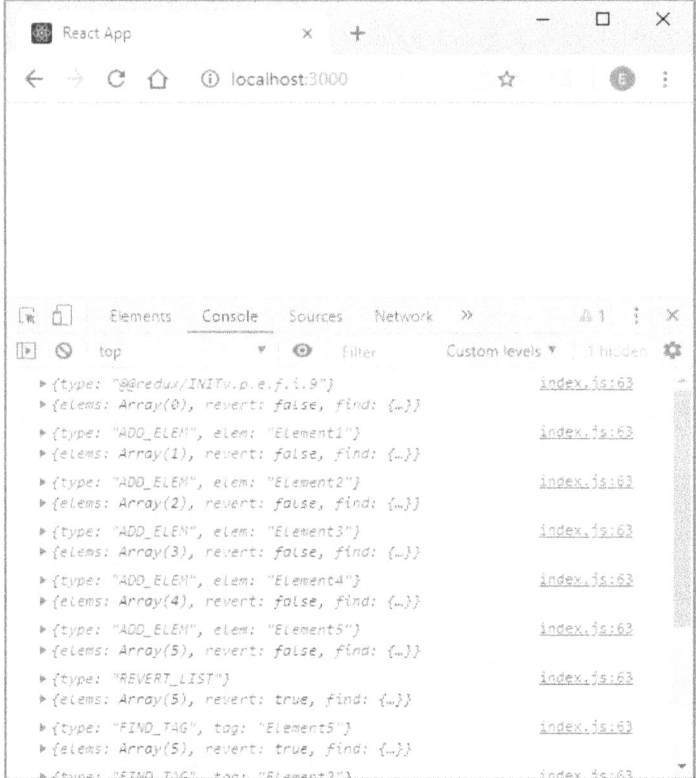

Prise en compte des changements de l'état dans notre programme

L'état est mis à jour dans le reducer au fur et à mesure que les actions s'enchaînent. Il reste toutefois à pouvoir prendre en compte ces changements dans notre programme.

Pour cela, on utilise la méthode `store.subscribe(callback)`. La fonction de callback est appelée après chaque action (lorsque l'action est terminée et l'état mis à jour). Il faut bien sûr que cette méthode soit exécutée avant le déclenchement de la première action (sinon l'action est déclenchée mais aucun traitement n'est écrit pour la prendre en compte).

Prise en compte des actions

```
store.subscribe(function() {
  console.log(store.getState());  // Afficher le nouvel état
});

// Actions d'ajout
store.dispatch(add_elem("Element1"));
store.dispatch(add_elem("Element2"));
store.dispatch(add_elem("Element3"));
store.dispatch(add_elem("Element4"));
store.dispatch(add_elem("Element5"));

// Action d'inversion
store.dispatch(revert_list());

// Actions de recherche
store.dispatch(find_tag("Element5"));
store.dispatch(find_tag("Element2"));

// Actions de suppression
store.dispatch(remove_elem(3));
store.dispatch(remove_elem(2));
```

L'instruction `store.subscribe()` est positionnée avant les instructions `store.dispatch()`.

Ici, on affiche l'état et le résultat est similaire au précédent.

Mise en forme du programme dans des modules séparés

Tout notre programme est contenu dans le fichier `src/index.js`. Il serait bien de pouvoir séparer les actions et le reducer dans des fichiers distincts. Pour cela, on crée les fichiers `src/reducers.js` et `src/actions.js` qui seront intégrés dans le fichier principal `src/index.js`.

De plus, les constantes définissant les actions sont mises dans un autre fichier `src/actions_types.js`, de façon à pouvoir être utilisées dans plusieurs autres fichiers.

On indique ci-après le contenu de chaque fichier. Commençons par le fichier des constantes d'actions.

Constantes définissant les types d'actions (fichier src/actions_types.js)

```
// Constantes définissant les types d'actions
export const ADD_ELEM = "ADD_ELEM";
export const REMOVE_ELEM = "REMOVE_ELEM";
export const REVERT_LIST = "REVERT_LIST";
export const FIND_TAG = "FIND_TAG";
```

Chaque constante est exportée de façon à pouvoir être utilisée dans un autre module.

Le fichier src/actions.js permettant de définir les actions utilise le fichier définissant les constantes précédentes. Pour importer ces constantes à partir du fichier actions_types.js, on pourrait écrire en première ligne du fichier actions.js la ligne de code suivante.

Import des constantes d'actions

```
import { ADD_ELEM, REMOVE_ELEM, REVERT_LIST, FIND_TAG } from "./actions_types.js";
```

Il suffit d'énumérer la liste des constantes d'actions qui sont ainsi importées.

Toutefois, cette syntaxe pose un problème dans le cas où on ajoute des nouvelles actions, car il faut mettre à jour la liste importée. Il serait bien de ne pas avoir à répéter cette liste lors de chaque import des constantes dans un nouveau fichier.

La syntaxe de l'instruction import le permet, en définissant un espace de nom pour les données importées. Ainsi, pour importer les constantes du fichier actions_types.js dans le module actions.js, en utilisant l'espace de nom ACTIONS (ou tout autre nom), on écrit le code suivant.

Import des constantes d'actions en utilisant l'espace de nom ACTIONS (fichier src/actions.js)

```
import * as ACTIONS from "./actions_types.js";
```

L'espace de nom ACTIONS implique d'utiliser les données importées en les préfixant de "ACTIONS.". Par exemple, on écrira ACTIONS.ADD_ELEM pour utiliser la constante ADD_ELEM.

Le fichier actions.js peut alors s'écrire ainsi.

Fichier définissant les actions (fichier src/actions.js)

```
import * as ACTIONS from "./actions_types.js";

// Créateurs d'actions
export function add_elem(elem) {
  return {
    type : ACTIONS.ADD_ELEM,
    elem : elem
  }
}

export function remove_elem(index) {
  return {
    type : ACTIONS.REMOVE_ELEM,
    index : index
  }
}
```

```
export function revert_list() {
  return {
    type : ACTIONS.REVERT_LIST
  }
}

export function find_tag(tag) {
  return {
    type : ACTIONS.FIND_TAG,
    tag : tag
  }
}
```

Le type des actions est préfixé de l'espace de nom ACTIONS, et chaque fonction définissant une action est exportée (pour pouvoir être utilisée dans un autre module).

Le fichier du reducer est le suivant.

Fichier du reducer (fichier src/reducers.js)

```
import * as ACTIONS from "./actions_types.js";

const stateInit = {
  elems : [],
  revert : false,
  find : {
    tag : "",
    elems : []
  }
}

export default function reducer(state = stateInit, action) {
  var newState;
  if (action.type == ACTIONS.ADD_ELEM) {
    var elem = action.elem;
    var elems = state.elems;
    elems.push(elem);
    newState = Object.assign({}, state, {elems : elems});
  }
  else if (action.type == ACTIONS.REMOVE_ELEM) {
    var index = action.index;
    var elems = state.elems;
    elems = elems.filter(function(elem, i) {
      if (i == index) return false;
      else return true;
    });
    newState = Object.assign({}, state, {elems : elems});
  }
  else if (action.type == ACTIONS.REVERT_LIST) {
    var elems = state.elems;
    var revert = state.revert;
```

```
    elems.reverse();
    newState = Object.assign({}, state, {elems : elems, revert : !revert});
  }
  else if (action.type == ACTIONS.FIND_TAG) {
    var elems = state.elems;
    var tag = action.tag;
    elems = elems.filter(function(elem, i) {
      if (elem.indexOf(tag) >= 0) return true;
      else return false;
    });
    newState = Object.assign({}, state, { find : { elems : elems, tag : tag }});
  }
  else {
    // Action inconnue
    newState = state;
  }
  return newState;
}
```

On importe les constantes d'actions au moyen de l'import avec l'espace de nom `ACTIONS` (ou tout autre nom), puis cet espace de nom est utilisé dans toutes les utilisations des constantes d'actions.

De plus, la fonction du reducer est exportée (`export default`) de façon à être utilisée lors de l'instruction `createStore(reducer)`.

Il reste à écrire le fichier `src/index.js` qui utilise les précédents fichiers. Il est beaucoup plus court maintenant que les autres fonctionnalités sont externalisées, et il se concentre sur le traitement principal.

Fichier src/index.js

```
import { createStore } from "redux";
import reducer from "./reducers.js";
import * as ACTIONS from "./actions.js";

var store = createStore(reducer);

store.subscribe(function() {
  console.log(store.getState());  // Afficher le nouvel état
});

// Actions d'ajout
store.dispatch(ACTIONS.add_elem("Element1"));
store.dispatch(ACTIONS.add_elem("Element2"));
store.dispatch(ACTIONS.add_elem("Element3"));
store.dispatch(ACTIONS.add_elem("Element4"));
store.dispatch(ACTIONS.add_elem("Element5"));
```

```
// Action d'inversion
store.dispatch(ACTIONS.revert_list());

// Actions de recherche
store.dispatch(ACTIONS.find_tag("Element5"));
store.dispatch(ACTIONS.find_tag("Element2"));

// Actions de suppression
store.dispatch(ACTIONS.remove_elem(3));
store.dispatch(ACTIONS.remove_elem(2));
```

Il suffit d'importer le reducer et les actions.

On vérifie que l'exécution du programme est identique à celle du précédent programme (figure 9-5).

Figure 9–5

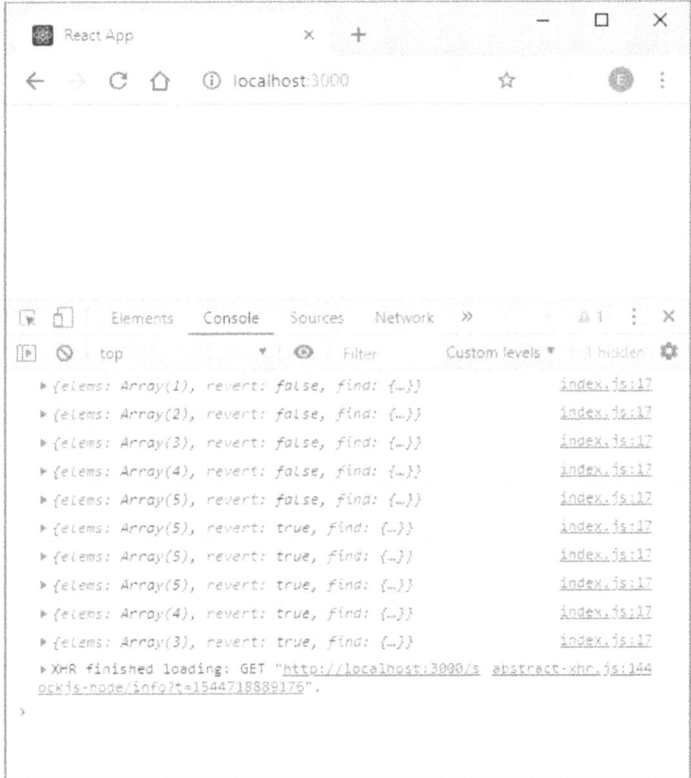

Le state est affiché dans la console à la fin de chaque action.

Conclusion

Dans ce chapitre, nous avons étudié le module Redux indépendamment de React.

Le module Redux permet donc :

- de gérer le state de toute l'application dans un objet `store` qui le contient (dans `store.getState()`) ;
- puis de modifier le state au moyen d'actions (par `store.dispatch(action)`) ;
- et enfin d'être prévenu des modifications du state lorsque des actions se produisent (par `store.subscribe(listener)`).

Il reste à voir comment coupler le module Redux avec React dans nos applications React, ce qui est le sujet des chapitres suivants.

10

React et Redux

Le chapitre précédent a montré comment utiliser Redux dans une application, indépendamment de React.

Il reste à associer Redux à une application React. Nous procéderons en deux étapes pour comprendre le fonctionnement :

- d'abord en utilisant Redux directement avec React (dans ce chapitre) ;
- ensuite en utilisant le nouveau module `"react-redux"` qui permet de simplifier le code à écrire (dans le chapitre suivant).

Voyons tout d'abord l'utilisation de Redux directement avec React. Pour cela, reprenons notre exemple de gestion de listes d'éléments, dans lequel on peut insérer, modifier ou supprimer des éléments de la liste.

Associer directement React et Redux pour gérer une liste d'éléments

Le principe de l'association de React et Redux est simple. Il consiste à partager l'objet store (qui inclut l'état) entre les différents composants React de l'application (via la transmission dans les attributs des composants, c'est-à-dire l'objet `props`). Les composants pourront ainsi mettre à jour l'état grâce aux actions disponibles (via le store) et pourront connaître l'état qui est global à toute l'application. Ainsi, on n'a plus à se soucier de transmettre l'instance d'un composant à un autre composant (afin qu'il ait accès à l'état du composant) mais seulement à transmettre le store qui donne accès à tout.

On va donc créer le store de Redux dans le composant React le plus général de l'application (souvent le composant `<App>`) et le transmettre aux autres composants via l'attribut `store` créé dans les composants qui l'utiliseront. Les composants qui accéderont au store auront donc accès aux méthodes suivantes :

- `store.getState()` pour récupérer la partie de l'état dont le composant a besoin ;
- `store.dispatch(action)` pour mettre à jour la partie de l'état qui dépend de l'action exécutée par le composant ;
- `store.subscribe(listener)` pour que le composant soit prévenu des modifications de l'état dans un autre composant.

Utilisons ces principes pour gérer la liste des éléments étudiée au chapitre 6. On souhaite pouvoir insérer un élément dans la liste, le supprimer et enfin le modifier. Par ailleurs, on veut aussi pouvoir inverser l'ordre des éléments dans la liste.

Vue d'ensemble de l'application côté Redux

Le reducer écrit dans le chapitre précédent gère les actions énumérées précédemment, exceptée l'action de modification de l'élément de liste. Cette dernière est gérée en ajoutant `MODIFY_ELEM` dans le fichier des actions et dans le reducer, en conservant l'arborescence de l'application créée dans `reactapp` via `create-react-app`.

Par ailleurs, on modifie les paramètres des actions qui utilisent l'index de l'élément dans la liste (pour le modifier ou le supprimer) car l'index est modifié en cas de suppression d'un élément de la liste (l'index est modifié pour les éléments qui suivent). On utilise plutôt une clé unique attribuée à chaque élément de liste, comme on l'avait fait dans les exemples du chapitre 6.

> Si l'on ne procède pas à ces ajustements, on constatera un bogue lorsqu'un élément de liste sera supprimé et qu'on tentera de modifier l'élément suivant...

Fichier src/actions_types.js

```
// Constantes définissant les types d'actions
export const ADD_ELEM = "ADD_ELEM";
export const REMOVE_ELEM = "REMOVE_ELEM";
export const MODIFY_ELEM = "MODIFY_ELEM";
export const REVERT_LIST = "REVERT_LIST";
export const FIND_TAG = "FIND_TAG";
```

L'action `MODIFY_ELEM` a été ajoutée.

Fichier src/actions.js

```
import * as ACTIONS from "./actions_types.js";

// Fonction interne au module permettant de retourner une clé unique
function getUniqueKey() {
  var key = Math.random() + "";    // Retourner une chaîne de caractères
  return key;
}

// Créateurs d'actions
export function add_elem(txt) {
  var ukey = getUniqueKey();  // Attribuer une clé unique à l'élément créé
  return {
    type : ACTIONS.ADD_ELEM,
    txt : txt,
    ukey : ukey
  }
}

export function remove_elem(ukey) {
  return {
    type : ACTIONS.REMOVE_ELEM,
    ukey : ukey
  }
}

export function modify_elem(ukey, txt) {
  return {
    type : ACTIONS.MODIFY_ELEM,
    ukey : ukey,
    txt : txt
  }
}

export function revert_list() {
  return {
    type : ACTIONS.REVERT_LIST
  }
}

export function find_tag(tag) {
  return {
    type : ACTIONS.FIND_TAG,
    tag : tag
  }
}
```

La clé unique est attribuée lors de l'action de création de l'élément de liste (action `ADD_ELEM`).

L'action `MODIFY_ELEM` prend en paramètres la clé unique de l'élément à modifier et la nouvelle valeur de cet élément.

Le reducer est modifié pour prendre en compte la gestion de la clé unique et l'ajout de l'action MODIFY_ELEM.

Fichier src/reducers.js

```
import * as ACTIONS from "./actions_types.js";

const stateInit = {
  elems : [],    // Tableau { ukey, txt }
  revert : false,
  find : {
    tag : "",
    elems : []
  }
}

export default function reducer(state = stateInit, action) {
  var newState;
  if (action.type == ACTIONS.ADD_ELEM) {
    var txt = action.txt;
    var ukey = action.ukey;
    var elems = state.elems;
    elems.push({txt, ukey});
    newState = Object.assign({}, state, {elems : elems});
  }
  else if (action.type == ACTIONS.REMOVE_ELEM) {
    var ukey = action.ukey;
    var elems = state.elems;
    elems = elems.filter(function(elem) {
      if (elem.ukey == ukey) return false;
      else return true;
    });
    newState = Object.assign({}, state, {elems : elems});
  }
  else if (action.type == ACTIONS.MODIFY_ELEM) {
    var txt = action.txt;
    var ukey = action.ukey;
    var elems = state.elems;
    elems = elems.map(function(elem, i) {
      if (elem.ukey == ukey) return {txt, ukey};
      else return elem;
    });
    newState = Object.assign({}, state, {elems : elems});
  }
  else if (action.type == ACTIONS.REVERT_LIST) {
    var elems = state.elems;
    var revert = state.revert;
    elems.reverse();
    newState = Object.assign({}, state, {elems : elems, revert : !revert});
  }
```

```
  else if (action.type == ACTIONS.FIND_TAG) {
    var elems = state.elems;
    var tag = action.tag;
    elems = elems.filter(function(elem, i) {
      if (elem.indexOf(tag) >= 0) return true;
      else return false;
    });
    newState = Object.assign({}, state, { find : { elems : elems, tag : tag }});
  }
  else {
    // Action inconnue
    newState = state;
  }
  return newState;
}
```

Le reducer est modifié pour que le tableau `elems` soit maintenant un tableau d'objets `{ ukey, txt }` permettant ainsi d'associer à chaque élément une clé unique, laquelle permettra de modifier ou supprimer l'élément.

Une fois ces ajouts et modifications effectués, créons les composants nécessaires pour notre application React reliée à Redux. On va traiter les cas suivants :

- ajout d'un élément dans la liste ;
- suppression d'un élément dans la liste ;
- modification d'un élément dans la liste ;
- inversion de la liste à l'affichage.

Mais avant cela, voyons comment s'organise globalement l'application du côté React.

Vue d'ensemble de l'application côté React

Les fichiers indépendants du code créé sont les fichiers `index.js` et `App.js`, décrits ci-après.

Fichier src/index.js

```
import React from "react";
import ReactDOM from "react-dom";

import App from "./App.js";

ReactDOM.render(
  <App />,
document.getElementById("root"));
```

On affiche le composant `<App>` décrivant l'application.

Le fichier `App.js` décrit le composant principal de l'application. Ce composant affiche un bouton *Ajouter* permettant d'insérer un élément dans la liste et affiche également la liste des éléments. Cette liste comporte par défaut cinq éléments ("Element1", "Element2", ..., "Element5").

Le composant <App> crée le store Redux et le transmet à ses composants fils.

Fichier src/App.js (décrivant le composant principal <App>)

```
import React from 'react';
import ConnectedListeElements from './ConnectedListeElements';
import ButtonAdd from './ButtonAdd';

import { createStore } from "redux";
import reducer from "./reducers.js";

class App extends React.Component {
  /* eslint no-useless-constructor: 0 */
  constructor(props) {
    super(props);
  }
  render() {
    const store = createStore(reducer);
    // Éléments de la liste initiale
    var elems = [
      "Element1",
      "Element2",
      "Element3",
      "Element4",
      "Element5"
    ];
    return (

      <div>
        <ButtonAdd text="Ajouter" store={store}></ButtonAdd>
        <ConnectedListeElements elems={elems} store={store} />
      </div>
    )
  }
}

export default App;
```

Le bouton *Ajouter* est créé sous forme de composant <ButtonAdd>, et la liste d'éléments est affichée avec le composant <ConnectedListeElements> (voir ci-après).

La propriété store est transmise à tous les composants qui en auront besoin (qui la transmettront également à leurs composants fils).

Expliquons maintenant le composant <ConnectedListeELements>. Il utilise en attributs la liste initiale elems des éléments à afficher et le store Redux. Au chapitre 6, on avait utilisé uniquement le composant <ListeELements> qui affichait la liste d'éléments. N'oublions pas que la liste d'éléments est désormais gérée avec le store de Redux. Il faut donc que la liste des éléments soit rafraîchie si besoin lors de chaque action sur la liste (ajout, suppression, modification, inversion). Le composant `<ConnectedListeElements>` va servir à prendre en compte les actions de Redux et rafraîchir la liste, tandis que le composant `<ListeElements>` servira uniquement à afficher la liste déjà mise à jour.

Fichier src/ConnectedListeElements.js (décrivant le composant <ConnectedListeElements>)

```
import React from "react";
import ListeELements from "./ListeElements";
import * as ACTIONS from "./actions.js";

class ConnectedListeELements extends React.Component {
  constructor(props) {
    super(props);
    this.state = props.store.getState(); // Récupérer dans React l'état  de Redux
  }
  componentDidMount() {
    const { store } = this.props;
    // Rafraîchissement de la liste pour chaque action de Redux
    // On rafraîchit l'état de React
    this.unsubscribe = store.subscribe(() => {
      this.setState({ ...store.getState() });  // Mise à jour de l'état de React
    });
    // Insertion des éléments de la liste de départ
    // ("Element1", ..., "Element5")
    this.props.elems.forEach(function(txt) {
      store.dispatch(ACTIONS.add_elem(txt));
    });
  }
  componentWillUnmount() {
    this.unsubscribe();  // Appel de la méthode retournée par store.subscribe()
  }
  render() {
    return <ListeELements elems={this.state.elems} store={this.props.store} />
    // Ou return <ListeELements {...this.state} store={this.props.store} />
  }
}

export default ConnectedListeELements;
```

Ce composant décrit vraiment la manière d'interfacer Redux avec React.

On récupère dans le constructeur l'état de Redux que l'on stocke dans React, car c'est la modification de l'état de React qui rafraîchit l'affichage.

Puis, on s'informe par `store.subscribe()` des actions effectuées dans Redux, afin de mettre à jour l'état de React.

Enfin, on affiche la liste d'éléments dans le composant `<ListeElements>`, grâce à l'état de React mis à jour.

Le composant `<ListeElements>` devient maintenant un simple composant d'affichage (ici décrit sous forme de fonction).

Fichier src/ListeElements.js (décrivant le composant <ListeElements>)

```
import React from 'react';
import Element from './Element';

const ListeElements = function(props) {
  const { store, elems } = props;
  return (
    <ul>
    {
      elems.map(function(elem) {
        return (
          <li key={elem.ukey}>
            <Element text={elem.txt} ukey={elem.ukey} store={store} />
          </li>
        )
      })
    }
    </ul>
  )
}

export default ListeElements;
```

Le composant `<Element>` est également un simple composant d'affichage décrit par une fonction.

Fichier src/Element.js (décrivant le composant <Element>)

```
import React from 'react';

const Element = function(props) {
  const { store, text, ukey } = props;
  return (
    <div>
      <span>{text}</span>
    </div>
  )
}

export default Element;
```

Enfin, le bouton *Ajouter* (un élément dans la liste) est décrit par le composant `<ButtonAdd>`, également sous forme de fonction.

Fichier src/ButtonAdd.js (décrivant le composant <ButtonAdd>)

```
import React from 'react';

const ButtonAdd = function(props) {
  return <button>{props.text}</button>
}

export default ButtonAdd;
```

Vérifions le bon fonctionnement de ces composants avec Redux. On souhaite afficher une liste d'éléments par défaut et un bouton *Ajouter*, inactif pour l'instant.

Figure 10–1

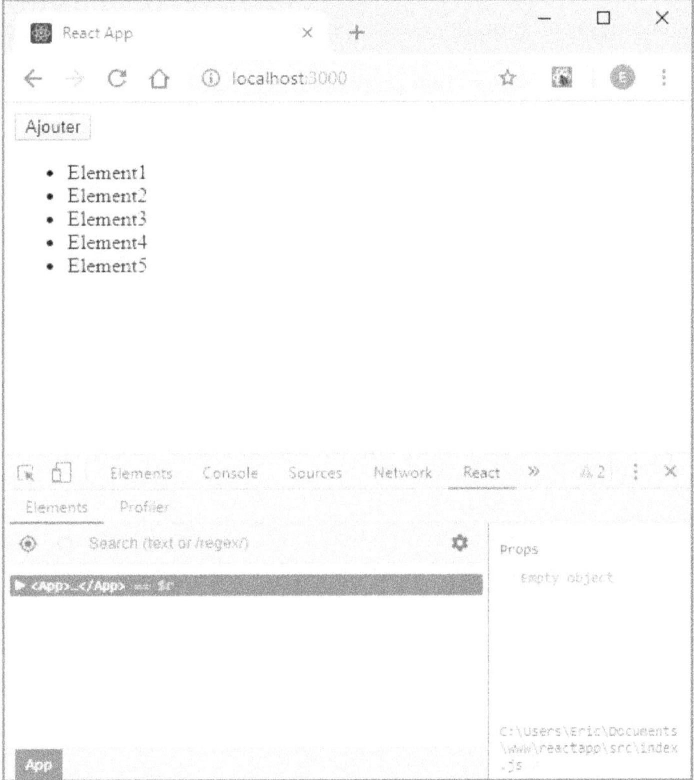

La liste par défaut des cinq éléments est affichée, ainsi que le bouton *Ajouter* permettant d'insérer un élément. Pour l'instant, le code écrit précédemment fonctionne (et la connexion avec Redux est établie).

Le clic sur le bouton *Ajouter* ne fonctionne pas encore. Nous allons voir ci-après comment traiter le clic sur ce bouton.

Ajout d'un élément dans la liste

L'ajout d'un élément dans la liste s'effectue en utilisant l'instruction suivante.

Ajout d'un élément dans la liste

```
store.dispatch(ACTIONS.add_elem(txt));
```

Cette instruction nous a déjà servi pour insérer des éléments d'initialisation dans la liste. C'est le fait d'avoir effectué `this.setState()` dans le callback de `store.subscribe(callback)` (du composant `<ConnectedListeElements>`) qui permet de rafraîchir l'affichage à chaque insertion.

Il faut donc que cette instruction d'ajout soit appelée à chaque clic sur le bouton *Ajouter*. Le composant à modifier est `<ButtonAdd>`, il correspond au bouton *Ajouter*.

Composant <ButtonAdd> prenant en compte le clic sur le bouton (dans src/ButtonAdd.js)

```
import React from 'react';
import * as ACTIONS from "./actions.js";

const ButtonAdd = function(props) {
  function handlerClick() {
    const { store } = props;
    var elems = store.getState().elems;
    store.dispatch(ACTIONS.add_elem("Element" + (elems.length + 1)));
  }
  return <button onClick={handlerClick}>{props.text}</button>
}

export default ButtonAdd;
```

La fonction de traitement `handlerClick()` est décrite en interne dans la fonction du composant. Il suffit d'appeler l'action `ADD_ELEM` avec le texte de l'élément à insérer.

Après avoir cliqué plusieurs fois sur le bouton, de nouveaux éléments sont insérés à la suite (figure 10-2).

Figure 10–2

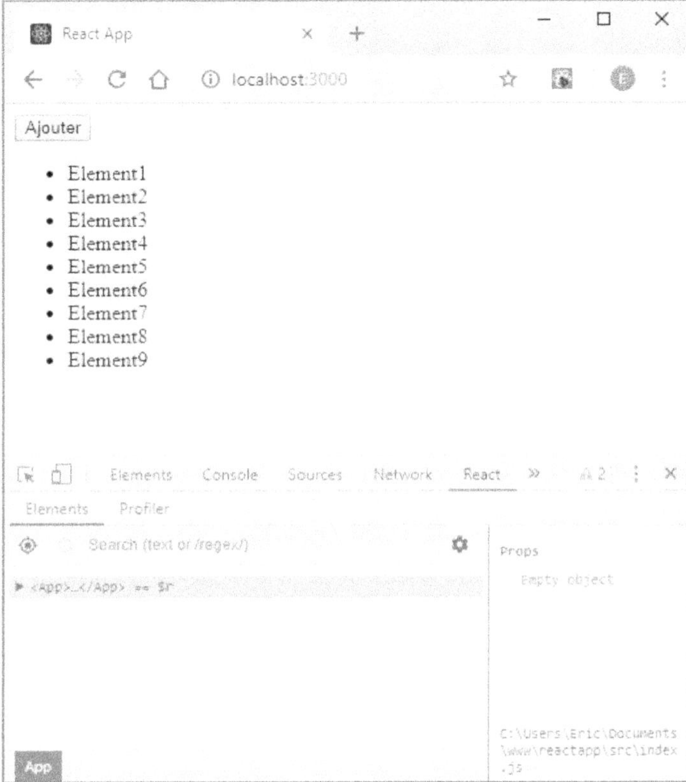

Suppression d'un élément dans la liste

La suppression d'un élément dans la liste s'effectue en utilisant l'instruction suivante.

Suppression d'un élément dans la liste

```
store.dispatch(ACTIONS.remove_elem(ukey));
```

Pour cela, on insère un bouton *Supprimer* en face de chaque élément de liste, qui permettra de supprimer cet élément. Chaque bouton *Supprimer* est représenté par un composant `<ButtonRemove>` dans lequel sera effectué le traitement de la suppression de l'élément.

Le composant `<Element>` est donc modifié pour intégrer le bouton *Supprimer* devant chaque élément de liste.

Composant <Element> intégrant le bouton Supprimer

```
import React from 'react';
import ButtonRemove from './ButtonRemove';

const Element = function(props) {
  const { store, ukey, text } = props;
  return (
    <div>
      <span>{text}</span>
      <ButtonRemove style={{margin:"10px", fontSize:"10px"}} ukey={ukey}
                    text="Supprimer" store={store}/>
    </div>
  )
}

export default Element;
```

L'objet `store` est transmis au composant `<ButtonRemove>` afin que ce composant puisse traiter la suppression de l'élément de liste.

La propriété `ukey` de l'élément de liste est également transmise au composant afin qu'il sache quel élément supprimer (à partir de sa clé unique).

Le composant `<ButtonRemove>` est créé pour prendre en compte le clic sur le bouton *Supprimer*. Il s'écrit sous forme de simple fonction.

Composant <ButtonRemove> permettant la suppression de l'élément de liste (dans src/ButtonRemove.js)

```
import React from 'react';
import * as ACTIONS from "./actions.js";

const ButtonRemove = function(props) {
  const { store, ukey, style, text } = props;
  function handlerClick() {
    store.dispatch(ACTIONS.remove_elem(ukey));
  }
  return <button style={style} onClick={handlerClick}>{text}</button>
}

export default ButtonRemove;
```

Le clic sur le bouton appelle la méthode `handlerClick()` définie en interne dans le composant. Cette méthode supprime l'élément de liste en utilisant l'action `REMOVE_ELEM`.

Il faut bien sûr importer le fichier des actions afin de pouvoir les utiliser dans le composant.

Remarquons qu'on peut également écrire les paramètres de la fonction sous la forme suivante. Cela remplace l'objet `props` indiqué en paramètre.

Autre forme d’écriture des paramètres de la fonction du composant <ButtonRemove>

```
import React from 'react';
import * as ACTIONS from "./actions.js";

const ButtonRemove = function({ store, ukey, style, text }) {
  function handlerClick() {
    store.dispatch(ACTIONS.remove_elem(ukey));
  }
  return <button style={style} onClick={handlerClick}>{text}</button>
}

export default ButtonRemove;
```

La liste des propriétés de l’objet props est directement indiquée dans un objet en paramètre de la fonction, comme ES6 le permet.

Testons à présent si cela fonctionne. Après suppression de quelques éléments de la liste, on obtient le résultat suivant (figure 10-3).

Figure 10–3

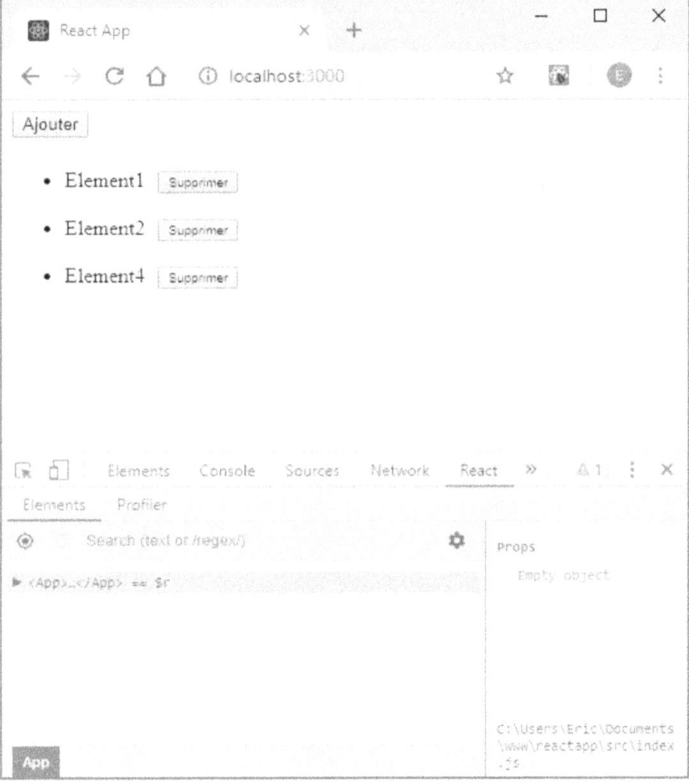

Les éléments 3 et 5 ont été supprimés.

Modification d'un élément dans la liste

La modification d'un élément dans la liste s'effectue en utilisant l'instruction suivante.

Modification d'un élément dans la liste

```
store.dispatch(ACTIONS.modify_elem(ukey, txt));
```

Pour permettre la modification d'un élément de la liste, on autorise le double-clic sur chaque élément de liste, qui sera alors remplacé par un champ de saisie permettant la modification. Lors de la sortie du champ, le texte associé à l'élément est alors modifié.

Commençons par permettre la transformation du texte en champ de saisie, par un double-clic. L'affichage de la liste devra afficher soit des éléments statiques non modifiables, soit des éléments modifiables si l'on a double-cliqué dedans. Pour réaliser cela, il faut que l'état de chaque élément de liste indique si l'élément est en cours de modification ou non. On voit donc que l'on doit introduire une nouvelle propriété dans l'état associé à chaque élément de liste. On avait déjà effectué cela dans l'exemple étudié au chapitre 6 en introduisant la propriété `modifyOn` dans l'état de chaque élément de liste (dans la classe `Element`).

Mais ici, l'état global de l'application est géré par Redux dans le store. On pourrait modifier l'état de chaque élément inséré grâce à la propriété `elems` du store (en y introduisant un attribut `modifyOn`), mais il est plus judicieux de gérer l'état de l'élément directement dans le composant `<Element>` (avec `this.state.modifyOn`).

La propriété `modifyOn` de l'état est vraiment locale au composant `<Element>`, et il n'y a aucune chance qu'un autre composant ait besoin d'y accéder. Si c'était le cas, il faudrait alors mettre cette propriété dans le store de Redux pour permettre un accès aux autres composants.

Afin de gérer l'état interne dans le composant `<Element>`, on doit transformer ce composant en classe `Element` (au lieu de la simple fonction `Element` précédente). En effet, `this.state` n'est accessible que dans une classe dérivant de `React.Component`...

Classe Element permettant le double-clic sur le texte d'un élément

```
import React from 'react';
import ButtonRemove from './ButtonRemove';
import * as ACTIONS from "./actions.js";

class Element extends React.Component {
  constructor(props) {
    super(props);
    this.state = {
      modifyOn : false
    }
  }
  handlerDoubleClick() {
    this.setState({modifyOn : true});
  }
```

```
  render() {
    const { store, ukey, text } = this.props;
    return (
      <div>
        { this.state.modifyOn ?
          <input autoFocus={true} value={text} /> :
          <span onDoubleClick={this.handlerDoubleClick.bind(this)}>{text}</span>
        }
        <ButtonRemove style={{margin:"10px", fontSize:"10px"}}
                      ukey={ukey} text="Supprimer" store={store}/>
      </div>
    )
  }
}

export default Element;
```

On procède comme d'habitude avec React : on initialise `this.state` dans le constructeur de la classe, puis selon la valeur de `this.state.modifyOn`, on affiche (dans la méthode `render()`) un champ de saisie `<input>` ou un simple `<span>`, en gérant le double-clic sur l'élément `<span>`.

Vérifions maintenant que le double-clic sur un élément de liste remplace l'élément par un champ de saisie (le champ est non modifiable pour l'instant car l'événement `onChange` sur le champ n'est pas encore traité, figure 10-4).

Figure 10–4

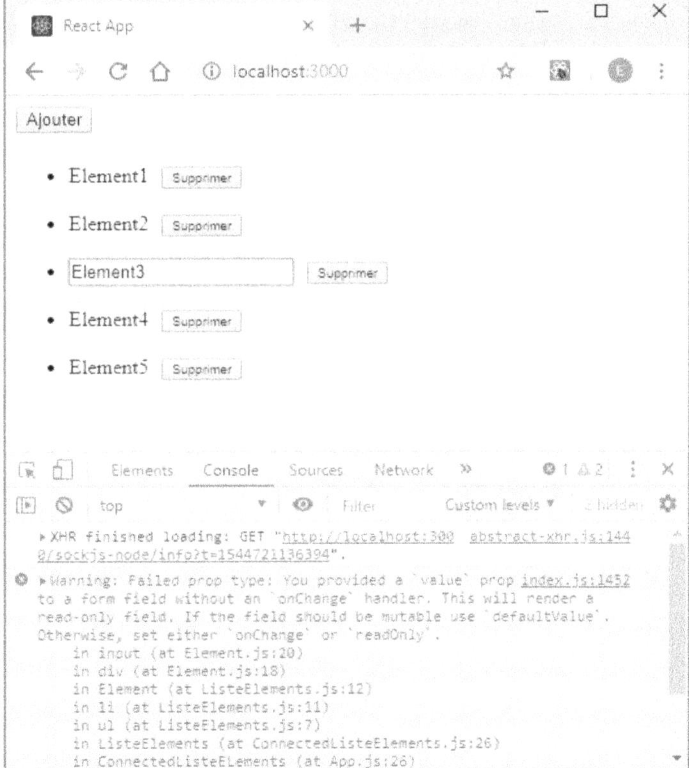

Le double-clic sur un élément de liste affiche un champ de saisie non modifiable, car comme indiqué dans le message d'erreur de React affiché dans la console, il faut implémenter l'événement onChange...

Implémentons l'événement onChange sur le champ de saisie (tel qu'on a appris à le faire au chapitre 6), ainsi que l'événement onBlur sur ce champ pour traiter la modification du store de Redux (action MODIFY_ELEM).

Prise en compte de la modification d'un élément de liste

```
import React from 'react';
import ButtonRemove from './ButtonRemove'';
import * as ACTIONS from "./actions.js";

class Element extends React.Component {
  constructor(props) {
    super(props);
    this.state = {
      modifyOn : false,
      value : props.text
    }
  }
  handlerDoubleClick() {
    this.setState({modifyOn : true});
  }
  handlerChange(event) {
    var value = event.target.value;
    this.setState({value : value});
  }
  handlerBlur() {
    this.setState({modifyOn : false});
    var value = this.state.value;
    const { store, ukey } = this.props;
    store.dispatch(ACTIONS.modify_elem(ukey, value));
  }
  render() {
    const { store, ukey, text } = this.props;
    return (
      <div>
        { this.state.modifyOn ?
          <input onChange={this.handlerChange.bind(this)}
                 onBlur={this.handlerBlur.bind(this)}
                 autoFocus={true}
                 value={this.state.value} /> :
          <span onDoubleClick={this.handlerDoubleClick.bind(this)}>{text}</span>
        }
        <ButtonRemove style={{margin:"10px", fontSize:"10px"}}
                      ukey={ukey} text="Supprimer" store={store}/>
      </div>
```

```
      )
    }
  }

export default Element;
```

On voit (dans la méthode `handlerBlur()`) l'utilisation simultanée de l'état interne au composant et de celui de Redux.

Vérifions que les éléments sont modifiables et que la sortie du champ de saisie les modifie à l'écran (figure 10-5).

Figure 10–5

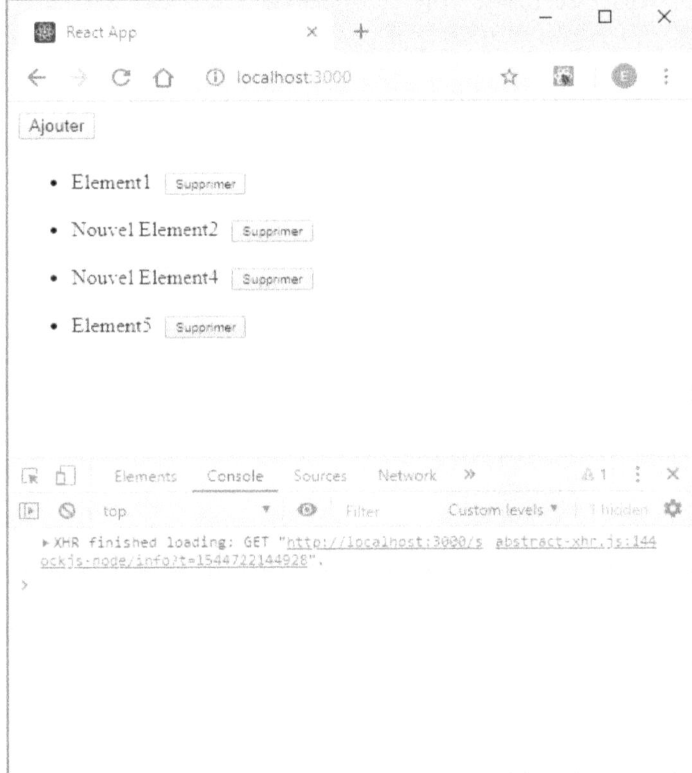

Toutes les actions possibles (insertion, modification et suppression) fonctionnent !

Inversion de la liste à l'affichage

Afin de nous entraîner un peu plus, ajoutons un bouton *Inverser* qui inverse la liste. On utilise pour cela l'action `REVERT_LIST`.

Inversion des éléments dans la liste

```
store.dispatch(ACTIONS.revert_list());
```

Le bouton *Inverser* est inséré à côté du bouton *Ajouter* dans le composant <App>. Pour traiter le bouton *Inverser*, on lui associe un composant <ButtonRevert>.

Composant <App> intégrant le bouton Inverser

```
import React from 'react';
import ConnectedListeElements from './ConnectedListeElements';
import ButtonAdd from './ButtonAdd';
import ButtonRevert from './ButtonRevert';

import { createStore } from "redux";
import reducer from "./reducers.js";

class App extends React.Component {
  /* eslint no-useless-constructor: 0 */
  constructor(props) {
    super(props);
  }
  render() {
    const store = createStore(reducer);
    // Éléments de la liste initiale
    var elems = [
      "Element1",
      "Element2",
      "Element3",
      "Element4",
      "Element5"
    ];
    return (
      <div>
        <ButtonAdd text="Ajouter" store={store}></ButtonAdd>
          
        <ButtonRevert text="Inverser" store={store}></ButtonRevert>
        <ConnectedListeElements elems={elems} store={store} />
      </div>
    )
  }
}

export default App;
```

Le principe du bouton *Inverser* est le même que celui du bouton *Ajouter*. On importe le fichier du composant <ButtonRevert> associé au bouton *Inverser*.

Le traitement du clic sur le bouton *Inverser* est effectué dans le composant <ButtonRevert>, qui est une simple fonction.

Composant <ButtonRevert> permettant d'inverser la liste (dans src/ButtonRevert.js)

```
import React from 'react';
import * as ACTIONS from "./actions.js";

const ButtonRevert = function({ store, text }) {
  function handlerClick() {
    store.dispatch(ACTIONS.revert_list());
  }
  return <button onClick={handlerClick}>{text}</button>
}

export default ButtonRevert;
```

Lors du clic sur le bouton, l'action `REVERT_LIST` définie dans Redux est appelée.

Vérifions que la liste s'inverse suite à un clic sur le bouton *Inverser* (figure 10-6).

Figure 10–6

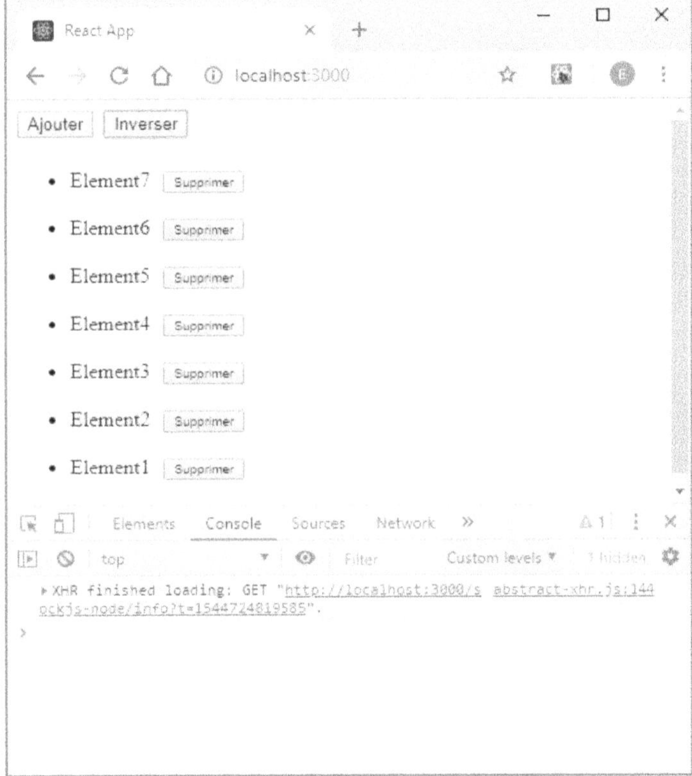

Chaque clic sur le bouton *Inverser* inverse la liste à l'affichage. Les autres fonctionnalités (ajout, suppression et modification) sont bien sûr opérationnelles.

11

Utiliser le module react-redux

L'utilisation de Redux dans React a permis de simplifier l'utilisation de l'état en le centralisant dans le store de Redux (voir chapitre précédent).

Toutefois, pour accéder au store (soit pour lire l'état, soit pour le mettre à jour à l'aide des actions), il faut que chaque composant ait accès au store, ce qui oblige de le transmettre dans les attributs des composants (via la propriété `store`).

De plus, nous avons créé un composant supplémentaire chargé d'écouter les éventuels changements d'états provoqués par les actions (`<ConnectedListeElements>`). Ce composant implémentait l'appel à la méthode `store.subscribe(listener)`, dans laquelle la fonction de callback `listener()` mettait à jour l'état du composant React.

Le module `"react-redux"` a été créé pour simplifier cette gestion :

- en supprimant le composant `<ConnectedListeElements>` qui ne servait qu'à faciliter l'utilisation de la méthode `store.subscribe()` ;
- en donnant accès aux composants qui le demandent, aux actions de Redux et aux propriétés du state (pour lesquelles le composant souhaite l'accès).

Installer le module "react-redux"

Le module `"react-redux"` s'installe au moyen de la commande `npm install react-redux`.

Installer le module "react-redux"

```
cd reactapp
npm install react-redux
```

Figure 11–1

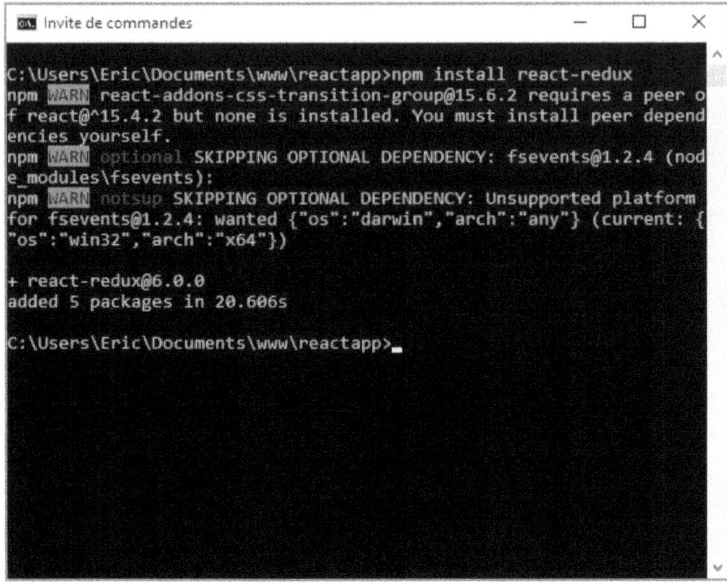

Le module `"react-redux"` est installé dans le répertoire `reactapp`.

Principe de la méthode connect()

Le module `"react-redux"` comporte principalement la méthode `connect()`, qui va faciliter l'accès au store :

- pour lire l'état ;
- pour déclencher les actions qui le mettent à jour.

La lecture de l'état ne se fera plus par `store.getState()` mais par des propriétés qui seront ajoutées au composant (c'est la méthode `connect()` qui les ajoute pour nous). Par exemple, si dans l'état de Redux on a indiqué l'attribut `elems`, on pourra également accéder à la propriété `elems` dans un composant React (et ceci bien que cette propriété `elems` n'ait jamais été créée par nous dans le composant).

Le déclenchement des actions de Redux suit le même principe. Des propriétés (correspondant aux actions) seront ajoutées au composant par la méthode `connect()`, qui permettront d'utiliser ces actions dans le composant React sans passer par le store (c'est la méthode `connect()` qui rend ce processus invisible). Par exemple, si dans les actions de Redux on a indiqué l'action `add_elem(txt)` qui permet d'insérer un nouvel élément dans la liste, on pourra accéder à la propriété `add_elem` dans un composant React (et ceci bien que nous n'ayons jamais créé la propriété `add_elem` dans le composant).

On voit donc que notre principale tâche lors de l'utilisation du module `"react-redux"` va consister à :

- Pour lire l'état : effectuer une correspondance entre les propriétés définies dans l'état et celles que l'on souhaite récupérer dans le composant (dans l'objet `props` du composant). On indiquera, pour chaque composant, les propriétés de l'état utilisées dans le composant et le nom qui leur est associé dans le composant (souvent le même). Cette correspondance est effectuée dans une fonction appelée `mapStateToProps(state)` qui retourne un objet établissant la correspondance entre les noms des attributs de l'état de Redux et les noms des propriétés utilisées dans le composant.
- Pour exécuter une action : effectuer une correspondance entre les actions définies dans Redux et celles que l'on souhaite utiliser dans le composant (via l'objet `props` du composant). On indiquera, pour chaque composant, les actions Redux utilisées dans le composant et le nom qui leur est associé dans le composant (souvent le même). Cette correspondance est effectuée dans une fonction appelée `mapDispatchToProps(dispatch)` qui retourne un objet établissant la correspondance entre les noms des actions de Redux et les noms des propriétés (en fait des méthodes) utilisées dans le composant.

Grâce aux correspondances établies, on voit que le store devient transparent dans les composants, et que chaque composant accède aux éléments de l'état et aux actions qu'il souhaite, sans avoir à transmettre des informations (telles que le `store`) dans les attributs des composants. C'est la méthode `connect()` qui va le faire pour nous.

Ceci implique cependant d'écrire le reducer et les actions correspondantes. La seule facilité apportée par le module `"react-redux"` (via la méthode `connect()` sous-jacente) est de mettre facilement à disposition dans chaque composant, les attributs de l'état et les actions utilisées dans ce composant. Mais c'est tout de même un apport énorme !

Écriture de la méthode connect()

La méthode `connect()`, accessible grâce à l'import du module `"react-redux"`, permet de transformer un composant (donc écrit sous forme de fonction ou de classe) afin de lui apporter de nouvelles propriétés, qui permettront l'accès aux attributs de l'état et aux actions souhaitées. Le store devient ainsi invisible (caché grâce à la méthode `connect()`) et nous n'avons plus à le transmettre dans les composants.

Cependant, nous devons toujours créer le store via `createStore()`. Et pour que sa valeur soit transmise dans les composants par le module `"react-redux"`, il faut créer un composant parent de tous les autres (appelé `<Provider>`), auquel la valeur du store est transmise dans la propriété `store`.

Le fichier `index.js` permettant de créer le composant <App> devient donc (dans le cadre de l'utilisation du module `"react-redux"`) le suivant.

Utiliser le composant <Provider> avec le store (fichier src/index.js)

```
import React from "react";
import ReactDOM from "react-dom";

import { Provider } from "react-redux";
import { createStore } from "redux";

import App from "./App.js";
import reducer from "./reducers.js";

const store = createStore(reducer);

ReactDOM.render(
  <Provider store={store}>
    <App />
  </Provider>
, document.getElementById("root"));
```

Le composant `<Provider>` est un composant interne du module `"react-redux"`, c'est pour cela qu'il est importé de ce module. Il englobe le composant principal de l'application, ici le composant `<App>`.

De plus, la propriété `store` du composant est initialisée, et sera utilisée en interne par le module afin de permettre aux autres composants d'accéder au store de Redux (grâce à la méthode `connect()` étudiée ci-après).

Une fois le composant `<Provider>` inséré, la méthode `connect()` peut être utilisée pour permettre l'accès au store de Redux. Voici la forme générale d'écriture de la méthode `connect()`, accessible en ayant fait l'import de la méthode à partir du module `"react-redux"` :

Forme générale de la méthode connect()

```
import { connect } from "react-redux";
Composant = connect(mapStateToProps, mapDispatchToProps)(Composant);
```

La méthode `connect(mapStateToProps, mapDispatchToProps)` retourne en fait une nouvelle fonction, qui prend en paramètre un nom de composant (ici appelé `Composant`). Le composant indiqué en paramètre est transformé selon les règles de correspondance indiquées dans les fonctions `mapStateToProps(state)` et `mapDispatchToProps(dispatch)`. C'est ce composant transformé qui est retourné par la méthode `connect()(Composant)`.

Le composant indiqué en paramètre est soit un nom de fonction, soit un nom de classe (comme on sait le faire pour créer un composant React).

La transformation du composant concerne l'ajout de nouvelles propriétés dans ce composant, ce qui lui permet d'accéder à l'état et aux actions de Redux.

Étudions maintenant les fonctions `mapStateToProps(state)` et `mapDispatchToProps(dispatch)`, qui permettent l'ajout de propriétés au composant pour accéder au store de Redux.

Pour cela, on va utiliser l'exemple du timer qui décroît à chaque seconde, jusqu'à arriver à 0. Nous avions utilisé cet exemple dans le chapitre 4 pour illustrer la notion d'état. Nous l'utilisons ici pour montrer l'utilisation du module `"react-redux"` sur un exemple simple.

Pour cet exemple du timer, nous utilisons l'action `DECR_TIME` qui diminue le temps restant de 1 seconde. Le temps restant est mis dans l'état de Redux, sous forme d'une propriété `time` valant `{ min, sec }`, `min` et `sec` indiquant respectivement le nombre de minutes et de secondes restantes avant d'arriver à 00:00.

Fichier src/actions_types.js décrivant les types d'actions

```
// Constantes définissant les types d'actions
export const DECR_TIME = "DECR_TIME";
```

Fichier src/actions.js décrivant les actions Redux

```
import * as ACTIONS from "./actions_types.js";

// Créateurs d'actions
export function decr_time({min, sec}) {
  return {
    type : ACTIONS.DECR_TIME,
    time : {min, sec}
  }
}
```

Fichier src/reducers.js décrivant le reducer

```
import * as ACTIONS from "./actions_types.js";

var stateInit = {
  time : { min : 2, sec : 0 }  // Timer initialisé à 02:00
}

function decrTime({min, sec}) {
  // Décrémente sec de 1 seconde, en diminuant si besoin min
  // 01:10 => 01:09
  // 01:00 => 00:59
  sec = sec - 1;
  if (sec < 0) {
    min = min - 1;
    if (min < 0) {
      min = 0;
      sec = 0;
    }
```

```
    else {
      sec = 59;
    }
  }
  return { min, sec };
}

export default function reducer(state = stateInit, action) {
  var newState;
  if (action.type == ACTIONS.DECR_TIME) {
    var time = decrTime(state.time);
    newState = { ...state, time };
  }
  else newState = state;
  return newState;
}
```

Le fichier du reducer traite l'action `DECR_TIME` qui sera utilisée pour diminuer le temps restant de 1 seconde à chaque appel de l'action.

Les fichiers précédents sont classiques dans le cadre de l'utilisation de Redux, avec ou sans le module `"react-redux"`. En revanche, le fichier `index.js` de démarrage de l'application sera différent selon qu'on utilise le module `"react-redux"` ou non. Dans le cas où le module est utilisé, le fichier `index.js` s'écrit :

Fichier src/index.js avec utilisation du module "react-redux"

```
import React from "react";
import ReactDOM from "react-dom";

import { Provider } from "react-redux";
import { createStore } from "redux";

import App from "./App.js";
import reducer from "./reducers.js";

const store = createStore(reducer);

ReactDOM.render(
  <Provider store={store}>
    <App />
  </Provider>
, document.getElementById("root"));
```

On retrouve dans ce fichier l'import du module `"react-redux"` et l'utilisation du composant `<Provider>` qui encapsule le composant `<App>` (en passant l'attribut `store` dans les attributs du composant `<Provider>`).

Il reste maintenant à décrire le fichier du composant <App> qui affiche le timer. On suppose ici que l'on utilise le module "react-redux", donc voyons d'abord comment sont utilisées entre autres les fonctions mapStateToProps() et mapDispatchToProps().

Utiliser la fonction mapStateToProps(state)

La fonction mapStateToProps(state) est transmise en premier argument de la méthode connect(). Elle est utilisée dans le cas où l'on souhaite permettre au composant d'accéder en lecture à l'état (ou à une partie de celui-ci) de Redux. Dans le cas où le composant ne souhaite pas accéder en lecture à l'état de Redux, on remplace ce premier paramètre de la méthode connect() par null.

Appel de la méthode connect() dans le cas où l'on n'utilise pas la lecture de l'état de Redux dans le composant

```
Composant = connect(null, mapDispatchToProps)(Composant);
```

En indiquant null à la place du paramètre mapStateToProps dans la méthode connect(), on indique que l'on ne souhaite pas accéder en lecture à l'état de Redux.

Le second paramètre mapDispatchToProps permettra au composant d'accéder aux actions de Redux (pour modifier l'état de Redux, donc en écriture). Ce paramètre sera étudié dans la section suivante.

Dans le cas où le composant doit accéder en lecture à l'état de Redux, on doit donc utiliser le paramètre mapStateToProps de la méthode connect(). Ce paramètre correspond à une fonction qui retourne un objet permettant d'effectuer la correspondance entre un ou plusieurs attributs de l'état et les propriétés qui seront utilisées dans le composant.

Dans l'exemple du timer, on souhaite afficher la valeur de l'état (la propriété time) dans le composant <App>. La fonction mapStateToProps() sera donc ici utilisée afin de faire correspondre la propriété time de l'état de Redux avec la propriété time (ou un autre nom, mais c'est plus simple de garder le même nom) du composant <App>.

On permet ainsi au composant <App> d'accéder au store de Redux sans avoir transmis au composant <App> l'objet store.

Le fichier décrivant le composant <App> est alors :

Fichier src/App.js décrivant le composant <App>

```
import React from 'react';
import { connect } from "react-redux";

class App extends React.Component {
  /* eslint no-useless-constructor: 0 */
```

```
  constructor(props) {
    super(props);
  }

  formatTime({min, sec}) {
    // Formate l'heure sous la forme mm:ss
    if (min < 10) min = "0" + min;  // 9 => "09"
    if (sec < 10) sec = "0" + sec;  // 9 => "09"
    return `${min}:${sec}`;    // de la forme "10:08"
  }

  render() {
    var time = this.formatTime(this.props.time);
    return (
      <div>{time}</div>
    )
  }
}

function mapStateToProps(state) {
  return {
    // La propriété time de l'état devient la propriété time du composant
    time : state.time
  }
}

export default connect(mapStateToProps)(App);
```

La fonction `mapStateToProps()` est indiquée en premier paramètre de la méthode `connect()`, puis le résultat de cet appel est appliqué sur la classe `App`, qui est transformée puis exportée (pour utilisation dans `index.js`).

Ce processus de transformation permet de pouvoir utiliser la propriété `time` dans le composant `<App>`. Cette propriété `time` provient directement de l'état de Redux et sera donc actualisée chaque fois que l'état de Redux sera mis à jour par une action.

Exécutons le programme pour voir ce qu'il se produit (figure 11-2).

Le timer s'affiche à sa valeur initiale 02:00, mais il ne décroît pas. Ceci est normal, car il faut déclencher l'action `DECR_TIME` à chaque seconde.

Afin de mettre à jour le timer à chaque seconde, utilisons l'action `DECR_TIME` grâce à la fonction de callback de la méthode `setInterval()` déclenchée toutes les secondes. On écrit ce traitement dans le fichier `index.js`, car c'est celui qui contient la variable `store` définie (cette variable est nécessaire pour effectuer l'action `DECR_TIME` via `store.dispatch()`).

Figure 11–2

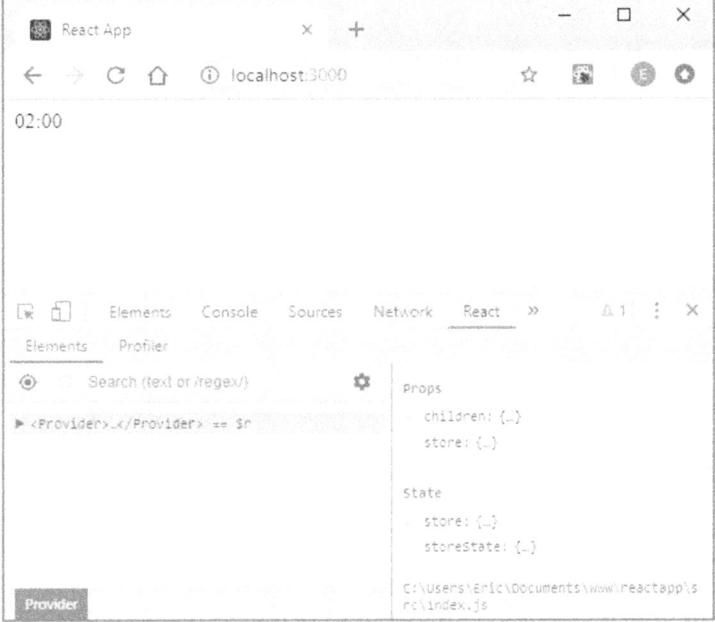

Fichier src/index.js déclenchant l'action DECR_TIME toutes les secondes

```
import React from "react";
import ReactDOM from "react-dom";

import { Provider } from "react-redux";
import { createStore } from "redux";

import App from "./App.js";
import reducer from "./reducers.js";

import * as ACTIONS from "./actions.js";

const store = createStore(reducer);

ReactDOM.render(
  <Provider store={store}>
    <App />
  </Provider>
, document.getElementById("root"));

setInterval(function() {
  var time = store.getState().time;
  store.dispatch(ACTIONS.decr_time(time));
}, 1000);
```

Une fois l'import du fichier `actions.js` réalisé, la méthode `ACTIONS.decr_time()` est accessible. On l'utilise en lui indiquant la valeur `time` de l'état de Redux, qu'elle décrémente. Cette mise à jour de l'état provoque le nouvel affichage du composant `<App>` car celui-ci est lié au changement d'état de Redux via la méthode `connect()(App)`.

Vérifions que le timer se décrémente à l'affichage (figure 11-3).

Figure 11–3

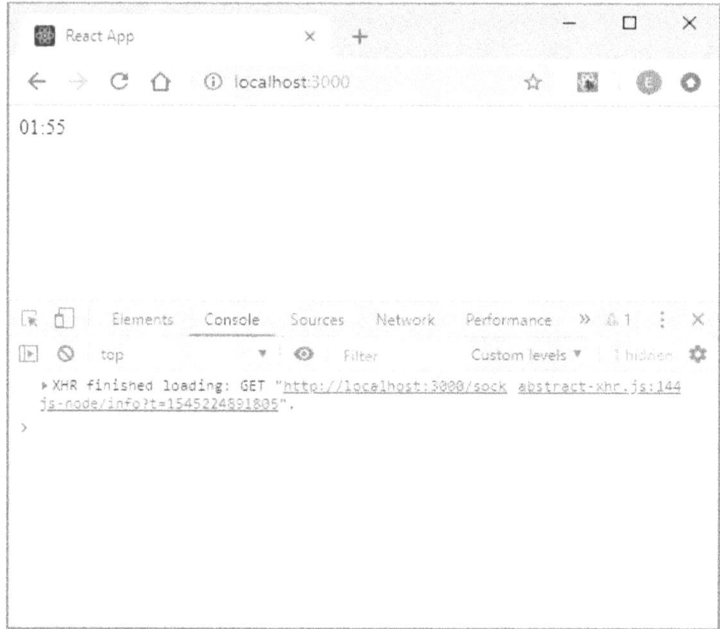

Le timer diminue seconde après seconde, jusqu'à arriver à 00:00.

Nous avons ainsi montré comment utiliser la fonction `mapStateToProps()` pour permettre à un composant de lire l'état de Redux, en passant par des propriétés du composant. Chaque propriété de l'état de Redux qui sera utilisée dans le composant doit être mise en correspondance avec un nom de propriété du composant et pourra ensuite être utilisée via l'objet `props` du composant.

Cependant, cet exemple montre également que l'on ne peut pas encore se passer complètement de la variable `store` de Redux, en particulier pour déclencher les actions qui mettent à jour l'état de Redux. Par ailleurs, il aurait été plus logique d'écrire l'instruction `setInterval()` dans la classe `App` plutôt que dans le fichier `index.js`. Mais pour cela, il aurait fallu pouvoir accéder à la variable `store` dans la classe `App` (pour déclencher l'action `DECR_TIME`), or cette propriété `store` n'est pas transmise dans le composant `<App>`...

C'est pourquoi la fonction `mapDispatchToProps()` intervient afin de permettre aux actions de Redux d'être facilement accessibles dans un composant.

Utiliser la fonction mapDispatchToProps(dispatch)

La fonction mapDispatchToProps() permet de rendre les actions de Redux disponibles dans le composant, sous forme de propriétés (ici des méthodes accessibles à travers l'objet props). Ces actions permettent de mettre à jour l'état de Redux (alors que la fonction mapStateToProps() vue précédemment permet de rendre l'état de Redux accessible en lecture seulement).

La fonction mapDispatchToProps() s'inscrit en deuxième paramètre de la méthode connect(). Elle retourne un objet indiquant les nouvelles propriétés disponibles dans le composant, liées aux actions de Redux. Par exemple, si l'action add_elem(txt) existe dans les actions de Redux, il est possible pour un composant d'accéder à cette action en écrivant la fonction mapDispatchToProps(dispatch) suivante.

Fichier du composant souhaitant utiliser l'action ADD_ELEM définie dans actions.js

```
import React from 'react';
import * as ACTIONS from "./actions.js";
import { connect } from "react-redux";

// Composant défini sous forme de fonction ou de classe
//...

function mapStateToProps(state) {
  return {
    // ...
  }
}

function mapDispatchToProps(dispatch) {
  return {
    add_elem : function(txt) {
      var action = ACTIONS.add_elem(txt);
      dispatch(action);
    }
  }
}

// L'action est disponible dans le composant sous la forme :
// props.add_elem("Nouvel Element");    si le composant est une fonction
// this.props.add_elem("Nouvel Element");    si le composant est une classe

export default connect(mapStateToProps, mapDispatchToProps)(Composant);
```

La propriété add_elem est maintenant définie dans le composant, elle est donc accessible par l'objet props disponible dans celui-ci.

Utilisons la fonction mapDispatchToProps() pour permettre au composant <App> définissant le timer d'accéder à l'action DECR_TIME. Cela permet de positionner la fonction setInterval() dans la classe App plutôt que de l'utiliser dans le fichier index.js (ce qui était alors obligatoire afin de pouvoir accéder à l'objet store de Redux qui n'était visible que dans le fichier index.js où il était défini).

Le fichier index.js est simplifié car il n'utilise plus l'instruction setInterval(), qui est reportée dans le composant <App>.

Fichier src/index.js

```
import React from "react";
import ReactDOM from "react-dom";

import { Provider } from "react-redux";
import { createStore } from "redux";

import App from "./App.js";
import reducer from "./reducers.js";

const store = createStore(reducer);

ReactDOM.render(
  <Provider store={store}>
    <App />
  </Provider>
, document.getElementById("root"));
```

Le composant <App> incorpore maintenant l'instruction setInterval() positionnée dans la méthode componentDidMount() du composant.

Composant <App> gérant le timer

```
import React from 'react';
import * as ACTIONS from "./actions.js";
import { connect } from "react-redux";

class App extends React.Component {
  /* eslint no-useless-constructor: 0 */
  constructor(props) {
    super(props);
  }

  componentDidMount() {
    setInterval(() => {
      var time = this.props.time;  // Accessible grâce à mapStateToProps()
      this.props.decr_time(time);  // Accessible grâce à mapDispatchToProps()
    }, 1000);
  }
```

```
  formatTime({min, sec}) {
    // Formate l'heure sous la forme mm:ss
    if (min < 10) min = "0" + min;  // 9 => "09"
    if (sec < 10) sec = "0" + sec;  // 9 => "09"
    return `${min}:${sec}`;    // de la forme "10:08"
  }

  render() {
    var time = this.formatTime(this.props.time);
    return (
      <div>{time}</div>
    )
  }
}

function mapStateToProps(state) {
  return {
    time : state.time
  }
}

function mapDispatchToProps(dispatch) {
  return {
    decr_time : function({ min, sec }) {
      var action = ACTIONS.decr_time({ min, sec });
      dispatch(action);
    }
  }
}

export default connect(mapStateToProps, mapDispatchToProps)(App);
```

La méthode connect() permet de rendre l'état accessible en lecture (grâce à mapStateToProps) et en écriture (grâce à mapDispatchToProps).

La méthode setInterval() définit sa fonction de callback avec la syntaxe ES6 (à l'aide de l'opérateur =>) afin de préserver la valeur this dans la fonction de callback.

Vérifions sur la figure 11-4 que le timer diminue seconde après seconde.

On voit dans l'onglet *React* que le composant <App> possède les deux propriétés decr_time() et time, ce qui montre bien que la méthode connect() a effectivement ajouté ces deux propriétés à notre composant <App>.

Sur cet exemple, on voit que la méthode connect() du module "react-redux" permet de gérer l'état de Redux sans passer par le store, et surtout sans avoir à indiquer l'attribut store dans les composants (sauf pour le composant <Provider> pour lequel c'est obligatoire).

Figure 11–4

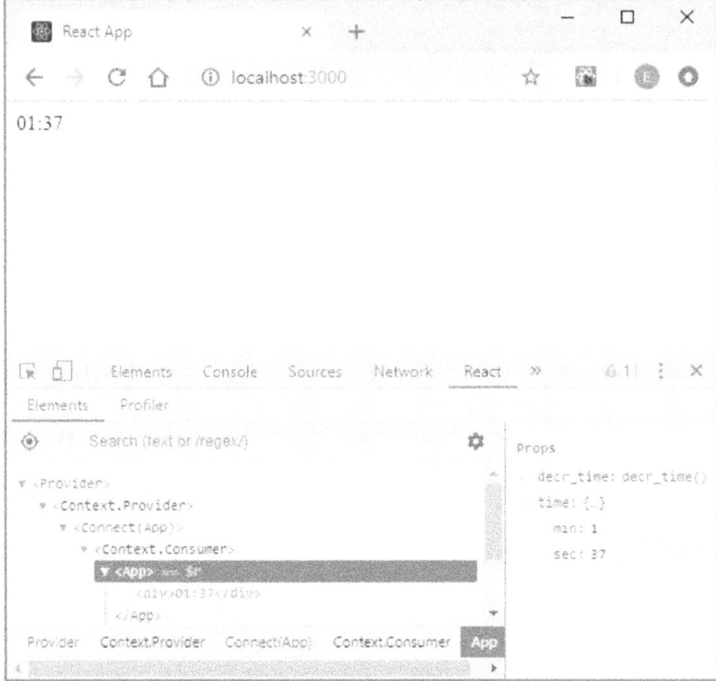

Écriture de l'exemple de gestion des éléments d'une liste avec le module "react-redux"

Utilisons le module `"react-redux"` dans le cadre d'une application plus importante (faisant intervenir plusieurs composants React). Par exemple, notre application de gestion des éléments d'une liste écrite au chapitre précédent uniquement avec Redux, peut également être écrite en utilisant le module `"react-redux"`.

Il s'agit, dans chaque composant, d'écrire les éventuelles fonctions `mapStateToProps()` et `mapDispatchToProps()`, selon que l'état de Redux est utilisé ou non dans ce composant (en lecture ou en écriture). Et bien sûr, il convient de ne plus utiliser l'attribut `store` dans les composants, vu qu'on y accède maintenant via les propriétés ajoutées par la méthode `connect()`.

Pour simplifier, on va considérer que :

- les propriétés ajoutées dans les composants portent les mêmes noms que celles de l'état de Redux (pour les propriétés ajoutées via `mapStateToProps()`) ;
- les méthodes ajoutées dans les composants portent les mêmes noms que celles des actions définies dans Redux (pour les méthodes ajoutées via `mapDispatchToProps()`).

Ces règles de simplification (et logiques) sont souvent celles utilisées partout...

Les noms des fichiers et des composants sont les mêmes que ceux définis dans le chapitre précédent, à l'exception du composant `<ConnectedListeElements>` qui n'a plus besoin d'exister ici, car il est avantageusement remplacé par les fonctionnalités apportées par le module `"react-redux"` comme on va le voir.

Fichier src/index.js

```
import React from "react";
import ReactDOM from "react-dom";

import { Provider } from "react-redux";
import { createStore } from "redux";

import App from "./App.js";
import reducer from "./reducers.js";

const store = createStore(reducer);

ReactDOM.render(
  <Provider store={store}>
    <App />
  </Provider>
, document.getElementById("root"));
```

Ce fichier correspond à la version minimale du fichier `index.js` d'un programme utilisant React et Redux à l'aide du module `"react-redux"`.

Fichier src/actions_types.js décrivant les types d'actions définis dans Redux

```
// Constantes définissant les types d'actions
export const ADD_ELEM = "ADD_ELEM";
export const REMOVE_ELEM = "REMOVE_ELEM";
export const MODIFY_ELEM = "MODIFY_ELEM";
export const REVERT_LIST = "REVERT_LIST";
export const FIND_TAG = "FIND_TAG";
```

C'est le même fichier que précédemment…

Fichier src/actions.js décrivant les actions de Redux

```
import * as ACTIONS from "./actions_types.js";

// Fonction interne au module permettant de retourner une clé unique
function getUniqueKey() {
  var key = Math.random() + "";   // Retourner une chaîne de caractères
  return key;
}
```

```
// Créateurs d'actions
export function add_elem(txt) {
  var ukey = getUniqueKey();  // Attribuer une clé unique à l'élément créé
  return {
    type : ACTIONS.ADD_ELEM,
    txt : txt,
    ukey : ukey
  }
}

export function remove_elem(ukey) {
  return {
    type : ACTIONS.REMOVE_ELEM,
    ukey : ukey
  }
}

export function modify_elem(ukey, txt) {
  return {
    type : ACTIONS.MODIFY_ELEM,
    ukey : ukey,
    txt : txt
  }
}

export function revert_list() {
  return {
    type : ACTIONS.REVERT_LIST
  }
}

export function find_tag(tag) {
  return {
    type : ACTIONS.FIND_TAG,
    tag : tag
  }
}
```

C'est le même fichier que précédemment...

Fichier src/reducers.js décrivant le reducer

```
import * as ACTIONS from "./actions_types.js";

const stateInit = {
  elems : [],    // Tableau { ukey, txt }
  revert : false,
  find : {
    tag : "",
    elems : []
  }
}
```

```
export default function reducer(state = stateInit, action) {
  var newState;
  if (action.type == ACTIONS.ADD_ELEM) {
    var txt = action.txt;
    var ukey = action.ukey;
    var elems = state.elems;
    elems.push({txt, ukey});
    elems = elems.map(function(elem) {
      return elem;
    });
    newState = Object.assign({}, state, {elems : elems});
  }
  else if (action.type == ACTIONS.REMOVE_ELEM) {
    var ukey = action.ukey;
    var elems = state.elems;
    elems = elems.filter(function(elem) {
      if (elem.ukey == ukey) return false;
      else return true;
    });
    newState = Object.assign({}, state, {elems : elems});
  }
  else if (action.type == ACTIONS.MODIFY_ELEM) {
    var txt = action.txt;
    var ukey = action.ukey;
    var elems = state.elems;
    elems = elems.map(function(elem, i) {
      if (elem.ukey == ukey) return {txt, ukey};
      else return elem;
    });
    newState = Object.assign({}, state, {elems : elems});
  }
  else if (action.type == ACTIONS.REVERT_LIST) {
    var elems = state.elems;
    var revert = state.revert;
    elems.reverse();
    elems = elems.map(function(elem) {
      return elem;
    });
    newState = Object.assign({}, state, {elems : elems, revert : !revert});
  }
  else if (action.type == ACTIONS.FIND_TAG) {
    var elems = state.elems;
    var tag = action.tag;
    elems = elems.filter(function(elem, i) {
      if (elem.indexOf(tag) >= 0) return true;
      else return false;
    });
    newState = Object.assign({}, state, { find : { elems : elems, tag : tag }});
  }
  else {
    // Action inconnue
    newState = state;
  }
  return newState;
}
```

C'est le même fichier que précédemment, sauf pour les parties mises en évidence dans le code. En effet, on a constaté que les instructions `elems.reverse();` et `elems.push({txt, ukey});` ne provoquaient pas de modification de l'état, d'où l'ajout à leur suite de l'instruction `elems.map()` qui ne fait que retourner le même tableau que celui reçu, mais provoque en revanche une modification de l'état de Redux...

Les fichiers précédents ne concernent pas les composants React, c'est pour cela que les modifications sont minimes par rapport à la version précédente. Les modifications véritables vont maintenant intervenir lors de l'écriture des composants.

Fichier src/App.js décrivant le composant <App>

```
import React from 'react';
import ListeElements from './ListeElements';
import ButtonAdd from './ButtonAdd';
import ButtonRevert from './ButtonRevert';
import * as ACTIONS from "./actions.js";
import { connect } from "react-redux";

class App extends React.Component {
  /* eslint no-useless-constructor: 0 */
  constructor(props) {
    super(props);
  }
  render() {
    // Éléments de la liste initiale
    var elems = [
      "Element1",
      "Element2",
      "Element3",
      "Element4",
      "Element5"
    ];
    // Insertion des éléments de la liste de départ
    // ("Element1", ..., "Element5")
    elems.forEach((txt) => {
      this.props.add_elem(txt);
    });
    return (
      <div>
        <ButtonAdd text="Ajouter"></ButtonAdd>
          
        <ButtonRevert text="Inverser"></ButtonRevert>
        <ListeElements elems={elems} />
      </div>
    )
  }
}
```

```
function mapDispatchToProps(dispatch) {
  return {
    add_elem : function(txt) {
      var action = ACTIONS.add_elem(txt);
      dispatch(action);
    }
  }
}

export default connect(null, mapDispatchToProps)(App);
```

L'insertion des premiers éléments de liste s'effectue par l'action `ADD_ELEM`. Cette action est donc mise dans les propriétés du composant (ici, `<App>`) afin qu'il puisse utiliser la méthode via `this.props.add_elem()`.

Fichier src/ListeELements.js décrivant la liste des éléments

```
import React from 'react';
import Element from './Element';
import { connect } from "react-redux";

const ListeElements = function(props) {
  const { elems } = props;
  return (
    <ul>
    {
      elems.map(function(elem) {
        return (
          <li key={elem.ukey}>
            <Element text={elem.txt} ukey={elem.ukey} />
          </li>
        )
      })
    }
    </ul>
  )
}

function mapStateToProps(state) {
  return {
    elems : state.elems
  }
}

export default connect(mapStateToProps)(ListeElements);
```

La liste des éléments (`elems`) est inscrite dans l'état de Redux, donc on permet un accès en lecture à cette partie de l'état via la fonction `mapStateToProps()`.

Fichier src/Element.js décrivant un élément de liste

```
import React from 'react';
import ButtonRemove from './ButtonRemove';
import * as ACTIONS from "./actions.js";
import { connect } from "react-redux";

class Element extends React.Component {
  constructor(props) {
    super(props);
    this.state = {
      modifyOn : false,
      value : props.text
    }
  }
  handlerDoubleClick() {
    this.setState({modifyOn : true});
  }
  handlerChange(event) {
    var value = event.target.value;
    this.setState({value : value});
  }
  handlerBlur() {
    this.setState({modifyOn : false});
    var value = this.state.value;
    const { ukey } = this.props;
    this.props.modify_elem(ukey, value);
  }
  render() {
    const { ukey, text } = this.props;
    return (
      <div>
        { this.state.modifyOn ?
          <input onChange={this.handlerChange.bind(this)}
                 onBlur={this.handlerBlur.bind(this)}
                 autoFocus={true}
                 value={this.state.value} /> :
          <span onDoubleClick={this.handlerDoubleClick.bind(this)}>{text}</span>
        }
        <ButtonRemove style={{margin:"10px", fontSize:"10px"}}
                      ukey={ukey} text="Supprimer" />
      </div>
    )
  }
}

function mapDispatchToProps(dispatch) {
  return {
    modify_elem : function(ukey, value) {
      var action = ACTIONS.modify_elem(ukey, value);
      dispatch(action);
    }
```

```
  }
}

export default connect(null, mapDispatchToProps)(Element);
```

L'action MODIFY_ELEM est utilisée lors de la modification d'un élément de liste, elle est donc mise en propriété du composant <Element>.

Fichier src/ButtonAdd.js permettant l'ajout d'un élément dans la liste

```
import React from 'react';
import * as ACTIONS from "./actions.js";
import { connect } from "react-redux";

const ButtonAdd = function(props) {
  function handlerClick() {
    var elems = props.elems;
    props.add_elem("Element" + (elems.length + 1));
  }
  return <button onClick={handlerClick}>{props.text}</button>
}

function mapStateToProps(state) {
  return {
    elems : state.elems
  }
}

function mapDispatchToProps(dispatch) {
  return {
    add_elem : function(txt) {
      var action = ACTIONS.add_elem(txt);
      dispatch(action);
    }
  }
}

export default connect(mapStateToProps, mapDispatchToProps)(ButtonAdd);
```

Ce composant accède en lecture à la propriété elems de l'état (afin de connaître le nombre d'éléments déjà présents dans la liste) et à l'action ADD_ELEM. On utilise pour cela les deux fonctions mapStateToProps() et mapDispatchToProps().

Fichier src/ButtonRemove.js permettant de supprimer un élément de la liste

```
import React from 'react';
import * as ACTIONS from "./actions.js";
import { connect } from "react-redux";

const ButtonRemove = function(props) {
  const { ukey, style, text } = props;
  function handlerClick() {
    props.remove_elem(ukey);
  }
  return <button style={style} onClick={handlerClick}>{text}</button>
}

function mapDispatchToProps(dispatch) {
  return {
    remove_elem : function(ukey) {
      var action = ACTIONS.remove_elem(ukey);
      dispatch(action);
    }
  }
}

export default connect(null, mapDispatchToProps)(ButtonRemove);
```

Ce composant accède à l'action `REMOVE_ELEM` d'où l'utilisation de `mapDispatchToProps()`.

Fichier src/ButtonRevert.js permettant d'inverser la liste affichée

```
import React from 'react';
import * as ACTIONS from "./actions.js";
import { connect } from "react-redux";

const ButtonRevert = function(props) {
  function handlerClick() {
    props.revert_list();
  }
  return <button onClick={handlerClick}>{props.text}</button>
}

function mapDispatchToProps(dispatch) {
  return {
    revert_list : function() {
      var action = ACTIONS.revert_list();
      dispatch(action);
    }
  }
}

export default connect(null, mapDispatchToProps)(ButtonRevert);
```

Ce composant accède à l'action `REVERT_LIST` d'où l'utilisation de `mapDispatchToProps()`.

On vérifie enfin que le programme fonctionne correctement, par exemple en supprimant le dernier élément et en inversant la liste (figure 11-5).

Figure 11–5

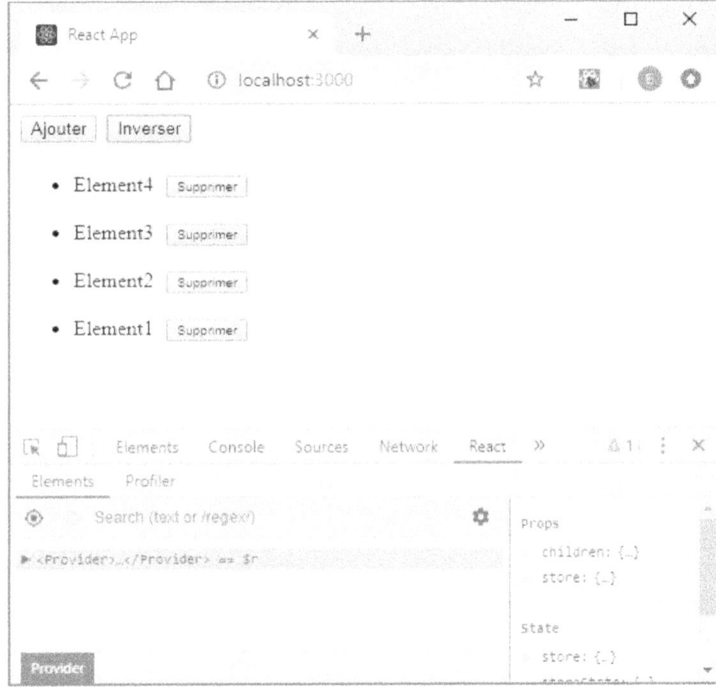

Le dernier élément de la liste a été supprimé, puis la liste a été inversée.

Conclusion

Nous terminons ici l'utilisation de Redux dans le cadre d'un projet React. Redux simplifie grandement l'accès à l'état dans les composants React, en particulier si des parties de l'état doivent être partagées dans divers composants.

Le module `"react-redux"` apporte également une couche de simplification en évitant de propager l'attribut `store` dans les composants React. On utilise ces deux modules (`"redux"` et `"react-redux"`) dans le cadre de projets importants qui nécessitent de partager de nombreuses données entre les composants. Ces modules sont devenus indispensables dans les projets utilisant React.

12

React Router

React Router est un ensemble de modules permettant d'utiliser des routes dans une application React. Une route représente une URL dans le navigateur et correspond à un affichage dans la fenêtre, c'est-à-dire à l'affichage de un ou plusieurs composants React.

L'intérêt des routes est de pouvoir facilement gérer quels composants on souhaite afficher, en fonction de l'URL indiquée. Si l'URL change, les composants affichés ne sont plus les mêmes, et on a donc l'impression d'avoir changé de page HTML, ce qui n'est pas le cas.

De plus, un mécanisme d'historique des URL visitées est implémenté dans React Router, permettant ainsi de pouvoir revenir en arrière dans l'historique à l'aide de la touche *Précédent* du navigateur. Sans ce mécanisme, le retour en arrière produit la sortie de l'application React, car celle-ci est dans une seule page `index.html`, selon le principe SPA *(Single Page Application)*.

React Router existe en version web (utilisée ici) et en version pour application native (non utilisée ici). Nous installerons donc la version web dans le répertoire `reactapp` de l'application créée dans les chapitres précédents (figure 12-1).

Installer React Router (version web)

```
cd reactapp
npm install react-router-dom
```

Une fois les modules associés à React Router installés, l'application React qui les utilise (ici, le composant `<App>`) doit être insérée dans le composant `<BrowserRouter>` défini dans React Router. Le fichier `index.js` est modifié de la façon suivante :

Figure 12–1

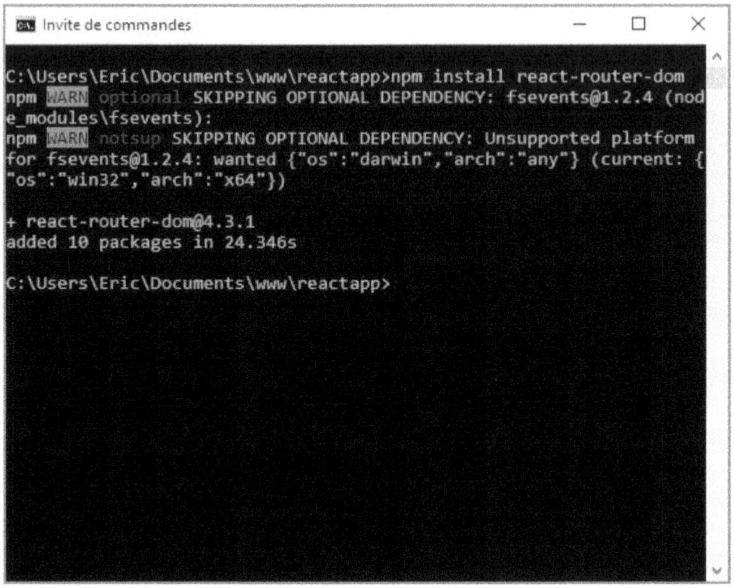

Invite de commandes

```
C:\Users\Eric\Documents\www\reactapp>npm install react-router-dom
npm WARN optional SKIPPING OPTIONAL DEPENDENCY: fsevents@1.2.4 (node_modules\fsevents):
npm WARN notsup SKIPPING OPTIONAL DEPENDENCY: Unsupported platform for fsevents@1.2.4: wanted {"os":"darwin","arch":"any"} (current: {"os":"win32","arch":"x64"})

+ react-router-dom@4.3.1
added 10 packages in 24.346s

C:\Users\Eric\Documents\www\reactapp>
```

Fichier src/index.js permettant d'utiliser les routes

```
import React from "react";
import ReactDOM from "react-dom";

import { BrowserRouter } from "react-router-dom";

import App from "./App.js";

ReactDOM.render(
  <BrowserRouter>
    <App />
  </BrowserRouter>
, document.getElementById("root"));
```

Le composant `<BrowserRouter>` est un composant défini dans React Router et inclus grâce à l'instruction `import` présentée dans ce code.

Le composant `<App>` de l'application est directement inséré dans le composant `<BrowserRouter>`.

Notez que le composant `<BrowserRouter>` ne peut posséder qu'un seul enfant direct, d'où l'intérêt de regrouper toute l'application dans le composant `<App>`.

Une fois le composant `<BrowserRouter>` positionné, le composant `<App>` (et ses composants internes) peut utiliser les routes qui seront définies.

Créer les premières routes avec le composant <Route>

La définition d'une route s'effectue au moyen du composant <Route> (défini en interne dans React Router).

Pour commencer, définissons deux routes dans le composant <App> :

- la route "/" affiche "Route /" ;
- la route "/app" affiche "Route /app".

Cela signifie que :

- Si l'URL dans le navigateur est http://localhost:3000, on affiche "Route /".
- Si l'URL dans le navigateur est http://localhost:3000/app, on affiche "Route /app".

Le fichier du composant <App> est modifié pour prendre en compte ces deux routes au moyen de deux composants <Route>.

Fichier src/App.js définissant les routes / et /app

```
import React from "react";

import { Route } from "react-router-dom";

function App(props) {
  return (
    <div>
      <Route path="/" render={()=><div>Route /</div>} />
      <Route path="/app" render={()=><div>Route /app</div>} />
    </div>
  )
}

export default App;
```

Le composant <Route> utilise ici les deux attributs path et render. L'attribut path indique la route qui déclenche l'affichage associé à cette route (décrit dans l'attribut render), tandis que l'attribut render indique une fonction de callback qui retourne les éléments React à afficher (lorsque cette route est affichée). D'autres attributs du composant <Route> sont disponibles et étudiés ci-après.

La fonction de callback indiquée dans l'attribut render est ici écrite en ES6, mais il est également possible de l'écrire de façon moins concise, comme ceci :

```
render={function(){return <div>Route /</div>}}
```

Exécutons le programme en saisissant l'URL http://localhost:3000 (figure 12-2).

Figure 12–2

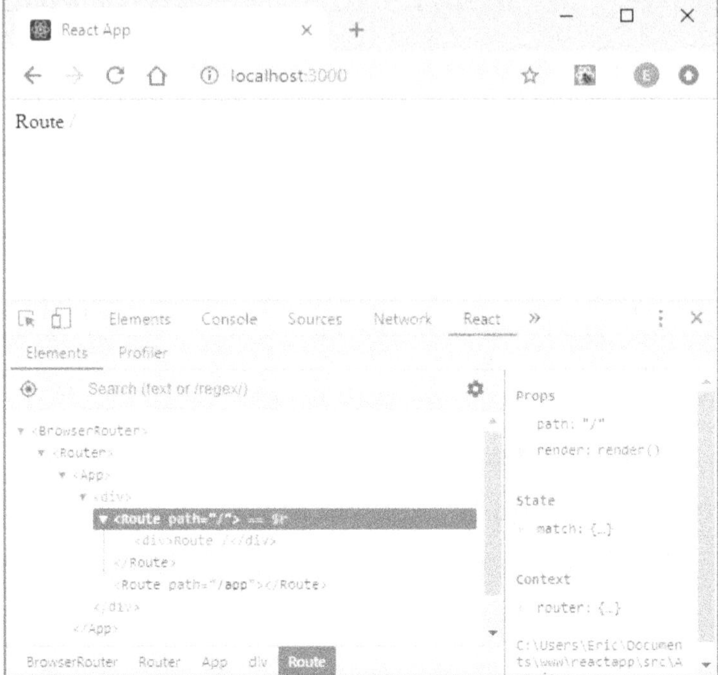

Le render associé à la route "/" s'affiche, et nous voyons dans l'onglet *React* les deux composants <Route> dont seul le premier contient le <div> affiché (le second composant <Route> a maintenant un contenu vide).

C'est le composant <BrowserRouter> qui, en fonction de la route indiquée dans l'URL, affiche le contenu du composant <Route> correspondant à la route.

Utilisons maintenant l'URL http://localhost:3000/app dans le navigateur (figure 12-3).

À notre grande surprise, les affichages des deux routes se produisent, bien que la route indiquée dans l'URL soit "/app"...

La raison de l'affichage simultané des deux routes est simple : l'attribut `path` indiqué dans le composant <Route> signifie que l'URL doit comporter cette chaîne de caractères, mais cela ne signifie pas que ce soit exactement cette valeur.

Donc quand on indique "/app" dans l'URL, la première route avec `path="/"` convient car le `path` indiqué est dans l'URL, et la seconde route avec `path="/app"` convient également pour la même raison. Ainsi, toutes les routes qui conviennent affichent leur render, ce qui est bien le cas ici.

On voit donc que lors de l'utilisation de <Route>, toutes les routes dont l'attribut `path` correspond avec l'URL vont s'afficher. Pour permettre de n'afficher qu'une seule route parmi celles qui pourraient correspondre (en fait, la première qui correspond), il faut utiliser en plus le composant <Switch>.

Figure 12–3

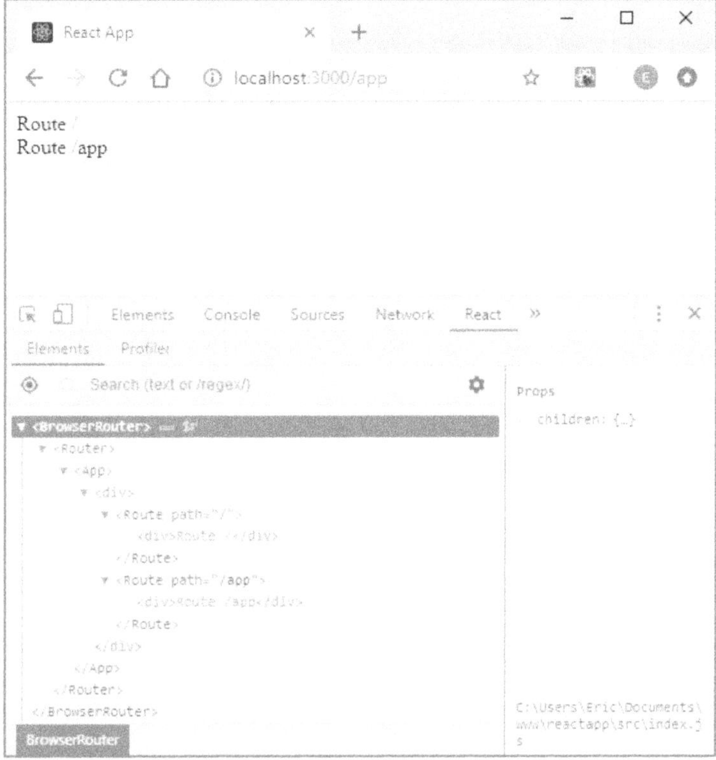

Afficher la première route qui correspond grâce au composant <Switch>

Pour éviter de prendre en considération toutes les routes qui satisfont aux attributs path indiqués dans les composants <Route>, on entoure les composants <Route> d'un composant <Switch>. Si plusieurs routes devaient satisfaire aux différents path indiqués, seule la première route de la liste serait sélectionnée et affichée.

Entourons les composants <Route> précédents d'un composant <Switch> :

Utiliser le composant <Switch> dans les routes

```
import React from "react";

import { Route, Switch } from "react-router-dom";

function App(props) {
  return (
```

```
    <Switch>
      <Route path="/" render={()=><div>Route /</div>} />
      <Route path="/app" render={()=><div>Route /app</div>} />
    </Switch>
  )
}

export default App;
```

Le composant `<Switch>` est importé de la même façon que le composant `<Route>`. Il entoure les deux composants `<Route>` précédents.

Affichons de nouveau l'URL http://localhost:3000/app (figure 12-4).

Figure 12–4

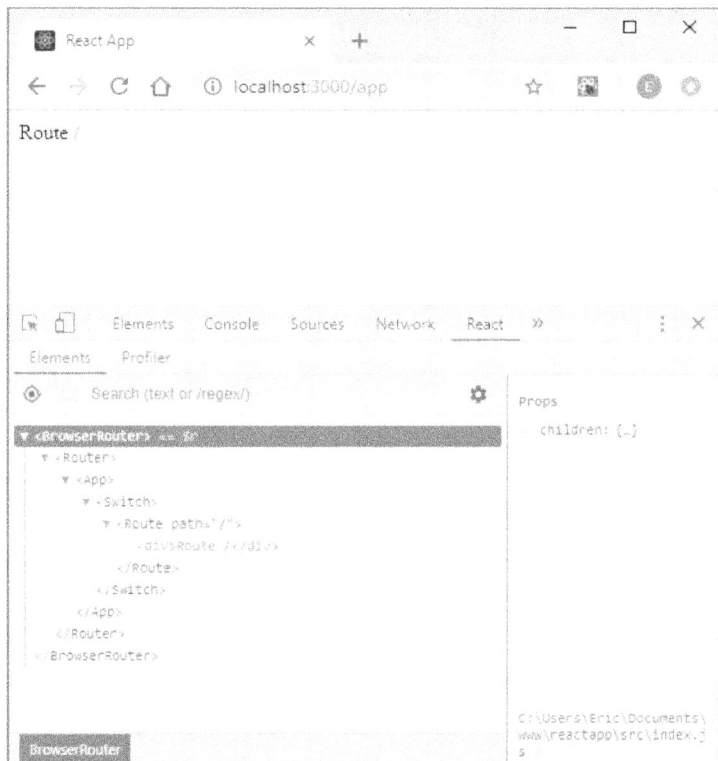

Une seule route est maintenant affichée (la première dont le `path` correspond à l'URL).

De plus, le composant `<Switch>` a supprimé le deuxième composant `<Route>`.

Il reste toutefois un autre problème. En effet, il n'est pas normal que lorsque l'on indique `"/app"` dans l'URL, ce soit la route ayant `path="/"` qui soit sélectionnée (même si ce comportement est normal dans React Router). Il serait plus logique que la route ayant `path="/app"` soit choisie en premier si l'URL contient `"/app"`. C'est le rôle de l'attribut `exact` dans le composant `<Route>`.

Utiliser l'attribut exact dans les routes

L'attribut `exact` (valant `true` ou `false`) dans un composant `<Route>` permet d'indiquer si l'on souhaite que le `path` soit exactement identique à l'URL :

- si `exact` est de valeur `true`, le `path` indiqué et l'URL doivent être les mêmes, sinon la route n'est pas choisie ;
- si `exact` est de valeur `false` (valeur par défaut), le comportement est le même que celui de la section précédente.

Dans notre exemple, il faut indiquer l'attribut `exact={true}` dans la route dont le `path` est `"/"`, de façon à ce que cette route ne soit pas toujours sélectionnée en premier (du fait que toutes les URL comportent au moins un `"/"` dans leur valeur). Avec l'attribut `exact={true}`, cette route ne sera choisie que si l'URL est `"/"` exactement.

Utiliser l'attribut exact dans le composant <Route>

```
import React from "react";

import { Route, Switch } from "react-router-dom";

function App(props) {
  return (
    <Switch>
      <Route exact={true} path="/" render={()=><div>Route /</div>} />
      <Route path="/app" render={()=><div>Route /app</div>} />
    </Switch>
  )
}

export default App;
```

L'attribut `exact` est positionné à une valeur booléenne `true` ou `false`. On considère en JSX que si l'attribut est présent, il vaut `true` si la valeur n'est pas indiquée (la présence de l'attribut suffit). Et si l'attribut n'est pas présent, sa valeur est `false` par défaut.

Par conséquent, on aurait également pu écrire :

```
<Route exact path="/" render=... />
```

Utilisons de nouveau l'URL http://localhost:3000/app (figure 12-5).

La route ayant `path="/app"` est maintenant choisie si l'URL est `"/app"`.

Utilisons maintenant l'URL http://localhost:3000 (figure 12-6).

C'est la route ayant `path="/"` qui est choisie car le `path` de la route et l'URL correspondent exactement.

Figure 12-5

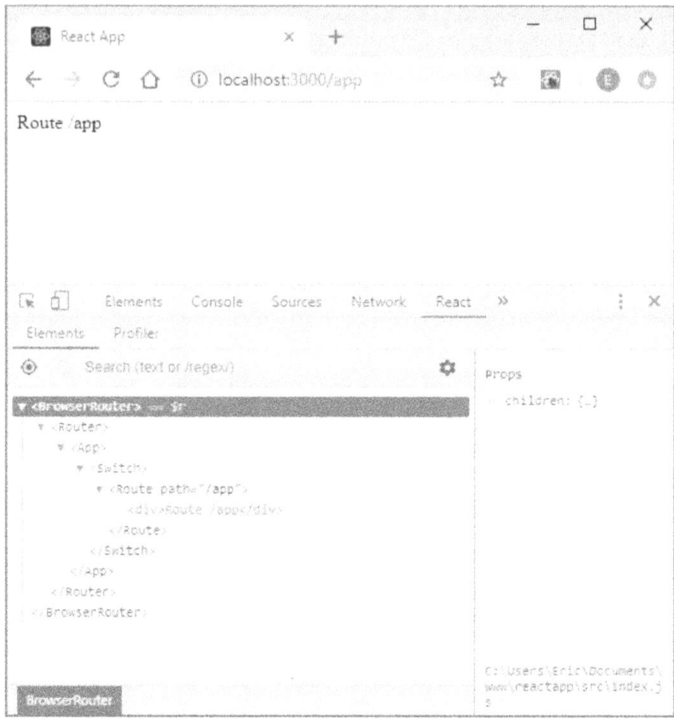

Figure 12-6

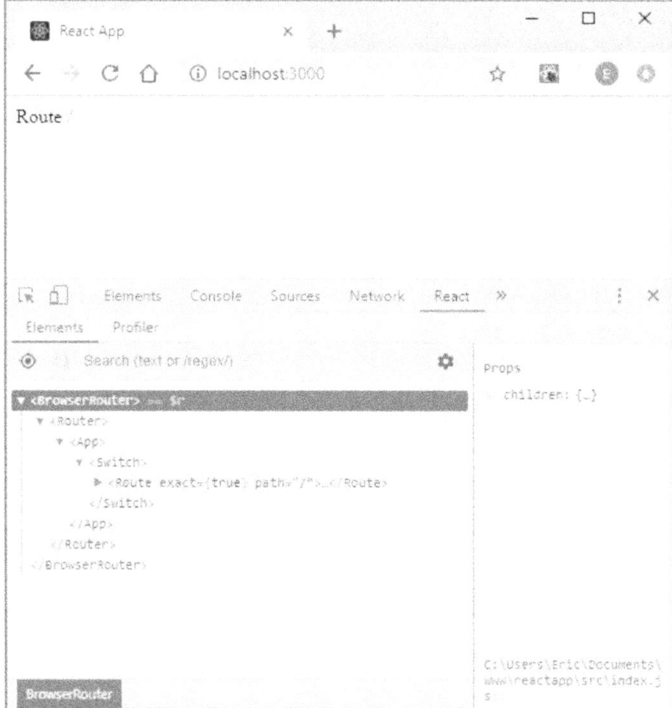

Utiliser une route inconnue

Que se produit-il si l'URL indique une valeur qui n'est associée à aucun path d'aucune route ? Par exemple, si l'on indique l'URL http://localhost:3000/abc, la valeur "/abc" n'étant indiquée dans aucun path des composants <Route>.

Utilisons l'URL http://localhost:3000/abc (figure 12-7).

Figure 12–7

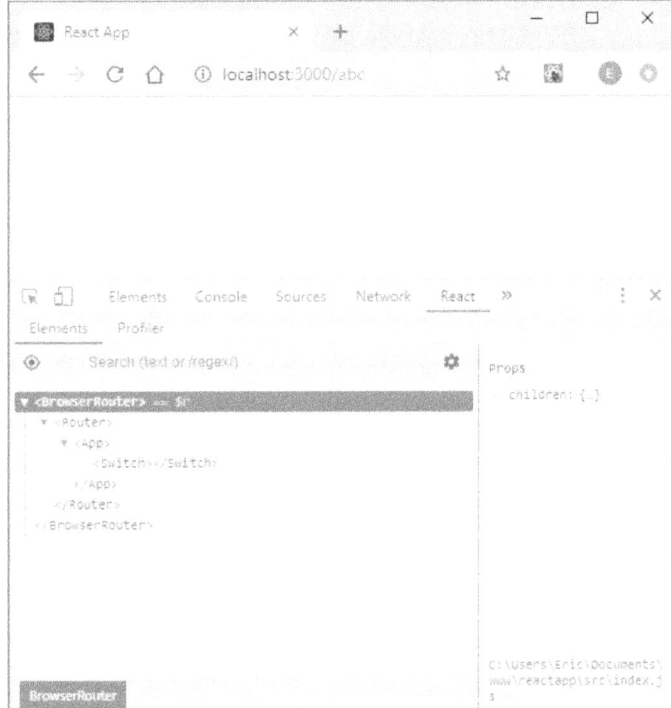

Lorsque l'URL indiquée n'est reconnue par aucune route, rien ne s'affiche et les composants <Route> ont été supprimés de l'application par React Router.

L'erreur d'URL étant une erreur fréquente, il serait bon d'afficher un message d'erreur aux utilisateurs.

Pour cela, il suffit d'indiquer une route n'ayant pas l'attribut path indiqué (ou l'attribut path="") en dernier dans la liste des routes. En effet, si aucune des routes précédentes n'est choisie, la dernière, qui n'a pas le path indiqué, sera forcément choisie par React Router car elle ne peut que convenir.

Utiliser une route par défaut si aucune route ne convient

```
import React from "react";

import { Route, Switch } from "react-router-dom";

function App(props) {
  return (
    <Switch>
      <Route exact={true} path="/" render={()=><div>Route /</div>} />
      <Route path="/app" render={()=><div>Route /app</div>} />
      <Route render={()=><div>Route inconnue</div>} />
    </Switch>
  )
}

export default App;
```

La route sans `path` est indiquée en dernier (car si elle était indiquée avant, elle conviendrait à coup sûr et empêcherait les routes qui suivent d'être prises en considération).

Utilisons encore une URL avec une route inconnue, par exemple http://localhost:3000/abc (figure 12-8).

Figure 12–8

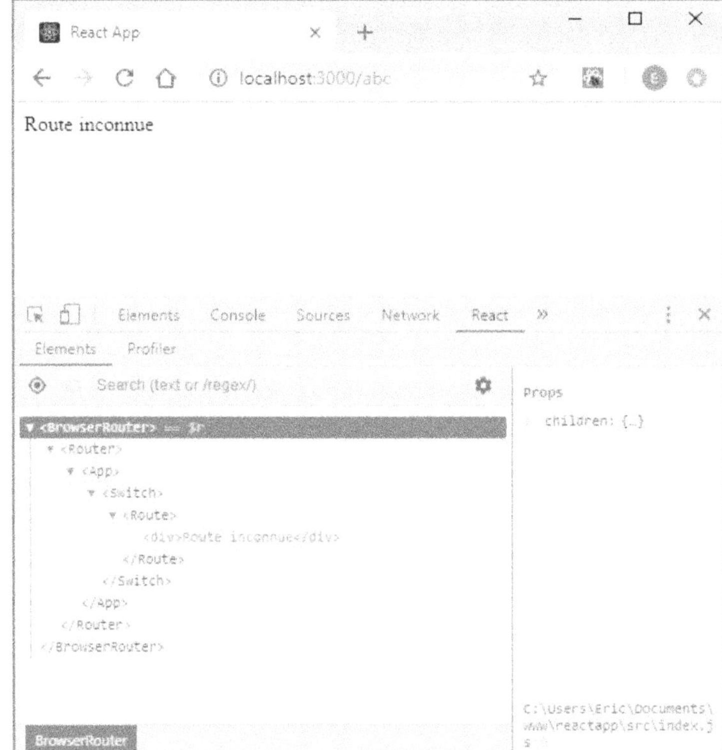

La dernière route indiquée correspond, elle est donc affichée.

Afficher un composant dans une route

L'attribut render utilisé dans le composant <Route> peut servir à afficher des éléments React quelconques, y compris ceux que nous avons nous-mêmes créés (composants créés sous forme de fonctions ou de classes).

Utilisons la route "/" pour afficher une liste d'éléments ("Element1", ..., "Element5"). On utilise pour cela le composant <ListeElements> auquel on transmet dans l'attribut elems le tableau d'éléments à afficher.

Afficher une liste d'éléments dans la route

```
import React from "react";
import ListeElements from "./ListeElements";

import { Route, Switch } from "react-router-dom";

function App(props) {
  var elems = [
    "Element1",
    "Element2",
    "Element3",
    "Element4",
    "Element5"
  ];

  return (
    <Switch>
      <Route exact={true} path="/"
             render={()=><ListeElements elems={elems} />} />
      <Route render={()=><div>Route inconnue</div>} />
    </Switch>
  )
}

export default App;
```

On transmet dans le composant <ListeElements> l'attribut elems comportant la liste des éléments à afficher.

Le composant <ListeElements> affiche le tableau elems transmis dans son objet props.

Composant <ListeElements> dans fichier src/ListeElements.js

```
import React from 'react';
import Element from './Element';

const ListeElements = function(props) {
  var { elems } = props;
  return (
    <ul>
      {
        elems.map(function(elem, index) {
          return <Element elem={elem} key={index} />
        })
      }
    </ul>
  )
}

export default ListeElements;
```

Le composant `<Element>`, quant à lui, affiche la valeur indiquée dans l'attribut `elem` qui lui est transmis.

Composant <Element> dans fichier src/Element.js

```
import React from 'react';

var Element = function(props) {
  const { elem } = props;
  return <li>{elem}</li>
}

export default Element;
```

On affiche l'URL http://localhost:3000 (figure 12-9).

La liste des éléments transmise est affichée dans la route. Cela permet de passer des paramètres lors de l'affichage d'une route (ici, le tableau `elems` des éléments à afficher).

Figure 12–9

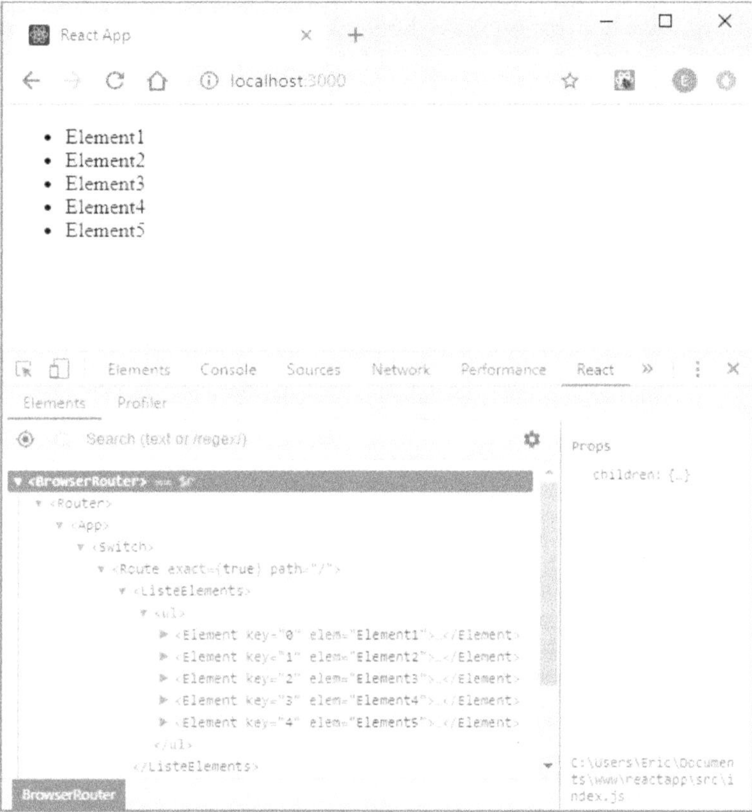

Utiliser des paramètres dans les routes

On a vu dans l'exemple précédent comment passer des paramètres (en fait des attributs) pour afficher un composant dans une route (le tableau `elems`). Mais l'attribut `path` indiqué pour la route peut également être utilisé pour afficher le composant.

Supposons que nous ayons les deux routes suivantes :

- La route `"/"` permet, comme précédemment, d'afficher la liste des éléments en totalité.
- La route `"/edit/:index"` permet d'afficher uniquement l'élément de liste ayant cet index (à partir de 0). Par exemple, l'URL http://localhost:3000/edit/1 affiche `"Element2"` (c'est-à-dire l'élément ayant l'index 1 dans la liste, soit le second de la liste).

Remarque

Remarquez que pour utiliser des variables dans la définition des routes, on préfixe le nom de la variable (ici, `index`) avec `":"`, d'où ici `":index"`. C'est une règle de React Router.

La deuxième route nécessite de pouvoir transférer l'index de l'élément indiqué dans l'URL vers le composant affiché par render. Si l'on utilise encore le composant <ListeElements> pour afficher cette route, il faudra que ce composant utilise également l'index de l'élément si cet index est transmis (si l'index n'est pas transmis, la liste est affichée dans sa globalité comme dans la première route).

La question qui se pose alors est comment transférer une valeur inscrite dans la route (donc en fait l'URL) vers le composant utilisé par l'attribut render de cette route ? En fait, le composant récupère dans son objet props (ou this.props si le composant est décrit par une classe) des éléments qui sont ajoutés par React Router.

Pour le vérifier, il suffit de créer la route "/edit/:index" dans nos routes, et d'afficher pour celle-ci le contenu de l'objet props reçu lors du render.

Afficher le contenu de l'objet props pour la route "/edit/:index"

```
import React from "react";
import ListeElements from "./ListeElements";

import { Route, Switch } from "react-router-dom";

function App(props) {
  var elems = [
    "Element1",
    "Element2",
    "Element3",
    "Element4",
    "Element5"
  ];

  return (
    <Switch>
      <Route exact={true} path="/"
             render={()=><ListeElements elems={elems} />} />
      <Route path="/edit/:index"
             render={(props)=><div>{JSON.stringify(props)}</div>} />
      <Route render={()=><div>Route inconnue</div>} />
    </Switch>
  )
}

export default App;
```

La deuxième route "/edit/:index" a été ajoutée dans la liste des routes.

Utilisons l'URL http://localhost:3000/edit/2 pour afficher le résultat de cette route (figure 12-10).

Le contenu de l'objet props transmis en paramètre dans l'attribut render est affiché. Il correspond à un objet ayant les propriétés match, location et history.

Figure 12–10

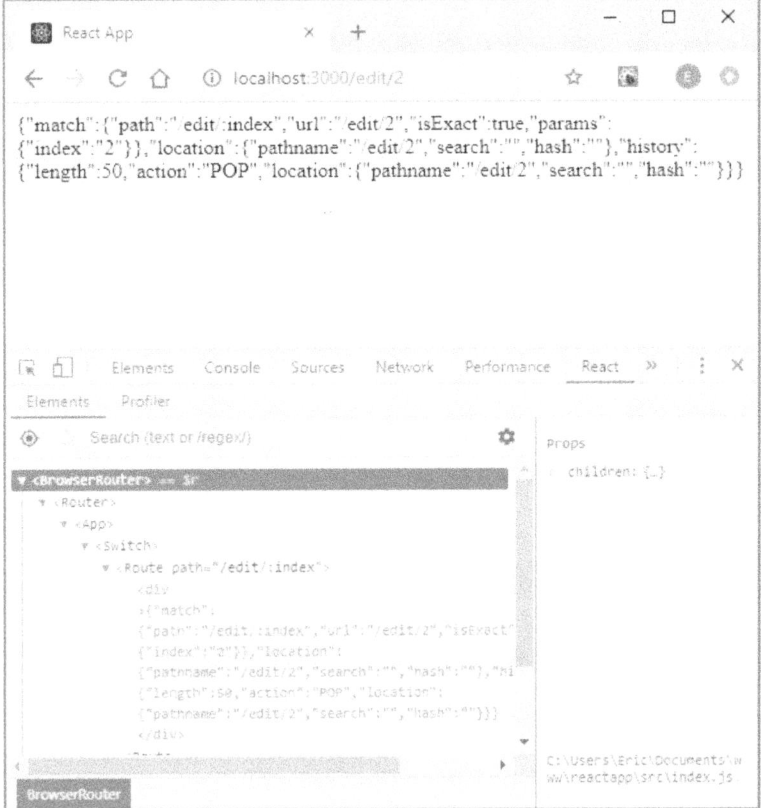

La propriété `match` contient un objet `params` contenant les paramètres indiqués dans l'URL, ici `{ index : "2" }`. Par conséquent, pour accéder à la valeur de l'index, il suffit d'écrire l'expression `props.match.params.index`.

Écrivons le fichier du composant <App> en utilisant l'objet `props` transmis dans l'attribut `render`.

Fichier src/App.js utilisant la nouvelle route

```
import React from "react";
import ListeElements from "./ListeElements";

import { Route, Switch } from "react-router-dom";

function App(props) {
  var elems = [
    "Element1",
    "Element2",
    "Element3",
    "Element4",
```

```
    "Element5"
  ];

  return (
    <Switch>
      <Route exact={true} path="/"
             render={(props)=><ListeElements {...props} elems={elems} />} />
      <Route path="/edit/:index"
             render={(props)=><ListeElements {...props} elems={elems} />} />
      <Route render={()=><div>Route inconnue</div>} />
    </Switch>
  )
}

export default App;
```

L'objet `props` est transmis dans les attributs du composant `<ListeElements>`, de façon à ce que ce composant puisse connaître la route qui provoque son affichage. Afin de concaténer cet objet avec l'attribut `elems` déjà utilisé, on utilise la syntaxe ES6 avec `{ ...props }` dans les deux routes.

Le composant `<ListeElements>` utilisé pour afficher la liste des éléments ou un seul élément (selon la route utilisée) s'écrit maintenant ainsi.

Composant <ListeElements> affichant une liste ou un seul élément (selon la route utilisée)

```
import React from 'react';
import Element from './Element';

const ListeElements = function(props) {
  var { elems } = props;
  return (
    props.match.path.match(/\/edit/) ?
      <ul><Element elem={elems[props.match.params.index]} /></ul> : (
      <ul>
      {
        elems.map(function(elem, index) {
          return <Element elem={elem} key={index} />
        })
      }
      </ul>
    )
  )
}

export default ListeElements;
```

Si l'URL contient `"/edit"`, on affiche un seul élément (en utilisant la valeur de l'index transmise dans l'URL), sinon on affiche la liste complète comme précédemment.

Vérifions le fonctionnement en utilisant d'abord l'URL http://localhost:3000 qui permet d'afficher la liste dans sa globalité (figure 12-11).

Figure 12–11

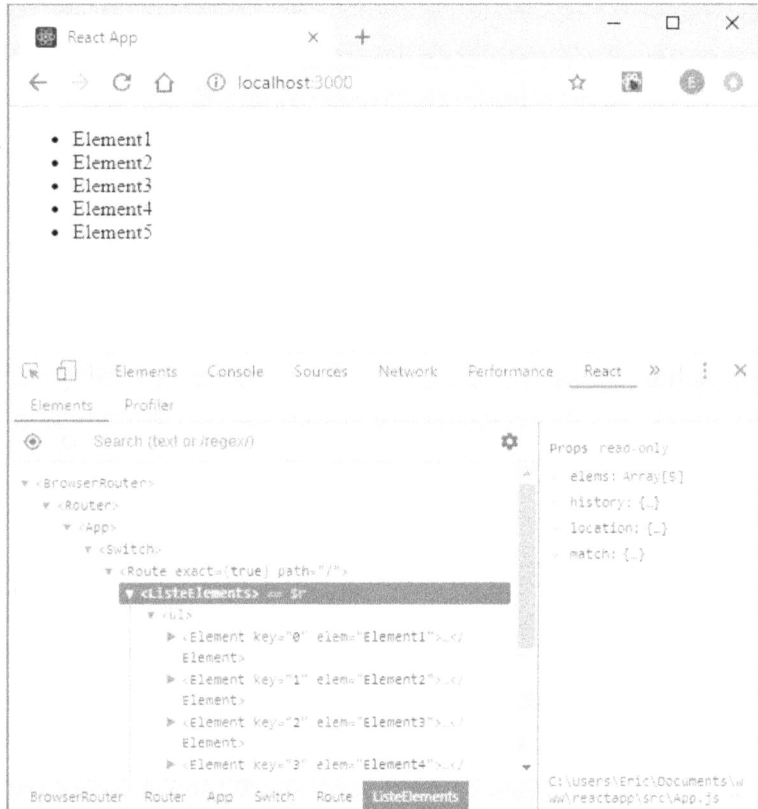

La liste est affichée dans sa totalité.

Utilisons ensuite l'URL http://localhost:3000/edit/2 pour afficher un seul élément de la liste (figure 12-12).

Seul l'élément d'index indiqué est affiché par la route.

Figure 12–12

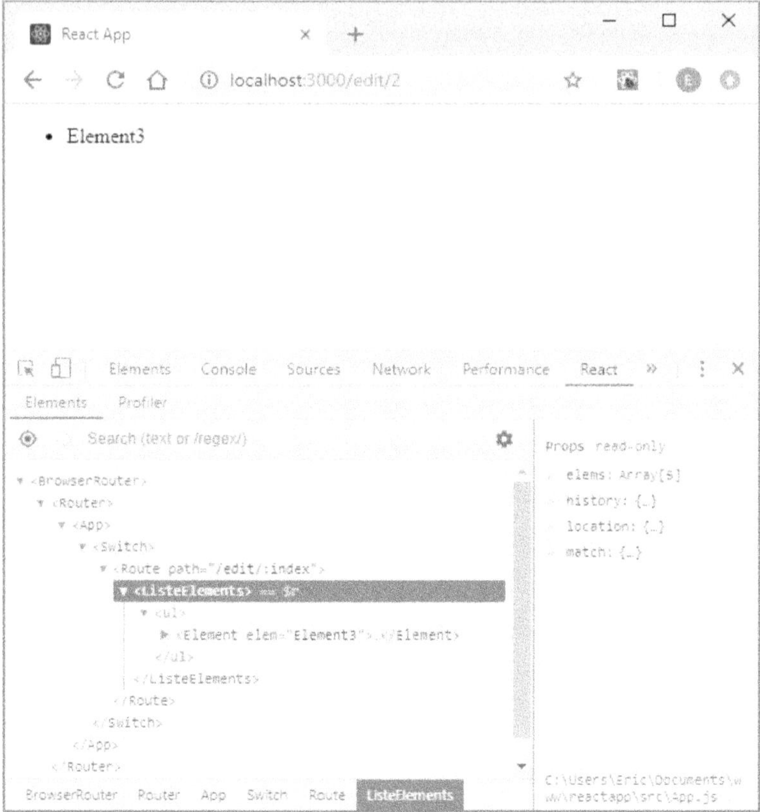

Utiliser des liens pour afficher les routes grâce au composant <Link>

Les exemples précédents ont montré comment utiliser plusieurs routes. Le changement de route s'effectuait en tapant directement une nouvelle URL dans la barre d'adresses du navigateur.

Cependant, il est rare de devoir changer l'URL en la tapant directement dans la barre d'adresses du navigateur. Il est plus courant de cliquer sur un lien dans la page, action qui permet de faire ce changement d'URL pour nous.

Pour cela, ajoutons dans la page affichée les liens correspondants :

- le premier lien permet d'afficher la liste complète des éléments (il correspond à la route `"/"`) ;
- le second lien permet d'afficher l'élément d'index 2, par exemple (il correspond à la route `"/edit/:index"`).

Utiliser des liens de navigation dans les routes

```
import React from "react";
import ListeElements from "./ListeElements";

import { Route, Switch } from "react-router-dom";

function App(props) {
  var elems = [
    "Element1",
    "Element2",
    "Element3",
    "Element4",
    "Element5"
  ];

  return (
    <div>
      <a href="/">Liste complete</a>   
      <a href="/edit/2">Index 2</a>
      <Switch>
        <Route exact={true} path="/"
               render={(props)=><ListeElements {...props} elems={elems} />} />
        <Route path="/edit/:index"
               render={(props)=><ListeElements {...props} elems={elems} />} />
        <Route render={()=><div>Route inconnue</div>} />
      </Switch>
    </div>
  )
}

export default App;
```

Les liens sont ici de simples éléments <a> dont l'attribut `href` représente la route.

Démarrons le programme en introduisant l'URL http://localhost:3000 (figure 12-13).

La liste complète s'affiche, ainsi que les deux liens.

Cliquons sur le second lien pour afficher un seul élément de liste (figure 12-14).

Suite au clic sur le lien, l'élément d'index 2 s'affiche dans la page.

Le fonctionnement du programme semble normal. Cependant, en observant bien, on s'aperçoit qu'à chaque clic sur l'un des liens, la page complète se réaffiche. En fait, le clic sur un des liens recharge la page en totalité dans le navigateur, sans tenir compte du fait qu'elle est déjà présente.

Ce n'est pas du tout le comportement que l'on souhaite avoir en utilisant React Router... Pour remédier à ce problème, React Router fournit un nouveau composant appelé <Link> qui permet de remplacer l'élément <a> dans les pages, et de ne pas recharger la page étant donné que celle-ci est déjà présente.

Figure 12–13

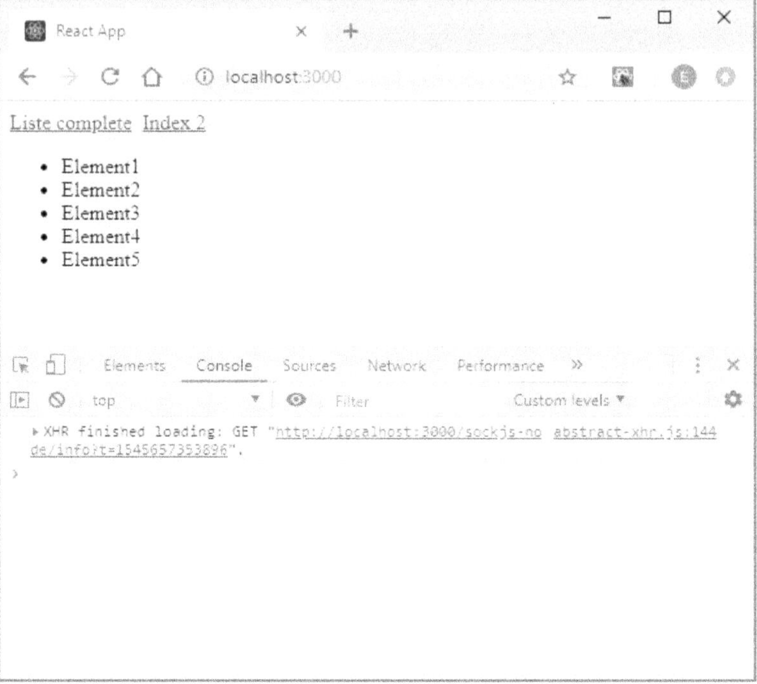

Figure 12–14

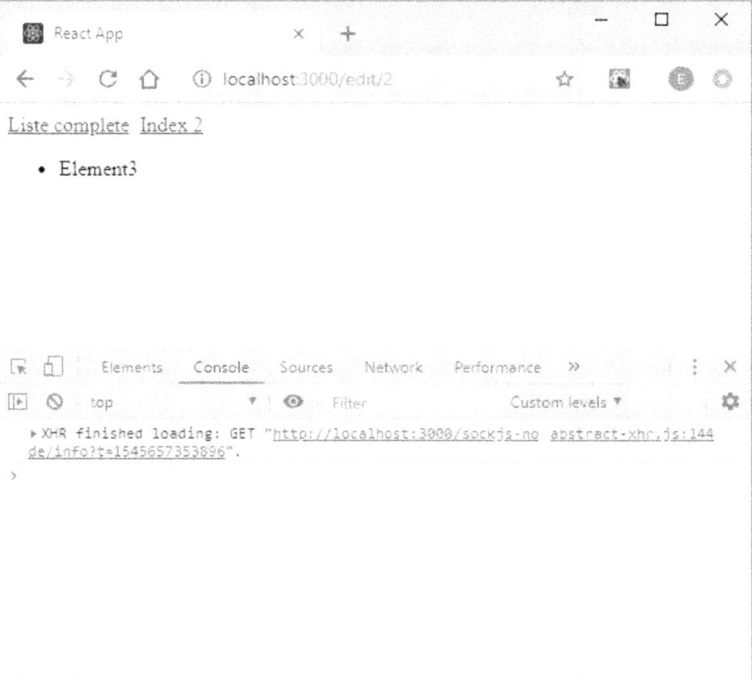

L'utilisation du composant <Link> est similaire à celle de l'élément <a>. L'attribut href est simplement remplacé par l'attribut to.

Utiliser le composant <Link> pour les liens dans la page

```
import React from "react";
import ListeElements from "./ListeElements";

import { Route, Switch, Link } from "react-router-dom";

function App(props) {
  var elems = [
    "Element1",
    "Element2",
    "Element3",
    "Element4",
    "Element5"
  ];

  return (
    <div>
      <Link to="/">Liste complete</Link>  
      <Link to="/edit/2">Index 2</Link>
      <Switch>
        <Route exact={true} path="/"
               render={(props)=><ListeElements {...props} elems={elems} />} />
        <Route path="/edit/:index"
               render={(props)=><ListeElements {...props} elems={elems} />} />
        <Route render={()=><div>Route inconnue</div>} />
      </Switch>
    </div>
  )
}

export default App;
```

Le composant <Link> est importé comme les autres composants de React Router.

Les liens <a> ont été remplacés par les composants <Link>.

L'affichage est similaire à celui utilisant les liens <a>. Mais lors d'un clic sur un lien, la page ne se recharge pas et la fluidité est maximale.

Remarquez également, suite aux clics sur les liens, que le bouton *Précédent* du navigateur permet de naviguer entre les différentes URL visitées, ce qui n'était pas possible en dehors de React Router.

Utiliser des boutons (à la place des liens) pour naviguer dans les routes

Il nous reste une dernière facette de React Router à vous présenter. Dans la précédente section, on a montré comment afficher des liens pour naviguer dans les routes préalablement définies, en utilisant le composant `<Link>` qui permet de conserver la même page en mémoire.

Mais que se passerait-il si l'on utilisait des boutons au lieu des liens ? Un bouton ne possède pas d'attributs `href` (comme l'élément `<a>`) ou `to` (comme le composant `<Link>`). La question est donc : « Comment permettre d'accéder à une route de façon dynamique (par exemple, lors d'un clic sur un bouton) ? »

Il faut dans ce cas utiliser un composant de React Router qui permet ce genre de manipulation. Il s'agit du composant `<Router>`, à utiliser à la place du composant `<BrowserRouter>`. Il offre plus de paramétrages que le composant `<BrowserRouter>`, et permet notamment de manipuler l'historique de navigation.

Ainsi, pour afficher une route quelconque, il suffit de l'insérer dans le tableau des pages visitées nommé `history` :

- pour afficher la route `"/"`, on indique : `history.push("/");`
- pour afficher la route `"/edit/2"`, on indique : `history.push("/edit/2");`

Voyons maintenant comment accéder au tableau `history` à partir du nouveau composant `<Router>`.

Mise en place du composant <Router> dans le fichier src/index.js

```
import React from "react";
import ReactDOM from "react-dom";

import { Router } from "react-router-dom";

import App from "./App.js";

import createBrowserHistory from "history/createBrowserHistory";
const customHistory = createBrowserHistory();

ReactDOM.render(
  <Router history={customHistory}>
    <App history={customHistory} />
  </Router>
, document.getElementById("root"));
```

On importe le composant `<Router>` (au lieu de `<BrowserRouter>` comme précédemment), puis on crée un historique de navigation `customHistory`. Cet historique sera utilisé par le composant `<Router>` car il lui est transmis dans l'attribut `history`. Si cet attribut n'est pas transmis au composant `<Router>`, ce dernier produit une erreur.

Remarquez que lorsque l'on utilise directement le composant <BrowserRouter>, toutes ces manipulations sont cachées à l'intérieur de ce composant...

Cet historique de navigation est également transmis au composant <App> de notre application qui va l'utiliser pour afficher les nouvelles pages visitées suite aux clics sur les boutons.

Le composant <App> est modifié pour afficher les deux boutons au lieu des deux liens, et pour gérer les clics sur ces boutons.

Composant <App> utilisant des boutons pour afficher les routes

```
import React from "react";
import ListeElements from "./ListeElements";

import { Route, Switch } from "react-router-dom";

function App(props) {
  var elems = [
    "Element1",
    "Element2",
    "Element3",
    "Element4",
    "Element5"
  ];

  function handlerClickFullList() {
    props.history.push("/");        // Insertion de la route "/"
  }

  function handlerClickIndex2() {
    props.history.push("/edit/2");  // Insertion de la route "/edit/2"
  }

  return (
    <div>
      <button onClick={handlerClickFullList}>Liste complete</button>   
      <button onClick={handlerClickIndex2}>Index 2</button>
      <Switch>
        <Route exact={true} path="/"
               render={(props)=><ListeElements {...props} elems={elems} />} />
        <Route path="/edit/:index"
               render={(props)=><ListeElements {...props} elems={elems} />} />
        <Route render={()=><div>Route inconnue</div>} />
      </Switch>
    </div>
  )
}

export default App;
```

Le clic sur chaque bouton est traité par une fonction, qui utilise l'objet `history` transmis dans les attributs du composant <App> (figure 12-15).

Figure 12–15

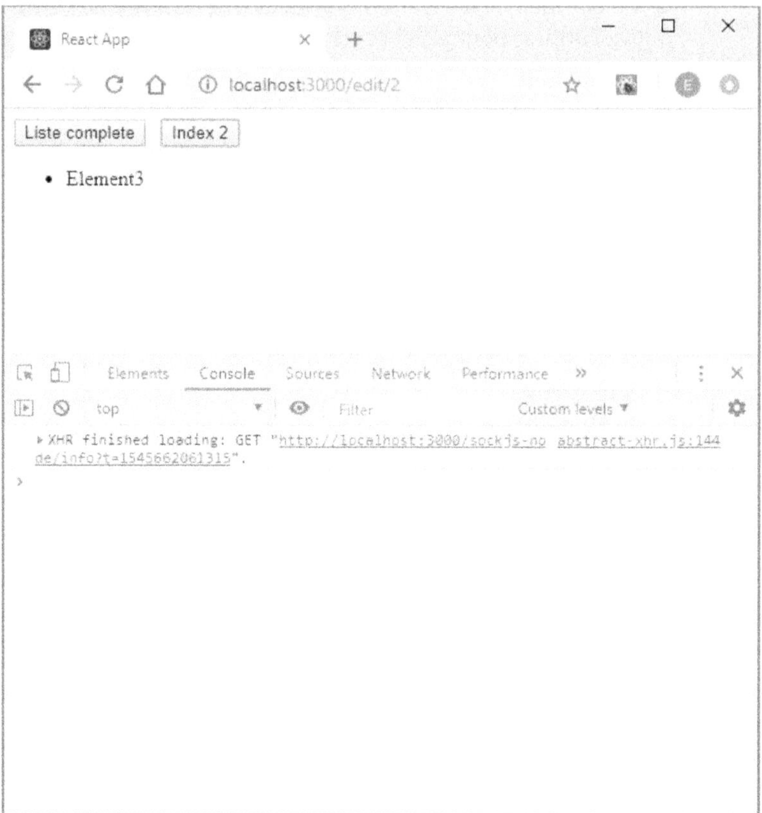

Le changement de route s'effectue maintenant en cliquant sur les boutons.

Index

Composition : Gaël Thomas
Imprimé en Allemagne par BoD
Dépôt légal : novembre 2021

www.ingramcontent.com/pod-product-compliance
Ingram Content Group UK Ltd.
Pitfield, Milton Keynes, MK11 3LW, UK
UKHW051110230726
13924UKWH00010B/2251